U0094287

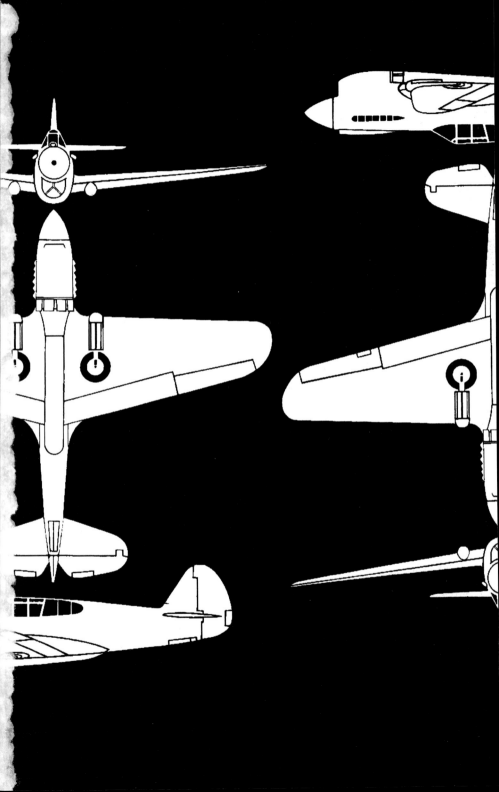

美国飞行员对日作战的隐秘历史

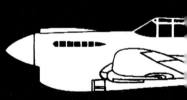

飞虎队

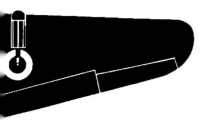

THE
FLYING
TIGERS

**The Untold Story of
the American Pilots Who Waged
a Secret War Against Japan**

SAMUEL KLEINER

〔美〕塞缪尔·克莱纳 —— 著

陈鑫 —— 译

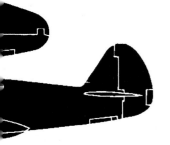

社会科学文献出版社
SOCIAL SCIENCES ACADEMIC PRESS (CHINA)

本书获誉

塞缪尔·克莱纳的这本著作让人记起有关中国与缅甸的回忆。我很高兴他延续了飞虎队的传奇。

——弗兰克·罗森斯基（Frank Losonsky），最后一位故去的飞虎队成员

这是一部亟待制作的电影——一个伟大的冒险故事，之所以显得无比激动人心，是因为它曾真实发生过。这些飞行员提醒我们身为美国人的自豪之处，在美国人很少在战场上取胜之时，是这些普通的小伙子挺身而出成为英雄。有些人战死，他们的家乡为此而悲伤。有些人在日军战俘营中度过数年，不知能否活着回国。所有人都应被铭记。克莱纳是一位天赋卓越的研究者和讲述者，他让这些人的故事得到了应有的重视，意义十分重大。

——迈克尔·庞克（Michael Punke），《纽约时报》畅销榜第一名《荒野猎人》（*The Revenant*）的作者

在珍珠港事件后的黑暗岁月中，一群历经艰险的志愿飞行员凭借自己在中国腹地对抗日军的战绩给了美国人巨大的鼓舞。通过散佚已久的信件和日记，塞缪尔·克莱纳将这些英勇的战士活灵活现地带到了我们面前。《飞虎队：美国飞行员对日作战的隐秘历史》谱写了一篇让你爱不释手且激动人心的乐章。

——埃文·托马斯（Evan Thomas），《雷霆之海》（*Sea of Thunder*）的作者

《飞虎队：美国飞行员对日作战的隐秘历史》是一本经细致研究撰写而成的历史著作，读起来恰如一部惊险小说。书中

的人物跃然纸上，吸引读者走入一个在二战初期的中国惊险飞行并执行秘密任务的故事。这本书标志着一位才华横溢的新历史学家的闪亮登场，它不仅是二战历史爱好者的必读书目，更是任何喜欢好故事的读者不可错过的佳作，其中充满了激动人心的好故事。

——蔡美儿（Amy Chua），《虎妈战歌》（*Battle Hymn of the Tiger Mother*）与《政治部落》（*Political Tribes*）的作者

《飞虎队：美国飞行员对日作战的隐秘历史》包罗万象：游击空战、外国激情、激动人心的英雄主义、一群值得被好莱坞搬上银幕的人，以及那些格格不入和叛逆之人，还有具备爱国心的冒险者，等等，这些要素都被融入了一个令人振奋的故事。

——瑟斯顿·克拉克（Thurston Clarke），《珍珠港的幽灵》（*Pearl Harbor Ghosts*）与《最后的战役》（*The Last Campaign*）的作者

塞缪尔·克莱纳填补了美国军事史上的一段关键空白，扣人心弦地叙述了罗斯福政府是如何在珍珠港事件发生前半年就秘密地领导美国参加二战的。这是一个由雇佣兵、空战、爱情、燃烧的城市与秘密外交构成的故事，却不止于此，它告诉我们美国是如何在太平洋世纪之初就早早对日本帝国开战的。

——汤姆·佐尔纳（Tom Zoellner），《铀》（*Uranium*）的作者

克莱纳的细致研究为克莱尔·陈纳德以及美籍志愿大队的建立提供了关键而此前未被注意的背景资料，还为罗斯福总统早在珍珠港事件将美国拖入战争前就作出的帮助中国的决定提

供了重要的背景。他从操作性的角度介绍了这个主题，却没有拘泥于战术细节或者无关紧要的争议。因此，他提供了迄今为止对飞虎队最为清晰的讲述，毫无疑问这将抓住未曾听过这个不可思议故事的新一代读者的想象力。

——丹尼尔·杰克逊（Daniel Jackson），《饥荒、刀剑、战火：第二次大战期间西南中国的解放》（*Famine, Sword, and Fire, The Liberation of Southwest China in World War II*）的作者

当今的美国与中国保持着复杂而富有挑战性的关系，而《飞虎队：美国飞行员对日作战的隐秘历史》生动地提醒我们，中美两国在过去曾并肩作战对抗共同的威胁。塞缪尔·克莱纳巧妙地向我们讲述了这两个已被遗忘的二战盟友的故事，以及一些人在建立这种盟友关系过程中发挥的作用——任何有志于深入了解中美关系的人都应该读一读这个扣人心弦的故事。

——杰克·沙利文（Jake Sullivan），美国第 46 任总统约瑟夫·拜登（Joseph Biden）的外交政策顾问，美国国家安全顾问

目 录

序　章

纽约，1941 年 12 月 7 日。即使是冰冷刺骨的气温，也无法阻止 55000 名橄榄球球迷挤满上曼哈顿马球球场（Polo Grounds，Upper Manhattan）的看台。[1] 球场中举行的是万众瞩目的同城德比，对阵双方分别是纽约巨人队（New York Giants）和布鲁克林道奇队（Brooklyn Dodgers）。赛前不被看好的道奇队在取得 7：0 的优势后，开始在中场开球，而身处家中的听众们则专心致志地收听着纽约之声电台（WOR，The Voice of New York，AM 710）播音员对比赛的转播。播音员说："开了一脚大球，落在 3 码线附近。"巨人队的沃德·卡夫（Ward Cuff）拿到球，开始在场上狂奔。在人群的阵阵欢呼声中，播音员继续解说道："卡夫还在跑，他已经跑到了 25 码，现在他被撞倒了，重重地摔在了 27 码线处。布鲁泽·基纳德（Bruiser Kinard）做出了战术——"

突然间，比赛的转播中断了，另一个声音插了进来："我们打断这次转播，向您播送一条来自合众社（United Press）的重要突发新闻。华盛顿快讯，白宫宣布日本袭击了珍珠港（Pearl Harbor）。请您继续关注纽约之声，聆听最新进展，我们一有消息就将向您播报。"

体育场内，比赛仍在进行，没有任何消息宣布。观众们见证了布鲁克林道奇队以 21：7 的比分成功逆转对手取得了胜利。太阳渐渐落下，球迷们纷纷向出口走去。这时，公共播音喇叭响了起来："这是重要通知。观众席上的所有海军官兵必须立即奉命向各自的工作岗位报到。所有陆军官兵必须在明天上午向各自的工作岗位报到。"

《布鲁克林鹰报》（Brooklyn Eagle）的体育记者报道称："人群中突然出现了一阵嗡嗡声，显得略为惊讶。究竟发生了什么？没有人知道，一直到有人来到最近的广播设备旁，或者听到街上报童的叫喊声才知道发生了什么事。"[2]

海军部（Navy Department）的审查员决定推迟公布夏威夷被毁的照片，但《时代周刊》（*Time*）于 12 月 29 日在题为《火奴鲁鲁浩劫》（*Havoc in Honolulu*）[3] 的报道中刊出了它们。其中一张照片显示，美国海军亚利桑那号（Arizona）军舰的残骸冒出了滚滚黑烟，而在另一张照片上，一架 P-40 战斗机被击毁在停机坪上，"从未参与作战"。美军陆军的希卡姆机场（Hickam Field）的一座机库也被摧毁。[4] 这就是"日本偷袭"造成的巨大浩劫。《时代周刊》在 12 月 29 日那期的封面上写了一个醒目的标题：《入侵美国？》（*Invasion of the U.S. ？*）。[5] 该杂志报道称，纽约市已经部署了高射炮，以保护"发电厂、飞机制造厂、码头和造船厂"[6] 免受德军空袭的威胁。但在西部，这种恐惧却更加明显："在森林防火哨塔，在海岸沿线山丘上星星点点分布的盖着防水布的小棚屋里，哨兵们每 3 小时一班，一天 24 小时不间断地注视着灰色的天空。"[7] 旧金山（San Francisco）宣布进行灯火管制，记者厄尼·派尔（Ernie Pyle）说，城市里漆黑的街道看起来就像是"废弃了 100 年无人居住的城市残骸"。[8]

但那一期的《时代周刊》却刊登了另一个故事，一个在珍珠港事件后的黑暗日子里激发了无数美国人想象、给他们带来希望的故事。在中国，一支由美国志愿者组成的部队正在与日本帝国陆军航空队作战，后者的飞机在此前的四年里一直在轰炸中国的城市，杀害了成千上万的平民。这支部队被称作"飞虎队（Flying Tigers）"，《时代周刊》用一种激动人心的方式报道了他们的战绩：

上周，10 架日军轰炸机肆无忌惮地深入［中国］腹地，目标昆明……飞虎队发动突袭，令日军遭受重创。[中国]报道称，在这10架轰炸机中，有4架在熊熊火焰中坠毁了。剩下的飞机调转方向逃走了。飞虎队方面的伤亡是：0。[9]

飞虎队成员将在不久后成为知名人物：例如他们的领袖克莱尔·L. 陈纳德上校（Colonel Claire L. Chennault），以及像绰号"特克斯"的大卫·希尔（David "Tex" Hill）和"斯卡斯代尔·杰克"纽柯克（"Scarsdale Jack" Newkirk）这样的飞行员。早在美国大兵冲上诺曼底海滩或者在硫磺岛升起国旗的好几年前，在轴心国部队显得似乎不可阻挡之时，陈纳德的飞虎队就用一场又一场的胜利团结了整个国家。

克莱尔·布思（Clare Boothe）在《生活》（*Life*）杂志上写道："100名美国志愿者正在与敌人较量。见证过这样的较量后，谁还敢怀疑美国有能力并将最终击败日本？"[10]

飞虎队拥有的鲨鱼鼻P-40飞机——也被称作"战斧式（Tomahawk）"战斗机——将作为第二次世界大战中最具标志性的形象之一被载入史册。好莱坞的老板们对于英雄故事总能慧眼识珠，而在1942年，共和影业（Republic Pictures）匆匆推出了电影《飞虎队》（*Flying Tigers*），约翰·韦恩（John Wayne）在片中饰演了这支部队神气活现的指挥官。好莱坞制作了他们所理解的冒险，但正如《时代周刊》在1942年4月所描绘的那样，真相是，这些飞行员"所做的事情在电影导演看来会显得太过不可思议，因而不会被写进剧本中"。[11]

尽管修辞手法略显夸张，但飞虎队的确在从事一项重要的任务：他们努力帮助中国继续留在这场战争中。如果中国沦陷的话，日本将能够把军队的注意力聚焦在战争准备和武器装备都十分不足的美国身上。

　　五角大楼一直到五十年后才承认有关飞虎队的真相，即这项任务是一次得到了罗斯福政府最高层授权的秘密行动——它违反了美国的中立立场，并且一直隐瞒着奉行孤立主义的国会——时间则早在珍珠港事件发生的几个月之前。这支部队的飞行员和维修与地勤人员从美军中辞职，向他们的挚爱亲朋告别，乘坐远洋邮轮横跨太平洋，他们所携带的护照上印有伪造的职业，以掩盖此项任务的真相。100多名飞行员在抵达位于缅甸丛林的临时营地后发现，许多人甚至都不知道该如何驾驶所面对的飞机。意志坚定且不顾一切的飞行员们练习了许多新的技术，以对抗日军航空队更加灵活的机型，在日军偷袭珍珠港时，他们正准备加入战斗。在罗斯福总统（President Roosevelt）宣战以后，他们几乎可以说正位于敌军阵线的后方，敌众我寡，也没有后援部队。然而，从1941年12月20日到1942年7月4日，他们却在缅甸和中国的华南地区击落了数十架日军战机。

　　在长达75年的时间里，对于飞虎队的最详尽记载一直默默无闻地埋藏于飞行员的日记和信件里，战争结束后就被藏在了书柜和抽屉里，或者隐藏于作战报告中，而这些报告一直在乔治敦（Georgetown）一栋不起眼的砖楼的地下室中发霉。他们所取得的成就甚至比好莱坞创造的神话还要引人注目和激动人心。

　　飞虎队的故事开始于一个在路易斯安那州乡村长大的小男孩，他的梦想是游历整个世界。

要想理解克莱尔·陈纳德，你必须追根溯源，来到路易斯安那州东北部的偏远林区。陈纳德家的房子位于吉尔伯特镇（Town of Gilbert）以南几英里处，那是一个仅有数百人的小镇子。房子地基抬高了几英尺，以抵御长期困扰平原地区的水灾。房子很小，只有一层楼高，边缘有一圈华而不实的装饰，背后还有一条引人注目的门廊。虽很朴素，却是克莱尔的父亲约翰·陈纳德（John Chennault）的骄傲。[1] 约翰是一个棉农，在 1905 年克莱尔还是个小男孩时亲手建起了这栋房子。克莱尔·陈纳德后来愉快地回忆起"在路易斯安那州东北部密西西比河冲积平原上的橡树林，以及在覆盖着苔藓的柏树湿地里徜徉"的经历。[2] 滕萨斯河（Tensas River）盆地是陈纳德儿时的游乐场——他经常在湿地里打猎、钓鱼。随着年纪的增长，父亲约翰渐渐允许他徒步外出旅行数日。[3] 克莱尔会带上一把鱼竿，抓到什么就吃什么，比如炸鲶鱼和鳊鱼并且搭配厚培根等。[4] 他住在自己用三根树枝搭成的坡屋里，睡在一堆树叶上，想要洗澡时，就跳到一个水坑里。陈纳德在 8 岁时第一次开枪，那是一把温彻斯特步枪（Winchester Rifle），并在不久后学会了射击松鼠。他学会了如何搭建金字塔陷阱，那是一种用小树枝支撑的箱子，里面放着一些燕麦或者玉米片作为诱饵。在这段田园牧歌式的童年时光中，他学会了依靠自己，很像是《哈克贝利·费恩历险记》（The Adventures of Huckleberry Finn）里的主角，那是他最喜欢的图书之一。[5] 不过，树林中的独自冒险或许掩盖了陈纳德童年更为灰暗的一个方面。他的母亲在他年仅 5 岁时就去世了，几年后，深受他喜爱的继母也撒手人寰。树林则永远不会离他而去。[6]

陈纳德还有着丰富的想象力，这种想象力吸引他前往更加遥远的地方，而他也梦想着有朝一日能够看到更加广阔的世界。尽管他在学校里成绩不佳——他不太喜欢听从指挥或者端正地坐着——却在祖父的房子里找到了一堆有关古希腊与古罗马战争的书籍，并且会连续几小时全神贯注地阅读。他回忆说："尽管我不知道希腊、迦太基和罗马在哪里，我却被表现塞莫皮莱（Thermopylae）、扎马（Zama）、坎尼（Cannae）和萨拉米斯（Salamis）等会战的彩色版画所描绘的冲锋的战象、全副武装的士兵以及燃烧的舰船迷住了。"[7] 他想要逃离自己似乎不可避免的命运，那就是像父亲一样成为一名棉农。他想成为一名士兵。事实上，他的家族中涌现过许多军人。他的父系血统最早可追溯到美国独立战争时期的一名士兵；他的母亲则是罗伯特·E. 李将军（General Robert E. Lee）的直系后代。[8]

1909 年，陈纳德进入路易斯安那州立大学（Louisiana State University）学习农学，由于他只接受过初等教育，因此这是唯一对他开放的课程，不过他很快就报名参加了预备役军官训练营（Reserve Officers' Training Corps，ROTC）的训练。[9] 他下定决心，绝不辜负自己作为一名士兵所受到的期待。当他受命在一段楼梯上执勤站岗，手上拿着一把装有刺刀的步枪来回踱步时，一名高年级学生从楼上泼了一桶水下来，但是陈纳德后来回忆说："我继续在岗位上来回踱步，浑身湿透。"[10] 尽管他作为士兵取得了十分优秀的成绩，但他很快发现，由于只接受过初等教育，他实在无法在学业上跟上进度。他还发现，尽管经过百般努力，自己始终难以满足军事学员生活中对细枝末节的要求。在仅仅一个月的时间里，他就被记了40 次过。[11] 在一次制服检查中，他被发现裤腿卷了起来，而这是违反规定的。一名军官把他一把拽到队伍的正前方，冲着他的脸大喊道："陈纳德，你永远也成不了一个真正的士兵！"[12]

这段经历让陈纳德备受伤害，他后来感觉或许自己的命运就应该成为一个棉农。在一次休假期间，他回到家中，重新捡起儿时的慰藉，钓起了鱼，并且再也没有回到路易斯安那州立大学。

他对自己的未来感到忧虑。他知道，从事棉花种植业意味着"勉强维持生计……这场对抗棕榈根、坏天气、起伏不定的价格以及岁月流逝的战斗注定要失败"。[13] 他见证过生活给父亲留下的伤痕。1907 年金融危机期间跌入谷底的棉花价格几乎彻底摧毁了他们家的小农场，而一场棉铃象甲灾害就有可能摧毁一整年的收成。[14] 陈纳德回忆说："未来似乎的确很枯燥。"[15] 尽管他正在"寻找可以征服的新世界"，却似乎无法找到正确的方向。而这一切将在一个星期日下午的全州展览会上发生改变。

*

1910 年 11 月，第五届路易斯安那州展览会在什里夫波特（Shreveport）举行。这场展会的主要目的是宣传路易斯安那州的农业传统，[16] 进而为当地最优秀的农作物和牲畜颁奖。不过除此以外，展会上还举行了赛马、走钢丝表演以及军乐队演出等活动。每天晚上 8 点，会有价值 1000 美元的烟火点亮夜空，这场盛大的演出以专辑《庞贝城的末日》（*Last Days of Pompeii*）作为背景音乐。[17]

路易斯安那州居民会在这场展会中聚在一处为本州的历史感到骄傲。同时，这场展会也展示了一些新的技术，为人们提供了一瞥未来的机会。第五届展会的一大引人注目的亮点是一架双翼飞机。这时距离怀特兄弟在基蒂霍克（Kitty Hawk）首飞成功仅仅过去了七年，很少有美国人真正见过飞行中的飞机。[18]

本地报纸竭尽全力宣传这场展会，称飞行员会"用他们在空中的大胆技巧震惊前来参观的观众"。[19]主飞行员、来自俄亥俄州的斯坦利·沃恩（Stanley Vaughn）亲自设计了这架飞机，它模仿了格伦·柯蒂斯（Glenn Curtiss）制造的机型。11月3日，也就是展会的第二天，沃恩的飞机终于升空了，但在飞到50英尺高时，飞机突然坠到地面，据《什里夫波特时报》（*Shreveport Times*）描述，就"像是一只突然被枪射中的鸭子"。[20]飞机坠地后，震惊的人群跑了过去，不过沃恩"安然无恙地从飞机上跳了下来，尽管这次坠机让他心悸不已"。[21]他誓言自己会再次飞上天空，他的飞机也会作好准备。[22]沃恩的下一场表演定在11月6日星期日举行。

位于新奥尔良（New Orleans）的《时代民主党人报》（*Times-Democrat*）报道说："星期日是什里夫波特全州展览会的大日子。"[23]来自路易斯安那州各地以及相邻的得克萨斯州和阿肯色州的成千上万名观众将前往参观。克莱尔·陈纳德从吉尔伯特长途跋涉了150英里赶到现场。《什里夫波特时报》报道称："天空万里无云，天气也足够凉爽，十分适合观光。"[24]

随着太阳渐渐落下，陈纳德与观众们一起挤上看台。从跑道边缘的帷幕背后，"传来了飞机引擎的轰鸣声，人们很快就看到这个有着修长线条、比空气更重的机器从帷幕中缓缓驶出，来到跑道的中央"。[25]随着引擎开始转动，"观众的目光聚精会神地穿过漫天飞尘盯着这架飞机，很快，它的轮廓就映在了被夕阳映红的天空中，像一只小鸟一样飞了起来"，[26]然后开始爬升。然而，在飞行了四分之一英里后，沃恩再次经历了引擎故障，不得不把飞机迫降。飞机在落地后冲破了跑道的护栏，而沃恩又一次毫发无伤地走了出来。

不过，观众们仍然认为这次飞行取得了成功——至少飞机离开了地面。对克莱尔·陈纳德来说，见证飞机从头顶飞过，即便仅仅持续了一小会儿，也是一次巨大的启示。当时的他已发现了"一片新的处女地"，"播种了我的飞行梦"，这是一个将会影响他一生的梦想。[27] 他的愿望十分强烈且迫切，但一直到多年后，他才得到了首飞蓝天的机会。

*

陈纳德当时正在路易斯安那州立师范（Louisiana State Normal）学习，在学业完成后，他开始了一段新的旅程：成为一名教师。陈纳德运气不错，他的叔叔是当地的一名备受尊敬的教师，帮他在路易斯安那州阿森斯（Athens）一所只有一间教室的乡村学校里找到了一个教职。陈纳德收到提醒说，他可能必须得挥舞拳头，才能在教室里年纪较大的学生中间维持纪律。传说在上班的第一天，当他在黑板上写字时，感觉后背被什么东西打了一下。他转过身，大声问道是哪个学生朝他扔了一块橡皮。一个个头跟成年人一般大的男孩子站了起来。陈纳德宣布下课，然后把这个淘气的家伙叫到外面，狠狠地揍了他一顿。阿森斯学校的纪律问题从此便不复存在。[28] 教师这份工作给他的收获很大，但陈纳德无法想象自己花费多年时间"年复一年地照管身材魁梧的农场男孩，这些男孩让教师生活变得十分痛苦，并且使每年的平均教学时间削减至不到一个学期"。[29]

在 1910 学年结束时，陈纳德的叔叔，即另一所学校的校长，邀请他去观摩那所学校的毕业典礼。那场典礼"与其他学校的毕业典礼没什么不同，男孩女孩们穿着自己最漂亮的衣服，演讲台装饰一新，学校唱诗班高唱圣歌，最优秀的学生致欢迎辞"。[30] 致辞的是毕业的三年级学生内尔·汤普森（Nell

Thompson），这位美貌绝伦的红发女子让陈纳德一见钟情。第一眼看到她的美貌，陈纳德就激动不已，他立刻开始对她展开追求攻势。一名传记作家曾提到，吸引陈纳德的是"她的独立自主、活泼好奇、沉默坚强以及乐观勇敢"。[31]

尽管他们都只有18岁，但他和内尔还是在1911年的圣诞节平安夜举行了婚礼，并过上了婚姻生活。[32]平淡的婚姻生活没有治愈他成就一番事业的渴望，只不过这种渴望被养家糊口的需求给取代了；他和内尔在1913年生下了长子约翰·斯蒂芬（John Stephen），并在第二年迎来了次子麦克斯（Max）。

日渐扩大的家庭规模让陈纳德相信，他必须离开吉尔伯特，并且决定性地抓住机遇，在世界上留下自己的印记。陈纳德举家搬迁到了美国南部最大的城市新奥尔良，克莱尔·陈纳德在那里获得了打字课程的毕业证书，这种类型的学位让他有资格获得一份办公室的工作。[33]业余时分，他在当地的基督教青年会（Young Men's Christian Association，YMCA）担任体育指导。[34]当时，体育文化运动正在席卷全国，这场相当新潮的运动主张男性应当关注健身，并且经常去体育馆参加体育活动。这种工作似乎让陈纳德感到很兴奋，他后来又在俄亥俄州以及肯塔基州从事了一系列基督教青年会的工作，并最后成为基督教青年会在路易斯维尔（Louisville）的负责人。他认可严苛的体育训练带来的好处，并且对自己的优势自豪不已。不过，即使是负责人，在基督教青年会的薪酬也没有很高。他知道自己还需要更多的薪水才能养活家人。

1916年，他乘坐火车来到俄亥俄州的阿克伦（Akron）。他随身带着几个小手提箱和一个大衣箱，成了涌入这座美国发展最快的城市寻找工作的成千上万人中的一员。他以每周5美元的价格租下了一栋房子的阁楼，然后把一家人都接了过来。[35]这里虽然不够大，但陈纳德终于找到了一份报酬丰厚的工作。

每天早上，他要早起，搭有轨电车去往固特异轮胎橡胶公司（Goodyear Tire & Rubber Co.）的工厂上班。固特异公司以轮胎出名，是亨利·福特（Henry Ford）的 T 型车能够上路的助力之一，但在 1917 年，该公司受雇于美国海军，负责制作一艘软式飞艇，用于在沿海地区侦察德军潜艇。陈纳德签约成为飞艇生产线上的一名检验员，这距离实现他的飞行梦想又近了一小步。[36] 凭借这份收入，一家人得以搬进一栋每周租金 15 美元的独栋住宅。[37] 他十分喜欢这份工作，内尔则负责待在家里照顾孩子。

　　陈纳德原本有可能沿着这条轨迹继续行进很多年。但在 1917 年 5 月 7 日，一艘德军潜艇击沉了卢西塔尼亚号（Lusitania）远洋客轮，造成包括 128 名美国人在内的 1198 名平民死亡。美国因此宣布参加第一次世界大战。陈纳德感觉必须向自己证明他能够成为一名合格的士兵，尽管这意味着必须离开家人。美国陆军发出公告，招募飞行员，尤其是能够操作陈纳德在固特异工厂负责制造的侦察飞艇的人。申请人的年龄必须在 19～25 岁之间，因此 23 岁的陈纳德自信满满地认为自己最终能够得到飞行的机会。

　　但军队正在寻找的是一种特定类型的人，以便受训成为飞行员，正如一份报纸对理想候选者的描述，一个"精力充沛、意志坚强、品德高尚且无不良嗜好的人"。[38] 报纸还指出，候选者必须"拥有良好的教育水平"。负责飞行员招募工作的是耶鲁大学（Yale University）教授兼探险家海勒姆·宾厄姆（Hiram Bingham），正是他重新发现了古城马丘比丘（Machu Picchu）。在他看来，飞行员应该是"'一名军官和绅士。'他必须是那种永远把荣誉放在心上的人……他必须足智多谋、心思敏锐、头脑灵活且意志坚定"。[39] 不出意料的是，军队认为常春藤毕业生是最优秀的飞行员，尤其是那些马球运动员和橄橄榄球四分卫。在 1917 年，很少有美国人驾驶过飞机，因此军队将注意力放在从常春藤高校的飞行俱乐部中寻找那些最优秀、最聪明的人来担任参加第一次世界大战的美军飞行员。[40]像陈纳德这样的工厂工人没有任何机会。他收到了一份残忍又直白的拒绝信，他在余生中始终没有忘记它："申请人不具备成为成功飞行员的必要素质。"[41]军队认为，像陈纳德这样的普通人是步兵所需要的，于是他接受了自己获得的这份工作邀约，前往陆军新近在印第安纳州的本杰明哈里森堡（Fort Benjamin Harrison）设立的军事基地报到，并接受旨在将普通平民转变成新军官的基础训练。他在那里待了三个月，成了新近跻身军人行列的"90 天奇迹"的一员。

尽管他只是一名陆军军官，但命运女神还是彰显了她的威力。他受命前往得克萨斯州一座与凯利机场（Kelly Field）连接在一起的军事基地工作，而凯利机场正是军队培训新飞行员的地方。[42]陈纳德每天都在训练步兵新兵，不过他也经常去凯利机场观看飞机起飞，正如传记作家基思·艾林（Keith Ayling）所写的那样，吸引他的是"飞机引擎的轰鸣、螺旋桨的震动以及飞机飞行时发出的奇特的嘎嘎声"。[43]他迫切地想要飞上蓝天。

他最终哄骗了一位飞行员带他坐上了 JN-4"珍妮式（Jenny）"飞机，上了一堂未经批准的飞行课。[44]那是一种双座飞机，教官坐在前座，学员坐在后座。随着"珍妮式"飞机飞上天空，在风中像风筝一样颤动，陈纳德可以看到凯利机场内整齐排列的白色帐篷，以及一直延伸到地平线的开阔的得克萨斯风景。在他首次在全州展览会上看到那架飞机起飞的七年后，他终于飞上了蓝天。不久后，他甚至试了一次独自驾驶飞行。那位教官或许对陈纳德的学习动力留下了深刻的印象，抑或是也许被他三番五次的要求给搞烦了，总之他有时会将飞机滑行到跑道上，然后爬出座舱，这时陈纳德"跃入驾驶座然后起飞"。[45] 据陈纳德估计，他总共获得了八个小时的"非法"飞行时长。但在军队的花名册中，他仍旧是一名步兵。[46]

*

1918 年秋，陈纳德的部队已经准备好部署到法国了，但他们最远只开进到了纽约的米切尔机场（Mitchel Field），就被告知不会被派往海外了。德国预计很快就会投降；陈纳德错过了参加第一次世界大战的机会。他所在的部队受命前往弗吉尼亚州的兰利机场（Langley Field）执行一个挖掘沟渠的任务。在部队转运途中，他感染上了西班牙流感，那是一种传播十分迅速的致死疾病，由从欧洲返回的士兵们带回。

陈纳德被隔离在一座机库里。这场流感"让我病得很严重。一天下午，我被运到了旁边的一栋小楼里，那里是奄奄一息之人度过最后时光的地方。躺在我旁边的那名军官当天晚上就死了"。[47] 意识模糊的陈纳德听到一名医生和一名护士在讨论自己的病情。护士说，他"还没死"。医生回答说："明早之前他就会死了。"[48] 不知道是谁给他偷偷塞了一夸脱的波旁威士忌，或许是希望让他的最后几个小时能够好过一些。不过到了第二天早上，他仍然还有呼吸，而且紧紧抓着手中的酒瓶。这段人生经历给陈纳德留下了长期的呼吸道疾病，但他始终相信自己之所以能活下来，一定是有原因的。他开始相信，上帝为他制订好了计划，会有某个伟大的使命引导他的一生。当1918 年 11 月 11 日战争双方宣布停火时，他正坐在一列返回凯利机场的火车上。他决心成为一名飞行员。

身体康复后，他再一次提出申请，这一次，他的坚持得到了回报。[49] 很快，他就接到了接受飞行训练的命令。由于有过几个小时的飞行经历，陈纳德对于正式训练的缓慢步骤十分不耐烦。他的教官不喜欢他的态度，建议把陈纳德淘汰掉。要想继续实现飞行梦，他只剩一个机会，那就是抓住有可能是他最后一次飞行的机会给一名高级教官留下足够深刻的印象。陈纳德不仅拯救了自己，还让那名教官欧内斯特·艾利森（Ernest Allison）承认他的身上有一种特殊的品质。艾利森接管了他的训练工作，并且教给他特技飞行技巧，那是一种将飞机的性能发挥到极致的大胆无畏的特殊技巧。陈纳德学会了如何倒立飞行，这时安全带会紧紧地系在身上。他喜欢飞机倒立飞行时"天空与地面的千变万化"。[50]这种不受限制的飞行方式让他欲罢不能，他说，这种感觉就像是"一条来自滕萨斯河的鲈鱼咬住了串着鲦鱼的鱼钩"。[51]从那时起，"我就体会到了用自己的方式飞行的感觉，始终挥之不去"。[52]陈纳德最终在1920年获得了美国陆军航空勤务队（United States Army Air Service, USAAS）颁发的永久委任状，并且在1921年受指派前往得克萨斯州埃尔帕索（El Paso）的第12观察机中队任职。[53]他负责驾驶没有装备武器的飞机飞越大本德地区（Big Bend）的深谷，执行空中边境巡逻任务。这种工作并不激动人心，但他在驾驶舱中积累了宝贵的飞行时数，并且对自己的飞行技术逐渐积累了信心。他把全家人都带到了埃尔帕索，内尔也在此时生下了他们的第六个孩子大卫（David）。对他们来说，这是一段幸福的时光。陈纳德的女儿佩姬（Peggy）后来回忆说："在最初的几年中，我们是一个关系十分亲密的家庭。他经常挤出时间陪伴我们。我们每天晚上都要打桥牌。"[54]

随着他逐渐成长为一个更加成熟的飞行员，陈纳德开始意识到特技飞行技巧有成为一种娱乐形式的潜力。他在成长过程中没怎么接触过戏剧，但他凭借直觉懂得了怎样创作一段好的表演。在1923年乔治·华盛顿诞辰纪念日那天，陈纳德所在的中队在埃尔帕索进行了一场公开展示。在表演的第一部分，陈纳德站在看台上，戴着一顶长长的假发，穿着内尔的外衣和鞋子。在节目进行的过程中，广播员邀请观众里年纪最大的女性走下看台坐到机舱里驾驶飞机。"莫里丝奶奶（Grandma Morris）"走上了飞机跑道。广播员对观众说，这名女性年纪很大，甚至都能记得坐着有篷马车旅行的经历。如今，她将要体验飞行了。老奶奶一步步走向飞机驾驶舱，飞行员则从里面爬出来，检查飞机引擎。突然间，飞机开始向前冲刺，而这位无助的老妪手上正抓着操纵杆。一名目击者回忆说："观众们看着跑道上的飞机逐渐升空，差点撞上树枝和机库，都倒吸了一口凉气。"[55] 在接下来的 15 分钟里，老奶奶驾驶着飞机从观众头顶飞过，"做出了令人难以置信的翻筋斗、倾斜转弯以及俯冲等动作"，让观众深深为之着迷。紧接着，让观众更加震惊的是，飞机完美地着陆了，陈纳德从飞机里跳了出来，摘掉假发，揭秘了他的诡计。

此时的陈纳德正在经历转变。他一直是一个地地道道的美国南方人，但如今，他却渐渐拥有了更具全球化的视野。在布利斯堡（Fort Bliss）工作了一段时间后，他被调去了夏威夷，驻扎在福特岛（Ford Island）上的卢克机场（Luke Field），就在珍珠港的旁边。他后来写道，当他驾驶着双翼飞机翱翔在太平洋上空时，感觉就像一个"陪伴着初恋的小男孩"。[56] 他被任命为第 19 战斗机中队，即"战斗雄鸡（Fighting Cocks）"的指挥官，负责指导他的中队如何在迎敌时操纵他们的 MB-3 双翼飞机进行协同攻击。

他在自己的回忆录中写道，在太平洋日光的照射下，他的"身材日益纤瘦、皮肤日益黝黑、肌肉日益壮实"。凭借其翘起的胡须和白色的军礼服，他"完美地展现了战斗机飞行员的传统"。[57]

到了 1932 年，作为美国陆军最有经验的飞行员之一的陈纳德被派往亚拉巴马州的麦克斯韦尔机场（Maxwell Field）。他在航空兵团战术学校（Air Corps Tactical School）担任教官，这一工作体现了陈纳德日渐上升的威望。但学校的长官却有另一个想法：陈纳德能否协助创办美国军队的首支特技飞行表演队？他的计划是建立一个表演团体，在全国各地的航展上巡回表演，担任美国陆军航空兵团（United States Army Air Corps，USAAC）的某种公关团队。陈纳德热情地接受了这个任务，组建了一个三人团队，后来这支团队以一首流行歌曲的名字来命名，起名为"三人飞行马戏班（Three Men on the Flying Trapeze）"。陈纳德与许多位僚机飞行员共事过，但最终选定了两人，分别是昵称"比利"的威廉·麦克唐纳（William "Billy" McDonald）以及绰号"卢克"的约翰·威廉姆森（John "Luke" Williamson），他将与他们建立生死相托的信赖。

"我们这个团队的甄选程序很简单，就是邀请所有候选人跟着我的飞机做 30 分钟的极限特技动作。"[58] 麦克唐纳和威廉姆森成功达标。三人步调一致地驾驶着他们的波音 P-12 双翼飞机，机翼之间仅仅相距几英尺，时而俯冲，时而旋转，好似融为一体。他们在空中的轻松表演经过了大量的练习。但无论经过多少次练习，都无法改变一个基本事实。特技飞行十分危险，伤亡并不罕见。

到了 1934 年，"三人飞行马戏班"开始巡游全国，并引发轰动。未来的海伍德·汉塞尔少将（Major General Haywood Hansell）曾经短暂与他们一起共事。《迈阿密新闻报》（*Miami News*）等报纸称呼他们为"航空界有史以来最杰出的刺激制造者"。[59] 经常有女孩子们从人群里冲出来与面带微笑的飞行员合影留念。来自福克斯（Fox）、环球（Universal）、赫斯特（Hearst）和派拉蒙（Paramount）等公司的摄影师纷纷拍摄了他们的飞行画面。他们甚至还获得了一个赞助商，陈纳德则成了一名推销员："你们会发现，所有飞行员都嚼口香糖，我认为箭牌是最棒的。"[60]

当时，飞行比赛是一项重要的体育奇观。深陷大萧条泥淖的美国人将目光转向天空，盯着那些直冲天际的飞机，想象着自己的国家会拥有更好的未来。或许有一天，每个人都可以飞上天空。"的确，航空业现在还没有发展到拿着一篮子鸡蛋进城的农民可以让路过的飞机捎一程的地步，但这有可能在未来成为现实"，[61] 这是《大众航空》（*Popular Aviation*）杂志上的一种典型看法。

对陈纳德来说，这种表演实在太多了，以至于非同凡响渐渐变成了例行公事。然而，"三人飞行马戏班"在迈阿密的一次亮相将会影响陈纳德未来多年的生活。

*

1935 年 1 月举行的第七届迈阿密年度飞行比赛是当时美国历史上规模最大的航空盛会之一，有 500 架来自全国各地的飞机会聚到迈阿密。[62] 成千上万的迈阿密人花费 60 美分购买门票，只为有机会目睹美国最优秀的飞行员发挥飞机性能的极限。[63] 这次比赛被宣传为"三个下午体验一生刺激"。[64] 聚集在市政机场的观众超过了 7500 人。[65] 英国和纳粹德国的使馆空军武官专程从华盛顿特区赶来，为的是观看航空业发展的最新成果，还有一支正在寻找最新战机的中国军官代表团站在看台上。[66] 现场将会表演跳伞、投弹展示（用的是面粉袋）以及用多种不同类型的飞机进行的飞行比赛。[67] 但没有哪个表演能够比"三人飞行马戏班"更让观众期待。

　　就像此前的无数次训练一样，三名飞行员开始驾驶飞机在空中一同起舞。《纽约时报》（*New York Times*）报道说："他们在表演期间的编队队形如此紧密，以至于从地面上看，飞机的机翼顶端似乎都重合在一起了。"[68] 三架飞机施展了半滚倒转和旋转等特技，"表现得完美无瑕，就像是三架飞机由一个思想控制似的"。[69] 在完成不惧生死的特技动作后，陈纳德走上广播员的领奖台，接受了特技飞行大奖。[70] 奖杯的样子是一个地球仪上方安放着一架小飞机——对于一个相信飞机将会掌控未来的人而言，这是一个恰如其分的奖励。

　　陈纳德觉得自己多年来不断磨砺的驾驶技巧终于得到了认可。当美国商人威廉·波利（William Pawley）邀请三人前往他的私人游艇做客时，陈纳德愉快地接受了，因为波利可以说是迈阿密航空事业的教父级人物。他建立了这座城市通往中美洲和古巴的航线，并且开发了一项获益丰厚的贸易，那就是向中国人出售柯蒂斯 - 莱特（Curtiss-Wright）飞机。作为一个喜欢做生意的冒险家，波利后来被他的传记作家形容为"印第安纳·琼斯（Indiana Jones）与唐纳德·特朗普（Donald Trump）的结合"。[71] 他此前不久刚在杭州开设了一家工厂，负责用美国制造的零部件组装飞机。如今，他带着一个来自中国空军的小型代表团从中国返回，并且希望陈纳德能见见他们。

　　在他们一同来到游艇上后，代表团团长毛邦初上校一定用自己几乎完美的英语给美国人留下了深刻的印象。毛邦初此前带领他的代表团访问了苏联、法国、德国、英国和意大利，寻求为中国购买更多飞机并且招募更多飞行员，以训练中国的空军力量。他相信，中国，"一个航空领域的年轻国家"尚有很多需要向西方专业飞行员学习的地方。[72] 他已经有许多美国陆军前飞行员在西点军校毕业生约翰·朱伊特（John Jouett）的带领下担任中国航空学校的教官，但他还想要更多的人。在同"三人飞行马戏班"见面后，毛邦初很快就直奔主题，对陈纳德及其团队说，他们应该来中国。这样的邀请在当时并不罕见。受冒险和金钱的诱惑，当时已有好几十名美国飞行员正在为外国效力。拉法耶特飞行小队（Lafayette Escadrille）的飞行员早在美国参战前就在第一次世界大战中为法国作战了。在宣布停火后，美国陆军航空兵团的规模有所缩减，但许多成员都渴望参加国外的战斗。有些人组建了柯斯丘什科中队（Kościuszko Squadron）以帮助波兰抵抗苏联，其他人则加入了古巴空军以及其他南美国家规模较小的空军力量。[73] 1928年，陈纳德就曾收到过一份十分诱人的邀请，希望他出国效力，当时，一名到访的苏联将军在观看了几次演习后给陈纳德送来了一些伏特加、巧克力和鱼子酱作为见面礼，以开启一段旨在邀请他担任苏联红军新成立的空军部队的顾问的对话。陈纳德成功说服他们同意了每个月 1000 美元的工资，这比他在美军中 225 美元的月薪要高得多，但他最终还是拒绝了这份邀请。[74] 无论毛邦初的提议有多么诱人，陈纳德、麦克唐纳和威廉姆森最终都拒绝了。陈纳德在军中有自己的工作，还有一个大家庭需要照料——他和内尔如今已经有了八个孩子。但毛邦初不是一个轻易气馁的人。这三名飞行员记住了他的一句话："我还会再跟你们联系的。"[75]

*

　　在麦克斯韦尔机场，陈纳德依然一心扑在教学上。他是基地内少数负责制定空战策略的教官之一。战斗中应该使用何种飞机？最成功的战术是什么？这是一项学术工作，需要在全体教员中进行辩论，并起草大量文件。自从 1911 年一名意大利侦察机飞行员决定向位于利比亚的土耳其军队投掷手榴弹以来，空中轰炸就一直让军事计划制订者浮想联翩。到了 1930 年代，美国陆军航空兵团的主流看法是，轰炸机将成为空中力量的未来。[76] 正如英国首相斯坦利·鲍德温（Prime Minister Stanley Baldwin）的那句名言："轰炸机永远所向披靡。"[77] 陈纳德在"三人飞行马戏班"驾驶的那种战斗机被认为在面对具有压倒性威力的轰炸机时没有任何用处。陈纳德坚决反对这种看法，强调战斗机可以拥有制空权。他不认为自己在"三人飞行马戏班"的工作仅仅是一个噱头——他认为自己的空战技巧"足以证明……战斗机可以通过灵活的空中机动开展团队作战"，并且击落轰炸机。[78] 这场在学术杂志和学校课堂里进行的辩论不仅仅是理论上的，它还将决定美国陆军航空兵团如何确定预算，以及指导飞行员学习何种战术。

陈纳德的同僚们对他的看法不屑一顾，而且渐渐开始讨厌他。他在捍卫自身观点时表现出的无礼和傲慢对他所倡导的主张没有任何帮助。他撰写了许多观点尖锐的文章，并且火急火燎地发给高级军官，但收到的却只有无情的冷漠。绰号"哈普"的阿诺德将军（General "Hap" Arnold）在读完陈纳德的一篇论文后写道："这个叫陈纳德的可恶家伙到底是谁？"[79] 一名历史学家曾指出："战术学校里的个人战斗开始消磨陈纳德的意志。"[80]

除了想法被拒绝造成的情感痛苦外，他的身体健康也开始恶化。他整包整包地抽烟，而往来全国各地进行飞行表演也开始让他的身体有些吃不消。在敞开的驾驶舱中操作飞机让他的肺部受到很大的冲击。[81] 他被要求开始生吃肝脏，据说这有助于他的体力，但除了让用餐时间变得十分不愉快之外，似乎没有什么别的作用。[82] 他经常咳嗽不止，在医生诊断他患有支气管炎后，他被送到位于阿肯色州温泉城（Hot Springs）的陆军海军医院（Army Navy Hospital）接受疗养。陈纳德写道：
"躺在温泉城的医院病床上，我有足够的时间回顾自己 37 年
的人生并思考未来。"[83] 陈纳德正在对抗的不只是自己糟糕的
健康。他还感觉受到了限制和轻视。他的大女儿佩姬后来回忆
说："当你在每一个方面都遭到挫败时，就会感觉十分沮丧。"[84]

　　在康复期间，他收到了一个消息，更加巩固了他对军队的
幻灭：他的僚机飞行员麦克唐纳和威廉姆森在晋升方面被刻意
忽视了。陈纳德此时已经与他们二人共事多年，在他看来，军
队的这一决定是对他个人的责难。[85] 他给二人写信，敦促他们
接受去中国的邀请。他们也认识到自己在军队里的职业生涯受
到了限制，于是决定接受这个建议。

　　成长于亚拉巴马州伯明翰（Birmingham）的威廉·麦
克唐纳当时已过 30 岁，即将开启一段此前从未想象过的冒
险。[86] 卢克·威廉姆森来自南卡罗来纳州，因驾驶一架美军飞
机飞回家乡而成为南卡罗来纳州航空协会（South Carolina
Aviation Association）的名人堂成员。他先是为当地居民表
演了一段空中特技，然后将飞机降落，去看望自己的家人。[87]
这对他们来说将是一段更加宏大的冒险。与"三人飞行马戏
班"的两位飞行员一同去往东方的还有其他几个前往中国与
中国空军合作的美国人，包括一名曾经帮助过"三人飞行马
戏班"的机械师塞比·史密斯（Sebie Smith）。1936 年 7
月 11 日，这群前美军士兵登上了位于西雅图的大型蒸汽客轮
俄国女皇号（Empress of Russia），对于未来的兴奋几乎让
他们感到头晕目眩。7 月 27 日，他们抵达了上海，一个气势
磅礴、超出他们想象的城市。正如史密斯所回忆的那样，那
是"我们所见过的最繁忙的地方。人数众多的中国人和一些
外国人在码头和堤岸上熙熙攘攘，大部分是徒步、骑自行车
或者坐人力车"。[88] 中国军官们护送他们去了一家裁缝店，为

18

他们定做中国军服。随后，他们前往东南方向，去往杭州的中央航校，并住在当地的一家豪华酒店内。在他们的新家，他们可以看到西湖的美景，在周末时分，他们会去湖边野炊，并且雇用船夫带他们坐上惬意的游船。[89] 他们会去城里，在一家小影院观看有些过时的美国电影，会有一个中文翻译站在放映机前，用汉语解说剧情内容。他们买了几辆自行车用来探索这片区域，并且在一片竹林深处找到了一座佛寺，那是他们非常喜欢的一个去处。

工作本身对于这些飞行员来说就已经收获颇丰了。他们每天早上 6 点 15 分起床，在翻译的帮助下向中国学员讲授空战战术，直到晚上 6 点半。他们对于新飞行员的学习进度感到非常高兴。仅仅几个月后，就有一个班的学生准备好毕业了，而毕业典礼的喜庆氛围堪比美国独立日的庆祝活动。[90] 美国人是贵宾，受邀与中国领导人蒋介石及夫人宋美龄一起坐在检阅台上。

柯蒂斯双翼飞机以三机编队从上方呼啸而过，"如此众多的新飞机依次飞过对每个人来说都是激动人心的场面"。[91] 就像是要强调这些人是为了未来可能的战争而接受训练似的，操场上放置了一个大大的标靶，"飞机从我们身边呼啸而下，机上的机枪不断地射击"。[92] 毕业庆祝活动持续了一整天，并且以一场壮观的烟火表演作为高潮。

1936 年 12 月，一名美国资深飞行教官正要对中国空军进行一次全方位的调查，却不幸因心脏病突发而去世。操着一口南方口音流利英语的宋美龄出席了他的葬礼，宋美龄的口音是在佐治亚州求学期间学会的。她向美国飞行员问道，美国国内是否有合适的飞行员能够来中国接替这名资深飞行教官的工作。[93] 他们告诉她说，有一个完美的人选——克莱尔·陈纳德。在宋美龄的要求下，他们给陈纳德写了一封信，邀请他来到中国。

　　这一次，陈纳德不会拒绝。

＊

　　陈纳德在军队里的职业生涯已经陷入停滞。他很可能面临一个不再需要他继续飞行的未来，而他又不想仅仅坐在一张办公桌后面。邀请他去往中国的信来的可谓恰逢其时。这不仅仅是一份邀请他去航校教课的邀约。他还受邀对中国空军进行一次调查，并就如何在未来几年发展这支军队提出意见。[94] 这正是他希望得到的认可——不仅仅作为美国最受瞩目的飞行员之一，而且作为一个战略思想家。这份工作的薪水也不低，每个月 1000 美元，任务时长总计三个月。[95] 他还会获配一辆汽车、一名司机以及一名翻译，而且在中国空军的所有飞机中，他想开哪一架都可以。

　　陈纳德在写给兄弟的信中解释了他决定接受这一邀请的原因："当一条铺设好的老路被堵死时，就需要开一条新路了。"他猜测，自己在中国的工作"或许除了报酬比较高以外没有什么意义，抑或是有可能拥有很大的意义……"他感觉命运在强烈地呼唤着他："甚至有可能我的'微弱'努力会影响未来几百年的历史。"[96]

　　中国并没有进入战争状态，但在 1931 年，日本入侵了中国，并吞并了东北地区，而且远东地区的局势远远谈不上稳定。陈纳德很清楚，他在中国的工作将是"帮助他们准备好狠狠地把日本鞭打一顿"。[97]

　　一段时间以来，陈纳德一直试图在自己的两个挚爱，即飞行与家庭间寻求平衡，但这一次，曾经陪着他在各个基地之间辗转的内尔和孩子们将会留在美国。尽管他的职业对他要求很苛刻，但陈纳德夫妇却保持了一段幸福的婚姻，内尔也支持他的飞行事业。她会坐在门口的走廊上，看着飞行员们从他家门口的塞尔玛路（Selma Road）上飞过，并且在本子上记下需要改进的地方。[98] 在经历了多年半游牧式的生活后，一家人最终在亚拉巴马州伯明翰郊外几英里远的一栋南北战争前建成的大房子里定居了下来。[99] 一家人经常一起打桥牌，陈纳德还会教几个比较年幼的儿子打猎和钓鱼。他深深地爱着自己的孩子和妻子，但他感觉自己陷入了一个旋涡，正在被"吸进去"。[100]对他来说，中国看起来就像一艘救生筏。

内尔反对他的整个想法，并担心这会对孩子造成影响。[101]但她控制不了丈夫，而且除此以外，他们总是缺钱，还需要养活几个仍然年幼的孩子，未来或许还要送他们上大学。[102]如果他接受去往中国的任务，他们的财务问题就能得到解决，克莱尔也向内尔保证说，他不会去太久。[103] 不过，陈纳德一家从未觉得他这么做是为了钱。他的女儿佩姬后来说，父亲之所以离开是"因为他想要证明自己的理论"。[104] 尽管陈纳德解释说，这份工作仅仅是一个为期三个月的任务，但一名历史学家认为，他此时已经知道自己签署的是一份为期两年的合同。[105]

在离开前，陈纳德帮助家人搬到了路易斯安那州乡村的一个农场。[106]内尔生长在农场，因此他希望妻子在那里能够感觉更加熟悉。他们的房子位于一个名叫沃特普鲁夫（Waterproof）的小镇上，就在圣约翰湖（Lake St. John）的岸边。房子门前有一个门廊，背后还有充足的空间让内尔可以培植花草和养鸡，以及料理周围的果树和核桃树园。[107]

陈纳德在1937年4月向军方递交了辞职信。《什里夫波特时报》注意到了这件事，并且称这名军官已经"病了好几个月"，这就是他退役的原因。[108] 实际上，陈纳德对于即将到来的任务感到活力充沛。他毫不犹豫地在 5 月 1 日登上了一列前往旧金山的火车。[109] 他后来回忆说："我感到了一种离开的冲动，无法抗拒。"[110] 他开始写日记，记录这段"伟大的冒险"。[111]

第 2 章　会见公主

克莱尔·陈纳德于 1937 年 5 月 8 日搭乘加菲尔德总统号（President Garfield）轮船从旧金山起程。一路上天气不太好，有着"狂风、大雨以及广阔的海洋"。[1]十多年前派驻夏威夷时，陈纳德曾经横跨过这片海域，但在这趟旅途中，他不再穿着军队制服。他的新护照将他的职业列为"农民"，这是一种掩盖其真实任务的伪装。[2]在他的单间卧舱里，他花了不少时间"打磨我的计划和研究"。[3]他需要进行一项调查，但除了两年前他与毛邦初上校进行的一番简短谈话，以及他的朋友从中国给他寄来的信件外，他对即将面临的任务一无所知。"航程波澜不惊地继续着"，时间似乎过得很慢。[4]他发现船上的乘客"无一例外都很无趣"，但他还是与他们一起玩桥牌和乒乓球。[5]他写道："晚上试图跳舞，但船晃得太厉害。"[6]当轮船在火奴鲁鲁靠岸时，他特地去亚历山大扬酒店（Alexander Young Hotel）喝了一杯鸡尾酒。[7]他与家人一同驻扎在夏威夷的经历是他职业生涯中较为幸福的一段时期，他也曾十分喜欢无忧无虑的岛屿生活，但如今，他仅仅是路过。

在抵达中国前，加菲尔德总统号还会经停日本。陈纳德知道，如果遇到警察盘问，他必须维护好自己的农民伪装，因为日本政府此前已经就美国飞行员自愿效力中国一事向美国政府提出了抗议。在轮船靠岸后，他计划与比利·麦克唐纳见面。两人会在日本境内游历，尽可能搜集有关日本军队的情报。麦克唐纳与陈纳德一样也对入境日本有着合理的担忧——本质上说他们就是间谍——而且也需要编造一个故事。他在上海时喜欢去一个很受外国人欢迎的酒吧喝酒，并在那里碰见了一个过去在大学男生联谊会的老朋友。[8]这个人是一个类似马戏团的表演团体的经理，据麦克唐纳描述，这个团体里融合了俄国歌手、中国杂耍艺人以及一个名叫"迪克西女孩（Dixie Girls）"的菲律宾三人组。这个团体当时正准备前往日本举行几场表演，而麦克唐纳的朋友说，他可以以经纪人的身份一同前往。这个骗局奏效了，他成功通过了海关的检查，没有遇到任何问题。在这个团体进行表演时，麦克唐纳在后台晃悠了一会儿，就溜出去见陈纳德了。

陈纳德于 5 月 27 日晚 10 点抵达神户。第二天，他和麦克唐纳就租了一辆敞篷轿车，并且在外套里藏了照相机，开着车在遍布新工厂的工业区兜风。陈纳德在一本笔记本上写满了他的观察，他们还拍摄了照片。两人随后一同登上加菲尔德总统号，跟船来到濑户内海，那里的壮观景象可以折射出日本快速工业化的全貌。[9] 陈纳德在笔记本上记录了繁忙的航道以及新工厂遍布的岛屿。他回忆说："工业似乎在不断扩张，军工企业的发展速度令人生疑。"[10] 尽管中国雇他是为了帮助中国人为下一场同日本的战争作好准备，但他忍不住认为日本这个国家"非常吸引人"[11]，并且为它"迷人的景色"所倾倒。[12]

当加菲尔德总统号在 1937 年 5 月 31 日驶入上海港时，陈纳德感觉自己好像进入了另一个世界。人力车在码头上飞驰，尽管湿热的天气有些压抑，但这片新的土地还是让他着迷不已。[13] 由于上海是一个国际港口城市，因此各大国与中国人分享这座城市的控制权，许多国家的军舰都停泊在港口里，包括英国、法国甚至还有美国的军舰。卢克·威廉姆森正在码头上等他们。为了给陈纳德接风，美国人在位于上海公共租界核心地带的都城饭店举办了一场欢迎晚宴。塞比·史密斯写道，他们爬上屋顶，"那晚的天气堪称完美，晚宴规模也很宏大。所有客人似乎都满足了他们对大名鼎鼎的克莱尔·李·陈纳德的好奇心"。[14] 陈纳德在日记中写道："我终于到中国了。"[15] 他还在日记中坦陈，希望"能够对这个竭力争取国家统一和创造新生活的民族有一点用"。

24

6月3日下午，罗伊·霍尔布鲁克（Roy Holbrook）开着一辆轿车接走了陈纳德。霍尔布鲁克是一名前美国陆军飞行员，一直负责为中国政府采购新式飞机。[16] 他们开着车穿梭在城市街头，陈纳德看到了街道上的坑洞，那是1932年日军轰炸上海留下的痕迹。轿车拐上了法租界一条宽阔的林荫道——一个模仿巴黎而修建的街区——并停在了一扇气势恢宏的大门前。这座拥有一个大花园的宅邸是中国领导人蒋介石与夫人的住处。

陈纳德之所以前来与宋美龄见面，是为了了解自己的任务细节。在霍尔布鲁克的带领下，他在一片灯光灰暗的等候区坐了下来。随后，"突然间，一个身穿巴黎时髦连衣裙的小姑娘轻声走进房间，浑身洋溢着活力与热情"。陈纳德以为她是霍尔布鲁克的一个朋友，因此没有跟她打招呼，直到霍尔布鲁克用胳膊肘轻轻推了他一下，说道："蒋夫人，能否容我介绍一下陈纳德上校？"[17]

陈纳德原以为宋美龄是一个更为年长的女性，而她看起来甚至比其39岁的年纪还要年轻得多。她用一口地道的英语作了一番自我介绍。宋美龄在美国生活过将近十年。她的父亲宋嘉树是一名希望子女在美国接受教育的富商。1908年，10岁的宋美龄被送往佐治亚州的梅肯（Macon）与正在卫斯理学院（Wesleyan College）学习的姐姐一同居住。她渐渐把自己当成了一个本地人。当一名教师要求她解释南北战争时期威廉·特库赛·谢尔曼（William Tecumseh Sherman）横跨佐治亚州的进军时，她回答说："很抱歉，我是个南方人，这个话题对我来说很痛苦。"[18] 她也求学于卫斯理学院，但后来转学到马萨诸塞州的韦尔斯利学院（Wellesley College），好离正在哈佛上学的哥哥宋子文近一些。她主修英语，学生生活相当规律，经常打网球，还加入了艺术社团"陶泽塔埃普西隆协会（Tau Zeta Epsilon Society）"。[19] 在从学校毕业，并且在纽约中央火车站与朋友挥泪告别后，她坐上火车前往温哥华（Vancouver），并在那里登上了一艘回到中国的轮船。[20] 对她而言，中国是一个她只在幼年时有所了解的地方。但她从很小的年纪就已经下定决心，要在塑造中国的未来方面发挥作用，而在回国之后，她结识了蒋介石并与他坠入爱河。当时，蒋介石是中国军队体系中一颗冉冉升起的新星——不过许多人曾声称，她对"权力的热爱"要超过对任何男人的爱，以及她对蒋介石的兴趣仅仅是因为他曾直接效力于现代中国的缔造者孙中山。[21]

这是一对令人感觉不可思议的配偶。蒋介石年纪比她大十多岁，还离过婚，有两个儿子。他是个佛教徒，而她是个基督徒。但他们都十分热爱中国，并且为国家的命运感到担忧。在蒋介石改宗基督教后，他们于 1927 年 12 月 1 日成婚。到这时，蒋介石已经取代孙中山成为国民政府的领导人，而蒋夫人（宋美龄后来多以这个称呼为人所知）打算在管理国家方面发挥重要作用。尽管蒋氏夫妇领导着国民政府，但实际上，中国仍处于四分五裂的状态。有许多军阀领导着其他派别，相对于国民政府保持着半独立的状态。中国共产党则由毛泽东领导。尽管国共双方在 1936 年又一次建立了"统一战线"，但这种同盟关系却并不轻松。两者之间的紧张关系因为要面对一个共同的敌人而被暂时搁置了，但它最终注定还是要浮出水面。

宋美龄与丈夫并肩努力塑造中国的未来，并且被认为是世界上最有权势的女人。她希望能够统一中国的各个派别，将其塑造成一个大国。她认为，美国不仅是中国发展的榜样，而且是一个重要的盟友。在一次访问美国的行程中，她说道："当我们需要朋友时，总能依靠我们的姐妹国家。"[22]

她与陈纳德的首次见面谈的全是正事。[23] 作为中华民国航空委员会秘书长，她将全部注意力都放在了建设中国空军上。[24] 她是空中力量的坚定信徒，并且感觉飞机可以有助于将军阀混战的中国统一起来。如果强大的日本军事机器再度发动进攻的话，她相信空军而非陆军将对国防起到至关重要的作用。但是，中国的许多空军基地都远离上海，她完全不了解空军的真实情况。这就是为什么她需要陈纳德前往这些偏远的基地，搜集有关飞行员以及飞机状况的信息。

26

陈纳德一直渴望承担这种高层任务，渴望他的意见受到重视。他告诉宋美龄自己会在几个月内完成调查。据说，陈纳德表示："我觉得，在建设你们空军的过程中，你和我会相处得很愉快。"[25] 宋美龄回答说："我也这么觉得。"与此前以及此后的许多人一样，陈纳德被蒋夫人迷得神魂颠倒。那天晚上，他在日记中写道，蒋夫人将"始终是我的公主"。[26] 他后来写道，那次会面"让我始终无法忘怀"。[27]

*

陈纳德面对的是一项艰巨的任务，因为关于中国空军的状况几乎没有可靠的信息。到 1937 年，这支军队在纸面上已经拥有 600 架可以用于实战的飞机。[28] 在快速建设武器库的过程中，中国进口了多种类型的美国和欧洲飞机。中国还有许多不同的培训学校，有的由美国飞行员负责训练，有的则由意大利飞行员负责，但在 1935 年美国裘利德顾问团（Jouett Mission）① 撤走后，中国空军主要由意大利人来指挥。② 跑道

① 在 1932 年一·二八淞沪抗战后，因损失大部分航空战力，国民政府拟请美国协助建立现代化空军，于是聘请美军退役少校裘利德（John H. Jouett）招募共计 23 位飞行和机械顾问赴杭州笕桥的中央航校，训练国军飞行员，并制订了为期五年的航空发展计划，以图将隶属于陆军的航空队大幅改制并重建战力。（本书脚注均系译者注或编者注，除特殊情况外，后不再说明。）
② 1933 年意大利空军的罗贝托·洛帝将军（General Roberto Lordi）率领顾问团来华，负责新设立的中央航校洛阳分校的训练事宜，并成立飞机装配厂以装配新引进国内的意大利制飞机。

上有许多菲亚特（Fiat）飞机，在一座空军基地附近甚至有一个"小意大利"，那里有着与罗马如出一辙的咖啡馆。[29]

尽管意大利军官始终信心满满，但宋美龄却对他们的工作成果感到担忧，因为很明显，每一名学员都能从他们手上毕业，无论技术好坏。还有传言说，许多飞机的性能都不行。陈纳德花了好几周时间驾驶飞机在中国各地之间来回穿梭，检查各个空军基地。与他一起坐在道格拉斯 BT-2 双座双翼飞机——这种飞机被广泛用作教练机——里的是塞比·史密斯，而第二架飞机里坐着比利·麦克唐纳和他们的翻译舒寿祺上校。[30]

陈纳德写道，"自从去年秋天航空兵团将我禁飞以来，我又一次握住了油门杆"，而且"能够再次飞上天空，有比利做我的僚机，感觉真好，下方是一条宽阔而浑浊的河流，很容易让人认成密西西比河而不是长江"。[31] 但是，他与家乡远隔万里的事实逐渐变得清晰起来，他看着乡间的景色，意识到"下方翠绿色的地毯只有可能源自水稻种植，而错综复杂的运河网络以及有着黑色石板瓦屋顶的村落时刻提醒着我们，下方的土地实际是中国"。[32]

在他们停留南京和南昌期间，陈纳德开始意识到意大利人在交给中国人的报告中对空中力量进行了多么严重的夸大。在南京，意大利的一战王牌飞行员西尔维奥·斯卡罗尼将军（General Silvio Scaroni）"驾驶一辆黑色轿车在街道上疾驰而过，他的制服上点缀着奖章与金穗"。[33] 陈纳德对意大利飞行员的浮夸举止十分反感，对他们的飞行能力也没有留下深刻的印象，他这样写道："意大利人正在竭尽所能地破坏中国。"[34]

他最重要的一站是洛阳，那里有华中地区的一个空军基地，意大利人于 1935 年从美国人手中接管了它，并在那里建立了一所重要的飞行学校——中央航校洛阳分校。要想去那里，就得飞越广袤而荒芜的土地，麦克唐纳写道，"很高兴我

27

们在那片区域没有出现发动机故障"。[35] 陈纳德很快就发现，那座基地里的飞机数量被极大地夸大了，名单内居然包含残骸的数量，而这些金属残骸在战斗中没有任何意义。情况变得越来越明朗，对中国而言，要想建立一支真正现代化的空中力量，需要耗时很多年。他在 1937 年 6 月 25 日的日记中写道："我对这里的情况感到目瞪口呆，如果不是想要为中国效力的话，我都想要回家了。"[36] 他已经开始仰慕中国悠久的历史，并且想要出一份力为之塑造未来。在洛阳期间，他来到山区远足，参观了中国最伟大的奇迹之一龙门石窟，精美的佛像被雕刻在悬崖峭壁上，有些石窟甚至有 50 多英尺高。麦克唐纳在写给父母的信中也说道："在这里看到某个拥有 2000 年历史的东西一点都不稀奇。"[37]

当陈纳德逗留洛阳时，在洛阳东北方向 500 英里处，中日两国的新一轮冲突正在成形。自从日本帮助镇压义和团运动以来——那是一场 20 世纪初为反抗西方影响而发生的本土起义——日军就一直驻扎在北平城郊的军营里。7 月 7 日夜间，日军举行了一次没有事先宣布的演习，在一片漆黑中，他们在卢沟桥与中国军队交火。几天后，陈纳德才收到消息，而且他收到的消息语焉不详，不过，"卢沟桥事变"标志着中日两国重开战端。[38]

陈纳德将这场战斗视作行动的集结号。他相信，一个人"永远不应逃避战斗"。[39] 近二十年来，他一直在研究空战战术，如今，战争被强加在他身上，他"想要一个在实战中检验［我的想法］的机会"。[40] 他影响历史的机会即将到来。陈纳德发出了一封电报，提出愿意向中国人提供帮助。答复来自蒋介石本人："即赴南昌主持该地战斗机队的最后作战训练。"[41]

在向蒋氏夫妇汇报中国空军的严峻情况之前，陈纳德返回南昌，与毛邦初共事了一段时间。据陈纳德说，南昌的夏天热得就像是"土耳其浴"，机场上的漫天飞尘让原本肺部就有问题的他更加大口地喘气。[42] 他陪着毛邦初来到机场，但眼前的景象令他十分沮丧。陈纳德在日记中写道："空军的战备情况十分糟糕。"[43] 晚间时分，他会和毛邦初一起一边喝冰啤酒、吃西瓜，一边讨论未来的漫长战争。[44]

两人随后一同前往位于中国腹地的牯岭，蒋介石经常在当地的一个庞大别墅里避暑，别墅的院子里种满了花草树木。这座城市位于庐山顶峰，被认为是中国最好的度假城市。陈纳德回忆说，蒋介石用"西方人的方式"和他们打招呼，握了他们的手，"在聊完客套话后，委员长转身面对毛邦初，开始断断续续地用汉语向他询问空军的状况"。[45] 宋美龄负责为陈纳德翻译。

蒋介石问道："有多少架一线飞机作好了战斗准备？"

毛邦初只能用可怜的事实来回答："91 架，委员长。"

蒋介石的脸色变得通红，他走到外面的门廊上，开始在台阶上来回踱步，嘴里叫嚷着陈纳德听不懂、只能猜测意思的话，他的话似乎"像一条蛇一样蓄势待发、伺机出动"。毛邦初立正站好，眼睛直视前方，眼神里带着明显的惧色，"脸上的血色渐渐消失"。宋美龄轻声对陈纳德说："委员长威胁要枪毙毛邦初。我们应该有 500 架一线飞机作好战斗准备才行。"[46]

正如一名记者所写的那样，蒋介石"脾气暴躁，发脾气的方式稀奇古怪"。[47] 陈纳德也无法完全免于承受蒋介石的怒火。历史学家汉娜·帕库拉（Hannah Pakula）写道："蒋介石的脾气并不总是发在正确的人身上。一天晚上，他在家里看电影时，被电影里的一个场景给惹火了，于是走到房间外，命令把放映员鞭打一顿。"[48]

蒋介石结束踱步回到房间，用汉语直接向陈纳德问道："你的调查是什么结果？"宋美龄将这个问题翻译给他听。

29

在宋美龄的翻译下，陈纳德解释说，那些"数字是正确的"。[49]他随后介绍了空军的糟糕状况。他等待迎接下一轮的愤怒声讨，但蒋介石一定是对他的诚恳态度感受到了某种程度的尊重。陈纳德后来写道，这是他与这位中国领导人之间关系的关键时刻，因为它"为我绝对诚实的名声奠定了基础"。[50]

陈纳德受邀陪同蒋氏夫妇参加在南京召开的一场军事会议，来自全国各地的军阀都云集于此。他们之中许多人已经相互征战了许多年，但蒋介石打算将他们团结在一起，实现共同防御。陈纳德只是一个边缘性的观察员，但他见证了活生生的历史。[51]

8月13日，在一次会议期间，一名信使进入会场，递给蒋介石一张纸条。他读完纸条后递给了妻子，后者读着读着开始啜泣起来，随后向陈纳德解释说："他们正在轰炸上海市中心。他们在杀害我们的人民。他们在杀害我们的人民。"

陈纳德问道："你们现在打算做什么？"她恢复了原本的仪态，回答说："我们要战斗。"[52]

日本出云号（いずも）巡洋舰停泊在距离上海仅有四分之一英里的地方，并且利用舰上的8英寸和6英寸大炮向城市发动进攻。[53]宋美龄想要发动反击。当陈纳德提出向日本军舰发动俯冲轰炸的想法时，她告诉陈纳德应立刻着手安排。陈纳德不会亲自驾驶飞机发动进攻，但他将负责组织这次进攻。他"仔细研究地图、制定行动方案"，一直持续到凌晨4点。[54]他将使用少量载弹量1100磅的柯蒂斯鹰式俯冲轰炸机（Curtiss Hawk dive-bomber）和一些诺斯罗普轻型轰炸机（Northrop light bomber）来攻击出云号巡洋舰。

陈纳德感受到了当时的压力："在为战争而演练了二十年后，我终于开始做正经事了。"[55]这次袭击需要的是精确，如果能够成功的话，就是一次震撼人心的胜利，会扭转战争初期的势头。

然而，已经有一些足以令人警醒的迹象显示事情无法按计划进行。麦克唐纳此前曾在日记里对中国飞行员提出过抱怨。其中一篇写道："技术粗糙，俯冲过浅——瞄准糟糕。"[56] 第二天，也就是 1937 年 8 月 14 日，上海上空乌云密布，这种气象条件会增加飞行的挑战性，但陈纳德还是批准了这次任务。

三架中国飞机向港口飞去。它们原本打算飞行在 7500 英尺高度，但缘于风暴，它们不得不飞在 1500 英尺高度，保持在云层下方，好看清飞行方向。一名美联社（Associated Press）记者写道："[中国]袭击者有如闪电一般突然出现在巡洋舰上方。"[57] 它们俯冲下来，投放了炸弹，"却以极小的差距未能命中目标"。炸弹径直落入公共租界境内。爆炸的响声震耳欲聋，结果十分可怕。

合众社记者约翰·莫里斯（John Morris）写道："我看到街道上到处都是死者和将死之人。"伤员被抬到酒店里，酒店的瓷砖地板很快就因为布满血迹而变得湿滑。"建筑物和汽车燃烧产生的呛人烟雾弥漫在空中"，莫里斯还能看到火光"直冲天际，许多建筑物和房屋熊熊燃烧"。他将其描述为"文明社会所遭受的最可怕的屠杀之一"。[58] 有超过 800 人死亡，但有些估计的数字甚至高达 5000 人。[59] 中国人将把那可怕的一天铭记为"血腥星期六"。

如果陈纳德需要任何证据来证明训练不足的空军会招致何种代价，他如今已经有了血的教训。

第 3 章　南京城殇

第二天，陈纳德与飞行学校里的另外几个美国人一起在南京大都会酒店（Metropolitan Hotel）共进午餐。他们都住在城北的一家酒店里，据说，该酒店"差不多算是二流美国乡村度假村里的小旅馆"。[1] 房间没有窗户，到处都是从旁边水塘里飞进来的蚊子。当时正值炎炎夏日，这种炎热的天气为南京赢得了"中国火炉"之一的称号。就在快吃完饭时，他们听到了防空警报。

陈纳德冲到花园中，看到大批飞机编队正在迫近。塞比·史密斯后来回忆说："我仍然无法理解人们为什么要通过轰炸城市的方式来发动战争。[2] 有关机关枪射击的报告从各处传来。天空中到处都点缀着炮弹爆炸的亮点，飞机投掷下来的炸弹也开始纷纷爆炸。"[3] 陈纳德跑向一个防空洞并跳了进去，他不敢探出头来，但能真切地听到汽车喇叭的滴滴声、人们的喊叫声以及犬吠声，与此同时，炸弹如雨点一般落在城市各处。[4] 他活了下来，但这开启了他与空战之间关系的新阶段：多年以来，他一直在研究空战，但如今，他近距离亲眼看到了空战所造成的杀戮。

南京当时正在进行一系列的战备改造。但伴随紧迫感而来的还有一种不祥的预感。有一个人曾说道，他感觉这座城市正在准备迎接一场"大规模的葬礼"。[5]

这座城市在城防方面一直有着天然的优势。历史学家张纯如对南京的地形有着这样的观察，"南京的山和水给她带来的不仅是美丽的风景，还有军事上的保护"，[6] 城市周围还环绕着一圈 50 英尺高的城墙，城墙外是一条护城河。报纸上的一篇报道宣称，城市周边的山上"竖立着一圈高射炮"，[7] 政府办公大楼的屋顶也星星点点地架着大炮，屋顶本身还涂成了灰色，使其从空中更难被辨认。[8] 城市居民都配发了防毒面具，他们还都挖了防空洞，好在空袭期间躲藏。

日军飞机日复一日地来袭，总是以刺耳的警报声以及远处高射炮的愤怒开火声作为开场。据塞比·史密斯回忆，在每次空袭期间，他们总能听到来袭飞机的发动机声音"越来越响"，[9] "飞机的轰鸣声与嗡嗡声，机关枪的砰砰声，以及闪光弹和高射炮的巨响，让大部分人不寒而栗"。[10] 南京的居民纷纷在防空洞里躲藏，在耳朵里塞上棉花，以隔离炸弹爆炸产生的巨响，但他们都有一种难以摆脱的感觉，那就是他们正在躲避的有可能就是自己的坟墓。史密斯说出了所有人的想法："时钟嘀嗒地计算着时间，而这通常是许多人人生中的最后几分钟。这一次又会是谁？"[11] 他们在无尽的黑暗中等待着解除警报，这种警报将提示他们可以从藏身处出来。

随着空袭的继续，陈纳德开始制订南京的城防计划。他在一封信中写道，中国空军"因为缺少装备而行动受限"，但他仍决心战斗。[12] 他帮助组建了一个"预警网络"，[13] 由南京周边山上的一系列哨所组成，这些哨所用无线电连接在一起，可以为即将到来的袭击提供早期预警。驻扎在南京的中国空军只有几十架"鹰式 III 型（Hawk III）"双翼飞机，那是一种体型巨大的美制飞机，与一战中的一系列飞机被同期设计出来；此外，还有少数 P-26 "玩具枪（Peashooter）"战斗机，这是一种波音公司制造的更为新颖的单翼战斗机。

这些武器并不算多。但陈纳德找到了在他看来日本攻击计划的一个软肋。日军轰炸机是从本土和台湾的空军基地中起飞，这意味着它们要飞越广阔的水域和陆地才能抵达目标。许多飞机的往返航程达到了不可思议的 1250 英里。[14] 陈纳德知道，日军派出的这些轰炸机并没有战斗机护航，而且尽管日本的 G3M 双引擎轰炸机速度很快，却很容易受到攻击。[15] 如果

33

少数几架中国战斗机能够设法包围其中一架轰炸机并且瞄准油箱射击的话，它们有可能将其成功击落。[16]

陈纳德多年来一直在强调，战斗机可以击败轰炸机。如今，他证明这一观点的机会来了。他向中国飞行员下达指示，希望教会他们"我在这些年的飞行生涯中学会的所有诀窍"。[17]他提出了一个尤为激进的战术，据塞比·史密斯后来回忆，他说道："不要害怕撞击它们。日本飞机不可能在那样的撞击下存活下来。你有可能被撞掉机翼的一角，但你的损失也就只有这么大了。"[18]

当日军轰炸机出现时，陈纳德和麦克唐纳会站在外围，用望远镜观察战场。麦克唐纳后来在一封寄回国内的信中写到了其中一场战斗："日本人占据优势，突然间就迅速机动飞行，然后中国人就被甩在了身后——我们看到中国飞机追近了日军，然后迸发出一阵烟雾，日军飞机就直直地坠落到城市里：日军飞机坠落地面并起火燃烧，升腾起的烟雾几乎赶上了正在上方胜利盘旋的中国飞机的高度。我们兴奋地欢呼，直到声嘶力竭。"[19]另一名观察者，曾经为蒋氏夫妇担任飞行员的得克萨斯人罗亚尔·莱昂纳德（Royal Leonard）写道，在其中一次袭击期间，"中国飞行员像蜜蜂一样成群结队地冲向［日军轰炸机］。他们飞到轰炸机的机腹下方，并保持在轰炸机后方，然后用机关枪开火"。[20]

在这些中国飞行员中，有一群来自俄勒冈州波特兰（Portland）的华裔美国人，中国政府资助他们在美国的一所航空学校接受了训练。其中一人名叫陈瑞钿，他还曾被派往德国，与德国空军一起接受进阶训练。[21]陈瑞钿在南京空战初期就达成了首次击落，但他所面临的真正挑战在后来的战斗中才出现，当时，他发现自己面对着一整支日军中队，而这时他的飞机已经打完了子弹。陈纳德回忆说，他看到陈瑞钿

"故意撞向打算击落他的日军长机。两架飞机都起火燃烧，但陈瑞钿成功跳伞"。在他们找到他时，他正在"指挥人们从飞机残骸中抢救宝贵的机关枪"。陈瑞钿将其中一件武器交给陈纳德，并且问道："长官，我能再要一架飞机来配我的机关枪吗？"[22]

日军显然是打算用持续的轰炸来击垮南京的意志，但当陈纳德来到街上时，他看到这座城市的人民意志坚定地走在路上，决心继续过他们的日子。他听到民众的家中传来留声机播放的音乐，品味着从"酒铺、面条摊以及糕点铺"飘来的香味。[23]《大陆报》写道："中国不会被吓倒，无论日本军国主义的飞机做什么。"[24]生活仍在继续。陈纳德与麦克唐纳一起去南京乡村俱乐部背后的球场打高尔夫球和桥牌，并且经常去市中心的商店购物。他们学会了如何与防空警报共存。

在 1937 年秋的一段雨季，南京被层层乌云笼罩，这让轰炸机望而却步。麦克唐纳在日记中写道："天气真糟。如果我们能够控制的话，我们肯定会再安排这种天气至少两周。"[25]有传言说，日本人会在天气放晴后再次发动空袭，一家报纸报道称，"这有可能是世界上有史以来最严重的空袭"。[26]它有可能"将拥有 100 万人口的南京城从地图上抹去"。1937 年 9 月 25 日上午，太阳出来了，而到上午 9 点，已经能够听到飞机来袭的声音。一个中队的中国飞行员驾机起飞保卫城市，但是他们动作太晚了。情况很快变得明朗起来，袭击者所针对的不是军事目标，而是平民聚集的市中心。两枚 1000 磅重的炸弹差点命中医院，在它们所命中的网球场留下了两个 30 英尺宽的大洞。[27]但是许多炸弹都命中了目标，一名电台播音员报道说，"平民血流成河"。[28]麦克唐纳在日记中写道，中国会"战斗到最后一个人"。[29]

随着空袭的继续，陈纳德与麦克唐纳每天见面的第一句都

34

会问同一个问题："你觉得今天日本人会几点来？"[30] 一天上午，一名美国人裹着一条浴巾就来吃早饭了，因为他在一次空袭中弄脏了他唯一的裤子，而用人正在清洗。[31] 有一次防控警报响起时，比利·麦克唐纳正在理发。"我们不得不提前离开那家理发店，我们的头发也不得不直接剪短。"[32] 中国空军对于制止日军的袭击无能为力。美国飞行员们曾讨论过壮大自己的队伍，史密斯回忆道："要是我们能有一群美国训练出来的飞行员帮助中国的防御战该有多好。这个想法在当时是如此遥不可及，以至于我们没有人想到它有可能成为现实。"[33]

陈纳德的小部队所采取的英勇努力最多只能说取得了代价高昂的胜利。但随着坠毁战斗机的数量日益增加、伤亡人数不断攀升，对美国增援的梦想已变得愈发强烈。麦克唐纳在日记中写道："只剩下少数飞机可以保护这座城市了。"[34]"缺少装备"以及"缺少有经验的飞行员"让胜利似乎显得遥不可及，甚至可以说完全没有了可能。[35] 陈纳德绝望地说，中国空军已经到了"穷途末路"。[36]

*

宋美龄的大部分时间都在办公室里用打字机撰写命令，但她对于眼下的紧张局势也无能为力。她保留了两挺从坠毁日军飞机上拆下的机关枪作为战利品，放在办公桌的边上，而且与陈纳德一样，只要发生空袭，她都会关注战斗进展。[37] 她渴望看到那些敬爱的飞行员，并且经常会去机场探望他们。有一次，她一边等待飞行员从战场归来，一边为他们煮茶，在飞机出现时，她正与陈纳德一起站在跑道旁。陈纳德写道："第一架飞机冲出跑道，摔在了一片稻田里。第二架飞机落地后原地打转，燃起大火。"总共"11 架飞机中有 5 架飞机受损，4 名

35

飞行员阵亡"。[38] 看着眼前的混乱场面，宋美龄大喊道："我们怎么办，我们怎么办？"[39] 无论她多么珍视空军，她都清楚地知道，这支军队已无力保护南京。

随着日军距离城市越来越近，陈纳德已经准备好亲自坐进驾驶舱了。[40] 美国机械师们专门为他准备了一架"鹰式 75 型（Hawk 75）"飞机。与老式的 III 型双翼飞机不同，这是一种当时较为流行的单翼飞机，可以达到令人难以置信的速度。陈纳德还给这架飞机添加了一些属于自己的特点。他把飞机上一切不必要的东西都拆掉，让它变得更加轻盈和迅捷。他拆掉了无线电，留出了一点点空间好放一个睡袋，如果他在野外被击落的话，睡袋就会变得很有用处。[41] 他驾驶这架 75 型飞机执行了多次远距离侦察任务，"发现了军队行进的踪迹并察看了敌人的飞机场"，这些迹象显示日军过不了多久就将抵达南京。[42] 陈纳德甚至一度命令他的机械师"在机舱内装了些枪炮，并匆匆地试射了几下"。[43]

陈纳德一直到弥留之际都始终否认自己曾在南京防御战中参与过战斗任务，这种做法会违反美国的法律。陈纳德的说法究竟是真的，还是一句审慎的谎言，只有他自己能够证实。光是美国飞行员为中国作战的可能性就已经造成了严重的问题。美联社曾报道过陈纳德的中国之行，引起了人们对其目的的"猜测"，如今，"他在那里的活动笼罩着谜团"。[44] 美国驻上海总领事克拉伦斯·高思（Clarence Gauss）给国务院发去了一封电报，称"美国陆军航空兵团退役军官陈纳德上校参加了"战斗任务。[45] 高思是一名在中国任职多年的外交官，一直小心翼翼地维持着美国的中立。据他的一名同事描述，他的"驼背源自于前一段在办公桌前弯腰屈背的人生，还有着苍白的肤色"。[46] 多年来，日本一直在警告，美国飞行员在中国的存在有可能引发战争，而在 1937 年 8 月，局势似乎已呈鼎沸，因为有报道称，有大约 1000 名雇佣兵飞行员正在从美国前往中国。日本外务大臣广田弘毅发表了一番演讲，敦促美国打击这些不听话的飞行员。[47] 当然，这些人都是前军队飞行员，但对日本人来说，这其中没有差别。美国国务卿科德尔·赫尔（Cordell Hull）也在试图避免美国卷入这场战争，他要求国务院发表一份备忘录，题为《美国公民参与中国的军事行动：禁止》（American Citizens Engaging in Military Activities in China：Prohibition of），其中警告为中国作战的美国人，他们可能会遭到起诉。[48] 为了控制这一问题的严重程度，美国国务院甚至限制签发前往中国旅行的护照数量。当一本护照被签发时，它还带上了新的限制条款：“本护照不适用于以加入或服务于外国军队或海上力量为目的而前往或在外国境内旅行。”[49] 媒体一直在报道的雇佣兵飞行员从未现身过。陈纳德从高思那里收到了直接的警告，后者威胁要把他逮捕，还“暗示我有可能遭到军事审判并失去公民资格”。[50]

陈纳德和他的同僚原本以为这不过是一次相对短暂的亚洲之旅，但如今，看起来他们有可能因此而面临牢狱之灾。15 名为中国航空公司（China National Aviation Corporation，CNAC）工作的民航飞行员决定离开。[51] 该航空公司的一名高管解释说，他们想要避免任何有可能破坏美国中立的行动。卢克·威廉姆森也离开了，他去达美航空（Delta Air Lines）当了一名民航飞行员。[52]

陈纳德仍然感觉自己有义务留在中国参战，但这是否值得冒险？如果他无法回国与家人团聚又该怎么办？在夜晚孤身一人的寂静时分，他的内心充满了回家的渴望。在寄给一个朋友的信中，陈纳德写道：“尽管相聚如此遥远，我还是能感受到路易斯安那温和、凉爽的气候，以及那里的寂静与祥和。”[53] 每次收到内尔寄来的信，他都会如饥似渴地阅读家里的近况，然后炫耀自己儿子取得的成就："棒球进步，维修摩托。"[54]但思乡之情比不上他的使命感。

正如他在日记里所写的："所有美国人都被下令撤离。我猜我算是中国人。"[55]

在中国的这几个月，陈纳德经历了一场显著的变化，他感觉自己拥有了领袖式的力量，成了一名深受信赖的飞行员。尽管他在为外国效力，但这仍然是他的战斗。他后来写道："在我的一生中，每一场战斗我都坚持到了最后。而且，我知道自己愿意看到这场战斗的全貌。"[56]他很清楚美国国内会对他在中国的行动提出疑问，于是写了一封信发表在《蒙哥马利广告报》(*Montgomery Advertiser*)上。信中，陈纳德对自己的行为没有表露丝毫的悔意，反而解释说，中国正在"打的这场仗关乎所有太平洋国家的未来"。[57]

*

到了 1937 年秋末，南京已经基本丧失了空中防御力量。日本帝国陆军占领了上海，进而向南京进军，沿途一处又一处地拔除了中国军队的阵地。试图投降的士兵都遭到了处决——这预示着即将发生的事情。[58]

当时，国军已经准备好迎接日军的进攻。士兵们在城墙和地雷区背后挖好了战壕，垒起了沙袋墙，并拉起了一排排的铁丝网。蒋介石对将军们说道："全国人民，甚至全世界人民都在看着你们。南京不能不守！"[59]

然而，这恰恰是这座城市的平民正在做的事。一名欧洲记者写道："人力车和汽车上堆满了包装箱、行李、家具和人。到处都找不到空余的包装箱和牛皮纸了——商店里都卖光了。"[60]最终，蒋介石决定他也必须撤离，并且要求陈纳德也

38

要在城市陷落前撤离。蒋氏夫妇于 12 月 7 日逃离了这座劫数难逃的城市。[61]

几周前的感恩节前夕，美国外交官曾找到陈纳德及其团队，邀请他们参加克拉伦斯·高思在南京的美国大使馆举办的晚宴。塞比·史密斯写道，美国官员们"或多或少地就此前命令美国人离开中国的行为表示道歉"，[62] 并且向陈纳德保证他们想要向他提供帮助。一艘美国海军军舰班乃号（Panay）当时正停泊在长江上，可以为陈纳德及其手下提供安全的出城渠道。

12 月 2 日，美国大使馆发出"最后警告，要求所有美国人尽快从南京撤离"，[63] 并且声称，如果他们不去班乃号上避难的话，他们的逃离或许"不可能实现"。随着整座城市陷入混乱，少数美国记者打好行囊排队登上了一辆雪佛兰卡车，驶往班乃号。[64] 对于诺姆·阿利（Norm Alley）这样的人来说，这次撤离感觉就像是一次失败，作为一名摄影师，他的信条是"如有必要可以下地狱——**但是必须带回那里的照片**。"[65]

12 月 4 日黎明前，陈纳德开车带着包括塞比·史密斯在内的少数留守的美国人前往机场。[66] 燃烧的油库照亮了黑暗的夜空，正在开火的机关枪也离得很近，令人心惊胆战。[67] 史密斯搭上了最后一批波音运输机离开南京，不过陈纳德想要开着自己的飞机离开，就是那架鹰式 75 型飞机。

他后来写道："我在一片漆黑中滑行到跑道末端，发动机在空转，而我的手放在操纵杆上，等待日出的第一缕微光出现在城墙上，照亮我起飞的道路。"随着太阳开始逐渐升起，能够看清的跑道长度已足够起飞，而此时的跑道上早已布满了弹坑。他最后一次在这座城市的上空起飞，回头望去，初升的太阳"给这座伤痕累累的城市投去了一缕粉色的微光，渐渐的，这座城市变成了预示中的血红色。"[68]

39

*

在南京陷入日军之手后，占领军对城市里的居民施加了"野蛮的暴行"，留在南京的《纽约时报》记者蒂尔曼·德丁（Tillman Durdin）报道了日军的杀戮。[69] 日军士兵挨家挨户地搜索，随心所欲地占有——包括中国女性的身体。在专为女性开设的基督教学校金陵女子大学任教的美国传教士明妮·魏特琳（Minnie Vautrin）打开了学校的大门，让约 10000 名女性逃入了这座规模不大的校园。[70] 她希望保护她们免遭街头上正在上演的恐怖暴行的蹂躏。当日军士兵要求她打开一栋藏匿着中国女性的楼门时，她拒绝了。士兵扇了她一个耳光，但魏特琳没有让步。[71] 她在日记中写道："我听说了很多女孩子被从家里掠走的伤心故事。"夜晚时分到处都是可怕的尖叫："今天晚上，有一辆卡车经过，车上有 8~10 个女孩子，她们在车上哭喊'救命！救命！'……噢，上帝啊，控制一下今晚南京城里士兵的残暴兽性吧……"[72]

日军士兵不久后就冲破了上锁的大门进入了学校。她到处驱赶他们，但当她来到教师公寓的 538 号房间时，还是太晚了——一个日本兵正在"强奸一个可怜的女孩"。[73]

后来，"南京大屠杀"惨案中最骇人听闻的行径是张纯如所说的"性虐待"。[74] 日军士兵强奸了无数的女性，有些士兵甚至利用啤酒瓶、高尔夫球杆甚至是鞭炮来进行强奸，而鞭炮的爆炸也让受害者因此丧生。张纯如写道："日军士兵还会从逼迫中国男子实施的乱伦行为中获得变态的快感——让父亲强奸女儿，兄弟强奸姐妹，儿子强奸母亲。"[75] 在被强暴后，这些女性通常会遭到杀害。女性也不是唯一的受害者。日军士兵曾剥光一个中国男人的衣服，然后放出德国牧羊犬把他咬死。[76]

约翰·拉贝（John Rabe）是德国西门子公司（Siemens Corporation）的一名企业家，也是一名纳粹党党员，所目睹的暴行让他感到恐惧。德国当时尚未与日本正式结盟，而是一直试图在对待中日两国的关系中维持某种平衡。在空袭期间，拉贝曾在他的房子上方展开了一面巨大的纳粹旗帜，以警告日军轰炸机不要靠近，还曾允许中国平民在他的花园里避难。[77]随着日军暴行席卷整座城市，拉贝戴上了他的纳粹袖标，试图在街上巡逻，并且在看到一个日本兵侵犯一名年轻女子时向他大吼。[78]他给希特勒写了一封措辞严厉的报告，谴责日军犯下的暴行，称"我亲眼见证了受害者的遭遇"。[79]

日军占领南京几天以后，仍然留在城内的美国记者认为是时候逃跑了。蒂尔曼·德丁在登上一艘前往上海的轮船时看到日军士兵押送着约 200 名中国男子。正如他后来在《纽约时报》上所写的，他万分恐惧地看着"这些人排队站在墙边然后被枪杀。随后，几个日本人若无其事地拿着手枪踩到扭曲的尸体上，向还在抽搐的人补了几颗子弹"。[80]事后证明，陈纳德没有登上班乃号避难实是一件幸事。12 月 12 日，日军飞机轰炸了这艘军舰，造成 3 名美国人死亡，40 多人受伤。这件事一度看起来似乎成了那种有可能导致冲突的国际事件。包括罗斯福总统在内的美国人都对这次袭击感到怒不可遏，但日本政府道了歉，并且进行了赔偿。他们声称日军飞行员没有看到军舰上的美国国旗。

*

南京陷落后，蒋介石发表了一番誓不投降的讲话："我们也许在战场上遭遇失败，但是这并不意味着战争已经结

束。①"⁸¹ 新的首都建立在位于长江上游 400 英里处的汉口。作
为一个驻有外国军舰的港口城市，这里的外国租界让这座城市
拥有了一种欧洲风情。外国人将汉口称作"中国的芝加哥"，
因为这里拥有令人难以置信的工业硬实力。陈纳德在寒冬时节
来到这里，却不得不与不断恶化的支气管炎作斗争——这是一
种似乎每年都要犯的老毛病，他不得不喝鱼肝油来缓解炎症。⁸²

汉口正准备成为下一个战场，而对这座城市的防御已经成了
一项多国共同参与的使命。参与者包括一群在亚历山大·冯·法
肯豪森（Alexander von Falkenhausen）的率领下多年来一直
在帮助蒋介石的德国顾问；⁸³ 法肯豪森时年 60 岁，是一名身
材瘦高的德国将军，人们经常看到他身着西装、头戴软呢帽，
牵着腊肠犬一起散步。法肯豪森并不是一个思想上的纳粹分
子，而是一名服役多年的德国军人，多年来一直派驻中国，并
投身于中国的事业。利用在第一次世界大战期间积累的战壕战
经验，他指导中国士兵如何构筑土木工事。⁸⁴ 为了增援中国空
军，苏联也向中国派遣了飞机和飞行员。历史学家爱德华·莱
泽尔（Edward Leiser）写道："数十架印有中国蓝白相间的青
天白日国徽的苏军绿色飞机抵达汉口。"⁸⁵ 陈纳德发现，苏联
人是一个让人印象深刻的群体："当值期间，他们遵守铁一般
的纪律。与美国人习惯在值班时躺着或者在值班室打牌不同，
苏联人一天到晚都在狭窄的驾驶舱里笔直地坐着。"⁸⁶

陈纳德手下有一支不超过 12 人的美国飞行员队伍，他们
都拒绝撤离中国。他很感激能够有这些美国人的支持，而且在
不久后，还会有更多人前来。中国外交官们一直在悄悄招募西
方飞行员，其中有一些是已经身处远东地区的外国人。⁸⁷ 正如
塞比·史密斯所说，这些人是真正的"雇佣兵飞行员"。⁸⁸ 他

---

① 因未查到原始文献，本书中蒋氏夫妇的讲话均系英文回译。

们大多数人来自美国，但其中也有少数法国和德国飞行员。有些人声称，他们曾在西班牙与共和政府军并肩作战，不过陈纳德无法审查他们的历史。

他们后来以"国际中队（International Squadron）"为人所知。他们在安礼宾馆（Anlee House）征用了五间房，此地很快就成了他们事实上的总部。随着这些新近招募者陆续来到汉口，陈纳德面临着一个艰巨的挑战，那就是确定这些浪子有哪些是真的会操纵飞机。例如，他很怀疑一个"拿出飞行记录本，声称自己有 12000 小时飞行时长的年轻小伙"。[89] 他让比利·麦克唐纳带这个人去试飞一下，在他们来到停机坪后，那个小伙的脸都白了。他脱口而出："我觉得还是算了。我从来没有驾驶过飞机。"[90]

这次行动很快就不再是秘密。招募过程中碰到的麻烦也很快被泄露给媒体。《华盛顿邮报》（*Washington Post*）报道称："以难以置信的薪水从海外招募而来，其中许多人在抵达后被发现完全是打算免费跨越太平洋的冒险者。"[91] 甚至连曾经是正统飞行员的人也没那么优秀。报道中提到了一个人："他没有接受过军事训练，因此不应该来中国。"[92] 对另一个人的描述是："可以飞行，但技术不行。"

不过，在评估候选者时，陈纳德的确找到了一些优秀的飞行员，包括前美国陆军飞行员埃尔文·吉本（Elwyn Gibbon）。陈纳德对他的评价是"优秀"以及"是个有价值的人"。[93] 陈纳德十分欣赏在这个面带酒窝、胳膊上文有帆船文身的 26 岁年轻人身上看到的特质。他给予吉本驾驶他心爱的鹰式 75 型飞机的荣誉。

吉本成长于西雅图，13 岁时便和四架"道格拉斯世界巡航者（Douglas World Cruisers）"飞机从市郊的一个湖泊旁起飞，成功进行了空中环游世界之旅。航空是空中的艺术，他也把目光放在了飞行上。当年纪足够大时，他就加入了美国陆军，并成为一名飞行员。不过，在因胃溃疡而住进军队医院后，他的事业便走到了尽头。退役之后，吉本在菲律宾找到了一份工作，负责开飞机将零部件和补给送到偏远的矿井。当一名中国领事馆官员找到他，邀请他为中国开飞机时，他提出了一个条件，要带着妻子托妮（Toni）一道前往。于是事情就这么定了。吉本可以自豪地宣称将在陈纳德的指挥下于汉口开启一段辉煌的旅程。他写道："我猜我们是这场古怪战争中最古怪的一部分。我们来自全世界的许多角落，"不过仍然"拥有大多数正规中队所具有的团队精神。"[94]

6 英尺高的文森特·施密特（Vincent Schmidt）是这群新人中另一个较为突出的角色，他似乎就住在那件深色的皮夹克里。有关他历史背景的细节从未得到过确认，但他声称自己有二十年的职业雇佣兵经历，而这将是他的第六场战争。在一战期间担任过炮兵顾问后，他离开了美国，而《南华早报》（*South China Morning Post*）上刊登的一篇简介声称，他后来参加了"墨西哥革命和 1932 年上海的淞沪抗战。他在西班牙与效忠派，即共和派并肩作战，在埃塞俄比亚则与皇帝海尔·塞拉西一世（Haile Selassie I）并肩作战"。[95] 这名雇佣兵只有一条原则："我始终为弱势的一方而战。"[96]

第 4 章　国际中队

1938 年 1 月 4 日下午 1 点，防空警报首次响彻汉口。在接下来的一片混乱中，成千上万的市民你争我抢地冲进防空洞、地窖和仓库，希望这些地方能够在空袭期间保护他们的安全。一名路透社（Reuters）记者描述说，整个城市的人都被清空了，汉口变成了一座鬼城，"一点声音都听不到"。[1] 不过这种寂静十分短暂。随着远处敌军飞机的轰鸣声越来越大，中国的高射炮也开始轰隆作响。炮弹爆炸处出现了片片烟雾，但日军轰炸机却毫发无伤地从云层中出现。

在平民四处躲藏的同时，一辆汽车却在街道上飞速驶过。埃尔文·吉本一手按着喇叭，一手驾车冲向机场。一辆人力车突然从前面冲出，吉本猛打方向盘，差点撞上它。他写道："我的脚一直放在油门上——保持车辆前进。"[2] 街上的人群都已被清空了，于是他把汽车挂到高档，时间不等人。

在轰炸机接近目标时，埃尔文·吉本爬进了鹰式 75 型的驾驶舱，迫切地想要在炸弹落下前驶离地面。外面气温很低。一个法国人试图用曲柄启动螺旋桨，但是冰冷的发动机只转动了一圈，这让他咒骂不止。他又试了一次。吉本写道："这一次，发动机成功启动，开始发出嘶吼，螺旋桨也在一片亮闪闪的弧光中消失了。"[3]

法国人躲到了一边。吉本向前推动操纵杆，飞机在跑道上开始加速，最终成功起飞，开始急剧爬升。他爬升到 12000 英尺高，下方江汉平原上积雪覆盖的稻田渐渐看不见了。轰炸机依次投放炸弹，留下了一道道橘红色的火焰，黑色的烟雾从目标处直冲天际。

吉本看到它们正在转向准备返回，于是也调转方向追赶上去。随着他的速度接近每小时 280 英里，他甚至可以辨认出"机翼上的红日"。[4] 时间似乎慢了下来。他后来回忆说："透过环形瞄准器看过去，第一架日军飞机似乎进入了准星的正中。"[5]他感到平静而超然，好似在观察电影里的敌机。他感觉自己体内的肾上腺素水平急剧上升，将食指紧紧扣在扳机上，然后扣动了扳机。四簇火焰从他的机关枪口喷涌而出。他再一次扣动扳机，子弹从他的机翼不断射出，而日军轰炸机则开始向一侧摔落。他快速飞了过去，差点撞到那架飞机，然后回头看了一眼。他看不到那架飞机是否已坠毁，却看到有两架敌军战斗机正在尾随着自己。他知道，如果继续保持当前航向的话，自己很容易被击落。他只有一个选择，那就是下降到云层下方，希望能通过一次有力的俯冲甩掉日军飞机。

这是一种十分危险的动作，在俯冲过程中，G 力（G·force，指高速移动时所承受力道的单位）会将血液从头部抽走，如果他因此失去了意识，就会机毁人亡。当时，飞机的机头突然向下倾斜，高度表指针开始剧烈旋转。G 力撕扯着他的腹部，让他的下颌像一扇破损的铰链一样张开。吉本后来写道："它把我死死地按在座位上，就像是某个巨人用全身的重量把我推到座位里似的。"[6]他对抗着 G 力以及飞机的冲力，竭尽全力将它拉平。在重新恢复方向感后，他看了看身后。日军飞机已被甩得无影无踪。

吉本向跑道飞去，并且成功落地。他回忆说："我从机舱里爬出来，站到坚实的地面上，开始意识到过去的一个小时已让我筋疲力尽。我伸出一只手，好奇地看了看。它已经硬得像一块石头了。但是，那种需要集中注意力的强烈感受却没有离开我。身体里一种紧张的疲惫感让我鼓起了一股劲……这是为了挪动我的双脚。"[7]

跑道上已经有一群人聚集起来迎接他了。

他说："嗯，我想我击落了其中一架飞机。我的机枪当时已经瞄准好它了。"[8]

*

其他飞机的战果喜忧参半。一名中国飞行员设法与部分日军飞机展开缠斗，但这架中国飞机被击中，坠毁在了一片卷心菜田里。没过多久，社会上出现了更多针对这些美国飞行员的猜测。《纽约时报》报道称，另一位名叫弗里德里克·克罗伊茨贝格（Frederick Kreuzberg）的美国飞行员实际上在首场空战中就阵亡了。"据信他是在星期二的空袭中被日军击落的。如果此言不虚的话，那么克罗伊茨贝格就是在中国的抗日战争中因帮助中国参与实际空战而阵亡的首位美国飞行员。"[9]

对汉口市民来说，尖锐的防空警报声将成为日常生活中的常态。随着空袭不断继续，陈纳德指挥下的飞行员们试图尽可能保护这座城市。《密勒氏评论报》（*China Weekly Review*）报道称："外国飞行员已经成为中国空军的支柱。"[10]

尽管很清楚飞行员面临的极度危险，但埃尔文·吉本却感觉自己无懈可击。他写道："我真的不相信自己会阵亡。"[11] 他说自己在驾驶飞机加入战斗时，被一种"疯狂的恐惧感"[12] 所控制——之所以疯狂，是因为这种感觉非但没有让他瘫痪，反而促使他战斗。"我被吓得脸都绿了。但现在这也成了一种日常，一种生活中变得规律又经常的一部分。如果你踢过橄榄球的话，每个星期六比赛前你都会变得很害怕。恐惧可以给予你一种千里眼式的洞察力，让你在分秒之间洞悉即将发生的事，有时这也是一种疯狂的力量。"[13]

*

在吉本驾驶战斗机时，他的妻子托妮会在他们位于江边的公寓里紧张地等待。透过卧室里的双层窗，她可以远远地看到机场上炸弹爆炸升起的烟雾。在给朋友的信中，她写道："每一次声响传来都撕扯着我的神经，让我的心脏狂跳不止。"[14] 在埃尔文返回后，如释重负的感觉又会向她阵阵袭来。在那段埃尔文频繁参与战斗任务的动荡岁月里，这对夫妇仍然试图维持某种程度的正常感。他们找到了一家十分中意的餐厅，经常一起去吃晚餐。托妮喜欢点脆皮鱼，埃尔文喜欢点鸡肉饺子。他们喜欢喝花茶、饮米酒。与美国国内的许多年轻夫妇一样，他们也喜欢去城里逛街。汉口的垃圾街上有一排酒吧和卡巴莱餐馆，他们经常会和其他一些飞行员一起去喝酒，从而释放些压力，正如吉本所说："明天我也许就会遇上一些不好的事情。"[15]

一天晚上，托妮与埃尔文正在一家夜总会伴随着摇摆乐队的旋律跳舞，突然防空警报的声响盖过了乐声，灯光也全部熄灭。外面的满月为日军轰炸机趁着夜色发动袭击提供了足够的光亮，不过乐队没有停止演奏，酒保还在一片漆黑的夜总会里不断调制更多的饮品。吉本来到外面，目光顺着探照灯的光束望向天空。他看不到轰炸机的踪影，但是能够听到飞机在天上发出的微弱的嗡嗡声。突然，一串高射炮炮弹在夜空中爆炸。吉本可以看到敌军炸弹落地处燃起的大火，尽管那天晚上的派对仍在继续，但他已经看够了"现代战争"[16]，他写道："在一场突袭式的表演过后，摇摆音乐就像是一个令人扫兴的尾声。"[17]

残酷的战争、无休止的轰炸、徒劳无功的任务，以及敌我实力间的悬殊差距，开始消磨国际中队成员们的意志。曾经吸引这些年轻飞行员在汉口参战的火花开始消散。更糟糕的是，他们本应得到的击落日军飞机的奖金也没能兑现。正如文森特·施密特所说，中国政府"以一个又一个借口拒绝支付这笔奖金"。[18] 甚至在差旅费方面也出现了纠纷，一名中国将军告诉他们，他们要求获得更多资金的请求被驳回了。

现实情况是，他们始终不是一支正常运转的部队。陈纳德后来写道，这些飞行员"完全靠垃圾街酒吧里的烈酒为生"。[19] 无论是雇主还是雇员都不开心，于是中国政府决定解散这支部队。

大多数人决定返回美国。塞比·史密斯决定，他也是时候回去了。家中还有一个未婚妻正在等他，他希望在自己回到家时，她还待在那里。甚至连陈纳德似乎也出现了动摇。在一封写给父亲的信中，他写道："务农以及乡村生活有一定的好处。"[20]

最终，陈纳德还是作出了一直以来的那个决定：留在中国。不过托妮与埃尔文·吉本决定加入回国的行列。吉本夫妇乘坐火车去往上海，并且在1938年4月登上了一艘加拿大客轮。[21] 在汉口经历了连续数月的空袭后，这趟平静的航程似乎是一种解脱。

在回国途中，这艘客轮按计划停靠在横滨。众所周知，日本警察喜欢搜查外国船只，查找间谍和罪犯，他们也登上了这艘船进行检查。在警察挨个搜查船舱时，托妮藏起了埃尔文的一捆文件，里面包括他在中国时的作战地图，但吉本还是碰到了一个问题。在这艘船停靠日本的近一个月前，埃尔文作为在中国解散的"外国航空兵团"的一员曾在《纽约时报》上被提及。[22] 日本警方似乎知道他们在找什么，或者说在找谁。在找到埃尔文后，他们把他带到横滨大酒店接受审讯。[23] 他的旅行文件显示他是一名采矿工程师，他在长达三个小时的审讯中也一直坚持这个说法。这种虚张声势似乎奏效了，警察放他回到了船上。在他被羁押在酒店期间，一名外国记者看到了他，并且向他喊出了几个问题。埃尔文回答说："你听到我说的了，我是一名有时会驾驶飞机的采矿操作员。"

他的说法似乎没有被识破,但在第二天上午,就在客轮即将起锚的半小时前,警察回到船上并逮捕了他。托妮无能为力地看着丈夫被带下了船。《纽约时报》刊发了一篇报道:《美国公民被关进日本监狱》(*American Is Held in Japanese Jail*)。[24]

那间小小的牢房已经关了五个日本犯人。吉本在牢房里走了几步,测量了一下房间大小,约为 8 英尺 × 12 英尺。[25] 他的命运已经脱离了自己的掌控。

多年来,日本人一直就美国飞行员在中国作战提出抗议,如今,他们抓到了一个现成的。吉本最终抛弃了自己的伪装,向他的审讯者承认自己在中国担任空军教官,但他只是个临时工,现在正在回国,不会再回中国了。日本官员说,吉本因违反《刑法》而被扣押,罪名是为外国势力作战。[26] 一名翻译向他宣读了日本法律,并且解释说,他有可能因为替外国势力作战而被处决。"我以为自己已经时日无多了。"[27]

在埃尔文被抓后,托妮给吉本的兄弟、一名西雅图律师发了封电报:"**埃尔文在横滨被日本人逮捕,做些什么……**"[28] 这封电报开启了一场旨在帮助她丈夫出狱的救援行动,起初是两名来自华盛顿州的参议员,随后一直上升到国务院。这恰恰是美国国务院一直害怕的自由飞行员在中国作战所可能引发的情况。如果吉本在日本关押期间死去,有可能引发一系列连锁反应,最终导致战争。在东京,美国大使约瑟夫·格鲁(Joseph Grew)要求立即释放吉本。有报道称,他在监狱里遭受了虐待,食物供应也很贫乏。但获救的希望并不是完全没有。合众社报道称,日本"政府高层不建议在吉本案中采取严厉措施,因为这有可能在海外引起负面反应"。[29]《纽约时报》报道称,日本人不希望把美国卷入太平洋战事,因此有可能跟美国官员一样迫切想要避免审讯吉本，以防局势升级。[30]

4月26日，在吉本被捕三天后，日本官员下令对他不予起诉。[31]吉本于当天获释，被移交给美国外交官。几天后，他登上了塔夫特总统号（President Taft）轮船前往夏威夷。由于有传言称日本有些义警有可能在他离开横滨前试图刺杀他，因此美国外交官很高兴能看到他离开。[32]

吉本在夏威夷登上了加拿大女王号（Empress of Canada）客轮，并最终抵达了西雅图，与托妮在码头上团聚。他向记者讲述了日本人是如何"无情地拷打他，并不断重复他们的威胁的。我有一次被连续审讯了15个小时"。[33]在火奴鲁鲁停留期间，一名记者曾试图探寻这件事背后的真相："你是否击落过任何日军飞机？"吉本抗议说："我最好对整件事什么也不说。"[34]他在美国环球航空公司（Trans World Airlines, Inc., TWA）找了一份飞行员的工作，并且和托妮一起在西雅图郊外的一个小屋里过上了平静的生活。

他与陈纳德依旧偶有通信。尽管在被监禁期间历尽磨难，但他仍然怀念战斗带来的刺激。陈纳德在信中暗示有一些神秘的计划有可能给他带来未来重返中国的机会。他写道："我不能在文字中透露任何细节，也不确定这件事最后能够落实。但如果落实的话，我敢保证你肯定会喜欢，而且我会把你算作重要成员之一。"[35]

*

随着战争越拖越久，美国逐渐成为中国最后的希望之一。希特勒渴望巩固与日本的关系，因此下令撤离所有的德国顾问。冯·法肯豪森已经渐渐融入了中国的事业中，但在经过一些拖延后，还是决定遵守命令。不过他仍然说："我感觉中国肯定能获得最终的胜利。"[36] 1938 年 7 月 5 日，28 名德国士兵登上了一列火车，火车的车顶覆盖了一面巨大的纳粹旗帜，好保护它免受日军轰炸机的攻击。在列车渐渐驶出车站时，冯·法肯豪森从车窗探出身来，与一名站在月台上的中国军官挥手告别。[37]

7 月 4 日，只有少数美国人还留在汉口庆祝美国独立日。这群自称为"最后的挖沟人"的家伙喜欢聚集在汉口跑马总会烤热狗、喝可乐并且跟英国佬一起打棒球。陈纳德是一名投手。他会先在手套上吐一口吐沫，然后摆出夸张的预热姿势，再把球投出。在比赛千钧一发之际，一个英国人将球击中，球飞到左侧场地的深处。一名倒霉的外场球员跑去拦截，但没有接到，导致对手得了三分。陈纳德让这名球员知道他很不高兴。[38] 不管是打仗还是打棒球时，他都不喜欢输。

那名外场球员是一个来自芝加哥的年轻传教士，名叫保罗·福利尔曼（Paul Frillmann）。陈纳德不会记得他们这次简短的见面，但对这位传教士来说，这将是一个关键时刻，注定要以他在那个晴朗下午没有想到的方式改变他的人生轨迹。

不久后，陈纳德收到宋美龄的命令，要求他前往云南省深山环绕之中的昆明。[39] 他将再一次参与他所谓"似乎没有希望的任务，那就是以美国为榜样塑造一支新的中国空军"。[40]

随着日本军队不断朝汉口进军，蒋介石认识到他的军队无法长时间抵抗日军的攻势，但他仍然冷酷地决心遵守自己全面抗战的承诺，无论付出什么代价。他最后采取的绝望措施是下令将黄河大堤决开，希望因此产生的洪水能够阻挡日本进军的步伐。但日军仍然进军到了汉口，而"花园口决堤事件"一直到几十年后还是中国的一个难以言表的话题。现代学者估计，这场洪水造成约 50 万人死亡，使 300 万~400 万中国平民沦为难民。[41]

10月24日，日军进入汉口郊区，蒋氏夫妇不得不再次撤离。[42] 天上下着雪，他们搭乘一架飞机从机场起飞，飞往内陆腹地，最终来到了重庆，而这座城市将成为中国的陪都。

*

蒋氏夫妇和陈纳德安全逃离了汉口，但许多人就没那么幸运了。日军于1938年10月25日占领了这座城市。合众社报道了"有多名日本士兵强奸妇女"：一名日军士兵用刺刀刺死了一个试图保护自己14岁女儿的中国妇女；而在另一场暴行中，"四名日军士兵轮番强奸了一个年轻女孩"。[43]

保罗·福利尔曼留在了汉口。被强奸报道吓坏的他将500多名女性安置在路德会的教堂里。夜晚时分，他会在院子外墙巡逻，观察是否有日军士兵试图翻越围墙。[44] 他在腰上别了一把坏了的38口径① 鲁格尔手枪（Luger），并且紧紧地拽着他的德国牧羊犬。如果遇见一名日军士兵的话，他会在犬吠声中亮出手上的枪，并且指着上方的美国国旗。甚至连福利尔曼本人都对这种虚张声势能够奏效感到惊讶，日军士兵没有来骚扰这座教堂以及里面的女性。

尽管有着这些小小的抵抗行为，但对许多人来说，汉口的陷落仍然突显了中国的失败。美国著名专栏作家沃尔特·李普曼（Walter Lippmann）写道："日本人已经赢得了战争的胜利，从现在起的军事行动很可能不过是类似任何伟大胜利后的清扫战场。"[45] 东京响起了一分钟的警报声，宣告汉口已被占领。一支规模前所未有的游行队伍来到了皇居外，成千上万的人手提灯笼，口中高唱着爱国歌曲。[46] 很少出现在公众面前的

51

---

① 本书中的所有子弹口径均采用英制单位，此处的"38口径"即为"0.38英寸口径"，等同于公制单位的"7.62毫米口径"。（除特殊情况外，后不再复注。）

　　裕仁天皇走到了皇居护城河的桥上，引发了人群的热烈欢呼。但无论华盛顿或者东京的任何人心中有什么想法，蒋介石都拒绝承认战争已经结束。他说，汉口的陷落只标志着战争第一阶段的结束。战争"才刚刚开始"。[47]

第 5 章　流亡内陆

1938 年的最后几个月，克莱尔·陈纳德的新家昆明已成为中国最后的抵抗中心之一。[1]这座城市处在群山环绕之中，位置偏远，与陈纳德此前看到的任何地方都不一样。他将当地风景尽收眼底：嘎吱作响的马车在昆明的鹅卵石街道上咔嗒咔嗒地走着，水牛、肥猪等家畜沿着主要街道两旁的胡椒树徘徊。但这种田园牧歌式的平静却让位于匆忙和喧闹。难民从战事前线不断涌入，而这座城市正在逐渐转变成一个工业中心，帮助中国继续作战。希望仍然存在。在中缅边境的丛林中，威廉·波利领导的航空企业中央飞机制造厂正在不断组装新的战斗机。[2]该工厂一直随着战事不断搬迁，所在地后来以公司老板的名字命名，被人称作"波罗村（Pawleyville）"。在补充中国空军日渐耗尽的军事装备的战略中，这是一个重要环节。

尽管上海、南京和汉口先后沦陷，但这场战争似乎已步入僵局。保护昆明的群山让日本的装甲部队难以快速进军，敌人似乎把注意力更放在了维持对已占领土的控制上。日军轰炸了重庆，甚至有时会飞到昆明上空。这种地面上陷入僵持的局势让中国人有机会为未来的漫长战争重整旗鼓。

陈纳德的任务十分艰巨，他是中央航校——这所学校已经从杭州搬迁过来——的首席教官。这里已经成为训练新一代中国飞行员的中心。《纽约时报》报道称，数百名年轻人正在利用数十架美制和苏制训练机接受现代空战训练。[3]陈纳德在日记里写道，这些新学员"都处在平均水平以下，有些甚至非常糟糕"，[4]但他没有放弃，不久后，在这座古老城市布满灰尘的街道上，昆明的居民开始听到飞机引擎的嗡嗡声，并且看到天上呼啸而过的飞机，这些令人振奋的迹象显示学员们正在进步。

陈纳德身边有大约 15 名美国飞行员，比利·麦克唐纳也是其中的一员，他给父母写信说："相比我们之前在南京的经历，现在的生活相当平淡。"[5] 自从抵达中国以来，陈纳德第一次可以放松一下了。他在昆明的法国俱乐部里打网球，并且跟朋友们一起玩扑克和克里比奇牌戏（Cribbage）。[6] 电影院会放映老电影，他经常在那里度过夜晚。

不过，他还是不可能忘记正在进行的战争。陈纳德在日记里仔细记载了日军的每一次轰炸。他在 1939 年 4 月 8 日写道："23 架日军轰炸机分三个编队在下午 3 点来袭。没有一架被击落。"[7] 现在，陈纳德已经没办法召集飞机和飞行员驱赶这些轰炸机了。

1939 年 5 月初，陈纳德来到陪都重庆，并且再一次见证了日军的空袭。5 月 3 日下午，他听到防空警报响起，于是拿起了望远镜。他站在一座山上，看着天上 27 架日军飞机以完美的 V 形编队飞来。它们一度看起来就"像是春天从路易斯安那往北飞的加拿大鹅"。[8] 它们打开了投弹舱，向重庆投下了致命的货物。轰炸过后，陈纳德匆忙加入了消防队员的行列，用手动水泵和水桶扑灭火焰。他认为，这就好比"试图用一根花园水管去扑灭森林大火"。[9] 在这片"四射的火光和倒塌的木墙"中，他永远也无法忘记从废墟中飘出的焚烧尸体的"令人作呕的恶臭"。[10] 敌机在次日再次来袭，造成了更加严重的后果。陈纳德在日记中写道："城市大片区域起火燃烧，许多人死亡。"[11]

"许多"是一个保守的说法。在连续两天的空袭中，共有约 4000 人死亡，这成了截至当时，历史上最具破坏性的两次空袭之一。[12]

蒋介石在日记中写道："此实为余有生以来第一次所见之惨事，目不忍睹。"[13] 宋美龄绝望地感到这场战争正在摧毁中国：

"炸弹将富人与穷人、聪明人与蠢人拉到了同样的层次——一块块燃烧的血肉，必须用钳子从燃烧的堆堆废墟里分离出来。"[14]

这场战争让人感觉失去了希望，在逗留中国两年多之后，陈纳德对家乡的思念正在不断增加。[15]身处昆明的美国飞行员与外界的一个联系是麦克唐纳在公寓里保留的一台收音机，能够收听来自马尼拉、香港和河内等地电台的音乐。麦克唐纳会摆弄调频按钮，在一片静电噪音中找到最清晰的信号。有一天，在搜索新电台时，他突然听到了一个美国人的声音，此人正以响亮而清楚的声音从加利福尼亚的一个电台进行广播。他致信该电台称："我的头发都竖了起来。陈纳德和我站起身热烈地欢呼。"[16]他对该电台表示感谢，并请求他们播放1936年的流行歌曲《他们所说的迪克西是否真实》（*Is It True What They Say about Dixie*）：

他们所说的迪克西是否真实？

阳光是否永远照耀？

陈纳德的合同中有一项条款，允许他外出度假，而他开始感觉是时候去度个假了。他决定回家过圣诞节，然后在1940年初返回昆明，继续训练飞行员。

当陈纳德在1939年9月回到重庆与蒋氏夫妇见面时，他一定曾担心过他的老板不希望他在如此关键的时刻离开。但他们却在这件事中看到了机遇。由于愈发受到意大利和德国盟友的孤立，他们相信陈纳德可以帮助说服美国加大对中国抵抗日本入侵的支持。他的回国之旅将不仅仅是探望家人，他将担任中国的特使，请求美国帮助中国打这场正处在失败边缘的战争。

1939年10月19日上午，随着"中国飞剪号（China Clipper）"

缓缓驶入香港海湾，四台普拉特 - 惠特尼（Pratt & Whitney）制造的发动机开始发出轰鸣，推动这架总重 26 吨的飞机从水中升起，缓缓飞上天空，开启从香港到旧金山的多段旅程。"中国飞剪号"是一架马丁 M-130 飞机，是当时型号最大的飞机。这架飞机以奢华著称：机上有一间配有桌面游戏的休息室以及一个小型图书馆，身穿白色制服的空乘人员会提供热餐，例如白汁鸡块等。不过，陈纳德没有执着于飞机的舒适。它更关心飞机的强劲马力。他认真记录了飞机沿途抵达每一个停靠点的进程：菲律宾、关岛（Guam）、威克岛（Wake Island）以及夏威夷。飞机在五天后抵达旧金山，这大大缩短了乘船所需耗费的几周行程。陈纳德在旧金山坐上了一列南太平洋铁路公司（Southern Pacific Railroad Company）的火车穿越西南部。[17] 他在休斯敦（Houston）换乘一列前往得克萨斯州博蒙特（Beaumont）的火车，他的一个儿子正在那里等他，并开车把他带到了沃特普鲁夫。

他仅仅在日记里写道："再次回家。"[18]

距离陈纳德上次触摸美国的土地已经过去了两年多，而如今，他已陶醉于自己非常想念的田园牧歌般的乡村生活。他的儿子都已经长成了大小伙子，罗丝玛丽（Rosemary）也已经 11 岁了。尽管丈夫不在身边，但内尔在这座仅有 500 多人的小镇子里却生活得十分充实。她加入了联合卫理公会（United Methodist Church），在主日学校（Sunday School）里讲课，并且以其安静的魅力和友善的态度为人所知。农场提供了全家绝大部分的食物，而农场的生活也让她忙碌不已。尽管她很期待偶尔能在自家车道尽头的锡制信箱里找到丈夫的来信，但中国对她而言不过是想象中的一缕微光。在远离家乡的这些年里，她的丈夫变得越来越像是一段遥远的记忆。现在，他似乎不知道从哪里冒了出来。尽管克莱尔想要极大地影响中国的历史进程，内尔却满足于在房子后面的核桃树和果树园里散步。如今在他们团聚之际，这对夫妇不可避免地发现他们的婚姻正处在一段岌岌可危的阶段。

56　　在家里待了仅仅几天后，陈纳德就再次出门了，这次是去观摩正在进行的大型军备重整计划，并且试图去陈述中国的主张。他首先去看了自己的儿子约翰。约翰当时正与美国陆军航空兵团一起驻扎在底特律（Detroit）郊外的塞尔弗里奇机场（Selfridge Field）。航空兵团焕发出的新活力让他印象深刻，看到儿子追随自己的脚步，也让陈纳德心中充满了父亲的自豪感。一群群的新飞行员也与他还在军中服役时经受的人员削减形成了鲜明的对比。

　　陈纳德在日记中曾隐晦地提到自己在弄一些"合同"，[19]目的是为中国购买更多的飞机，而如今，他希望去亲眼看看它们。美国各地的新企业层出不穷，对军用飞机的投资也促进了整个行业的创新，因此整个国家都在经历一场航空业的爆炸式发展。陈纳德前往纽约州的布法罗（Buffalo）看望老朋友伯德特·莱特（Burdette Wright）。作为早期航空业的传奇人物之一，莱特因在第一次世界大战期间用他受损的飞机攻击敌军阵地，并促使德国人放弃阵地而荣获"杰出飞行十字勋章（Distinguished Service Cross）"。伯德特与著名的莱特兄弟没有亲戚关系，他在战争结束后离开了航空兵团，成为美国一流飞机制造商柯蒂斯-莱特公司的副总裁，并且负责管理该公司位于布法罗的工厂。这家公司生产了成千上万架飞机，也包括鹰式75型，而且布法罗工厂被认为是世界上最先进的飞机制造厂之一。这座工厂像一座军事基地一样受到严密的保护，而陈纳德获得特许，得以一窥这个无可比拟的技术奇观：人们利用自动铰孔机和液压机这样的新设备正在大批量生产飞机零部件。[20]柯蒂斯正在计划提高产量以满足法国空军部对战斗机的需求，而陈纳德可以想象，如果这些战斗机被送往中国的话，可以在对日作战中发挥多大的作用。

为了争取对中国的支持，陈纳德前往华盛顿特区，向美国陆军航空兵团的参谋汇报了中国的进展。他知道他的想法很难让人接受，但即便是那些较低的期待也没有得到满足。当他抵达一个会场时，军官们花了一个多小时才找到一份大尺寸的中国地图，而他们最终找到的那份地图也缺少很多细节，以至于陈纳德不得不用铅笔标出战争实际涉及的大部分地点。他进行了自己的陈述，但这些军官并没有表现多少兴趣。陈纳德认为自己作为一名前军官有责任警告航空兵团注意日军飞机的能力，于是递交了自己搜集的情报档案，但他感觉这份档案会被人忽视。[21]

感到沮丧和厌恶的陈纳德回到路易斯安那州过圣诞节，尽管回国度假很轻松也很诱人，他却不打算长待下去。他感觉中国需要他，也可以说他需要中国。这场战争让他有机会参与一个比自我更加伟大的事业。传记作家杰克·萨姆森（Jack Samson）写道："内尔似乎在沃特普鲁夫习惯了一个人的生活，"而在"父亲回国的新奇劲消退后，他的孩子们又回到了由自己的朋友和活动、工作和学校构成的世界里。"[22]陈纳德愈发觉得自己在沃特普鲁夫是个外来人，这种感觉甚至比他在昆明时的感受更加强烈。1940年1月，他向家人告别，并且没有表明何时会回来。

在再次穿越太平洋之前，陈纳德在洛杉矶（Los Angeles）稍作停留，与威廉·波利见了一面。南加州已经逐渐崛起为美国航空业复兴的一个重要地区。多亏了这里干燥而温和的气候，飞机可以在室外制造，有许多公司开设了制造厂，以满足政府日益增加的需求。波利带领陈纳德参观了位于洛杉矶的洛克希德（Lockheed）、北美航空（North American Aviation）

和伏尔提（Vultee）等公司的工厂，以及位于圣迭戈（San Diego）的团结飞机公司（Consolidated Aircraft）和赖恩飞机公司（Ryan Aircraft）的工厂。陈纳德的传记作家玛莎·伯德（Martha Byrd）写道，"毫无疑问，他正在悄悄而谨慎地试探"为中国获得更多飞机的可能性。[23]

参观结束后，陈纳德飞往旧金山，并在那里花了好几天时间与那座城市的著名华侨进行交流，随后登上了"中国飞剪号"，再次踏上了横跨太平洋的旅途。当他们成功跨越无边无际的蓝色太平洋并抵达香港时，冬日的寒冷空气显得异常沉重。宋美龄当时正在香港看病，据一份记述记载，她在陈纳德抵达的当晚与其共进了晚餐。[24]如果宋美龄曾经希望陈纳德能够从美国带来好消息的话，那么她注定要失望；陈纳德唯一能告诉她的是，美国似乎对中国的苦难无动于衷。就目前而言，中国还需要独自抗争。

*

陈纳德于 1940 年 2 月回到昆明。在冬季十分平静的几个月里，厚厚的雾气保护了昆明免遭敌军袭击，因此陈纳德可以靠打扑克和网球来打发时间。昆明的社交圈不大，因此他还结识了一些男士的夫人。一位较为年轻的中国女子凯茜·萨特（Kasey Sutter）是昆明一位瑞士商人哈里·萨特（Harry Sutter）的妻子。尽管陈纳德与哈里之间保持了友好的商业关系，但他还是会邀请凯茜与他结伴参加社交活动。他们之间也许不仅仅是社交关系：杰克·萨姆森曾说，陈纳德在昆明期间与凯茜和另一名女子发生了外遇。[25]无论如何，他与内尔和路易斯安那之间的距离，无论是肉体上还是情感上，都从未像现在这么远过。他知道当天气放晴时，轰炸又会再次到来，而他不知道自己何时，甚至是否能再次回到家乡。

随着春季到来，雾气散去，轰炸再次猛烈地到来，正如宋美龄所描述的，带来了"滚滚的浓烟、愤怒的火舌、房屋燃烧的爆裂声，以及机关枪连续不断射击的噼啪声"。[26] 在一次轰炸过程中，宋美龄给一位居住在纽约的韦尔斯利学院的好友写了封信。她写道："轰炸机正在上方盘旋。他们组成编队成群结队地前来，看起来就像是巨大的黑色乌鸦。"[27] 她甚至形容了炸弹落下的声音："砰！砰！砰！"陈纳德也对局势变得愈发沮丧。他在 7 月 24 日的一封信中写道："我们在这里情况不佳。我没办法凭借一己之力赢得这场该死的战争，也厌倦了几乎孤身一人在对抗我们所面对的这种渺茫的希望。"[28]

到了 4 月，陈纳德日益增加的孤立感丝毫没有得到改善，因为比利·麦克唐纳决定离开，去香港为中国航空公司担任飞行员。他在写给父亲的信中说："我之所以喜欢这份工作，是因为它有未来。"[29] 他没有明说，但已经有所暗示的是，相比之下，为中国作战明显没有未来。

更糟糕的还没有到来。9 月 13 日，一群中国飞行员驾驶苏制 I-15 和 I-16 战斗机升空以抵抗一次空袭。日军轰炸机完成投弹后就撤退了。中国飞机刚展开追逐，日军战机就从上方俯冲下来开火。中国飞行员在匆忙间自卫，但敌机比中国人此前遇到过的任何飞机都要迅捷和灵活。不到半小时，就有 20 多架中国飞机被击落——这对中国空军而言是一次严重的打击。[30] 这是一场绝对的灾难。陈纳德沉思道，这些中国飞机在被击落时甚至不知道自己被什么击中了。击中它们的是一种新型的日本飞机，三菱公司的 A6M。[31] 这种飞机后来以一个更加简单的名字"零式"为人所熟知；在不远的未来，它将不仅在中国，而且在整个太平洋地区引起恐惧。

胜利从未让人感觉如此遥远。仅仅在这次溃败的两周后，即 1940 年 9 月 27 日，德国和意大利就与日本签署了新的条约，《三国轴心协定》（Tripartite Pact）巩固了它们与东京之间的军事同盟关系。地缘政治的天平正在倾斜。1941 年 4 月，日本与苏联——纳粹德国当时的两个盟国——将签署一份互不侵犯条约，这一外交变化将让中国在世界舞台上变得日益孤立。

与此同时，在中国为生存而斗争之时，蒋介石意识到他再也不能依靠原来的盟友了。尽管他只从美国那里得到了少量的飞机，但美国看起来却日益成为中国最大的希望。1940 年 10 月 18 日，蒋介石在重庆与美国大使纳尔逊·詹森（Nelson Johnson）举行了会晤，并恳求后者提供更多的飞机。他说，中国每年需要 500~1000 架飞机，而且"希望美国志愿者能够帮助我们作战"。[32] 他恳切地说，当前的局势十分危急。过不了多久，"人民的精神和情感有可能变得过于沮丧，以至于让局势失去援助的可能性"。[33] 这是一份严峻的警告，却没有得到重视。蒋介石在华盛顿已经安排了外交官努力为中国争取更多援助，但他决定再增加一个美国人。

10 月 20 日，陈纳德收到了重庆的紧急召见。[34] 他在第二天飞往重庆，并前往蒋氏官邸。蒋介石阐述了自己的计划：他想要购买美国的最新战斗机，并且招募美国飞行员来驾驶它们。当被问及他的看法时，陈纳德回答说，他感到有些悲观，因为大部分美国人对中国漠不关心。蒋介石没有灰心。

他命令道："你必须立刻前往美国。为你觉得需要做的任何事情制订计划。尽你所能去获得美国飞机和飞行员。"[35] 陈纳德在日记中写道："受命回到美国执行任务。"[36] 他再一次登上了"中国飞剪号"，飞机"停在一缕浪花之中，俨然成了一座为人熟知的里程碑"。[37] 这段漫长的旅途将给予陈纳德足够的时间来思考自己影响历史的可能性。

第 6 章　中国空旅

陈纳德于 1940 年 11 月 15 日抵达首都华盛顿，那是一个寒冷的日子。这座城市已经连降多天暴雨。即将举行的富兰克林·罗斯福（Franklin Roosevelt）的就职典礼让整座城市显得忙忙碌碌。罗斯福刚刚竞选连任成功，将成为美国历史上首位连任三届的总统。

陈纳德遵循指示，前往蒋介石的个人代表、内兄宋子文位于伍德利路（Woodley Road）的豪华宅邸汇报工作。[1] 宋子文向陈纳德解释说，他们将启动一场游说运动，为中国争取飞机和飞行员。

与妹妹宋美龄一样，宋子文也操着一口流利的英语，不过他更像是波士顿口音而非南方口音。他曾在哈佛和哥伦比亚两所大学接受教育，并曾在纽约的一家银行中工作。他被《时代周刊》称作"中国的摩根"[2]，身上有一种见多识广的老练世故，这让他与华盛顿的精英们相处甚欢。

从官方层面来说，中国大使馆位于双橡园（Twin Oaks），是一栋以门前的两棵大树命名的大楼。这栋拥有 26 间房的白色佐治亚式大楼位于杜邦环岛（Dupont Circle）附近的一片 18 英亩大的庄园内，这有力地展示了中国是多么看重在美国首都外交圈里的投资。

不过，宋子文是在其位于切维蔡斯（Chevy Chase）的家中餐桌上进行了大部分的现实游说活动，他在那里招待了许多华盛顿的权力掮客，包括最高法院大法官费利克斯·弗兰克福特（Felix Frankfurter）以及财政部部长小亨利·摩根索（Henry Morgenthau, Jr.）。他"丰盛的中式晚宴"得到了《生活》杂志的吹捧，其中的北京烤鸭尤为著名。[3] 这种非正式的游说让他成功为中国获取了大量的贷款，但他还需要陈纳德的帮助才能制订出获得飞机和飞行员的计划。他相信，一位美国飞行员的存在将有助于说服美国官员为中国提供军事援助。[4]

在陈纳德抵达的当晚，宋子文在家中举办了一场小型欢迎会。他邀请了一些在他看来有可能对中国的事业持友好态度的记者，包括30岁的约瑟夫·艾尔索普（Joseph Alsop）。尽管还很年轻，但艾尔索普已经是一名畅销书作家了，还拥有一个在全国多家报刊上发表的专栏。先后毕业于格罗顿中学（Groton School）和哈佛大学（Harvard University）的他在华盛顿人脉深厚，经常去白宫拜访他的表亲富兰克林·罗斯福。艾尔索普可以成为中国的强劲盟友，但陈纳德首先必须让他接受自己的计划。

席间，人们讨论的话题逐渐转移到战争上，而陈纳德借机阐释了他的设想。[5]他将利用美国飞机并以一些美国飞行员为核心，建立一支受国民党指挥的空中力量，进而削弱日军在中国的攻势。艾尔索普最初拒绝了这个设想，认为它不太可能实现。[6]这种立场并不是没有道理：罗斯福正试图建立美国自己的空军武备库，英国当时也在遭受德国空军的无情轰炸。但在那个夜晚，陈纳德与宋子文持之以恒地强调中国局势的重要性，艾尔索普也在陈纳德身上发现了某种有吸引力的东西，认为他是"一个具有领袖气质的人，身材也令人印象深刻"。[7]这位记者说，尽管中国不太可能得到"一流的装备"，但他觉得白宫能够接受向中国提供过时飞机的想法。陈纳德不喜欢接受英国人挑剩下的东西，但他知道有总比没有强。

艾尔索普在他与罗伯特·金特（Robert Kinter）共同开设的"首都大观（Capital Parade）"专栏上撰写了一篇文章，以中立旁观者的口吻叙述了宋子文的晚宴，不过没有提到自己在场。他写道，"一场强有力的运动正在进行中，旨在给予四面楚歌的中国比空洞的善意更多的东西，以及偶尔能够得到确保的贷款"，他还提到，中国将需要 500 架飞机来发动反攻，并扭转战争局势。[8] 这一数字似乎直接来自于陈纳德在晚宴后的谈话。艾尔索普的专栏受众很广，在其影响力的帮助下，陈纳德与宋子文很快就开始组建一支小型航空部队。

陈纳德在第 16 街和 V 街街角的一栋由中国使馆所有的普通两层砖房里办公，距离白宫仅有一英里远。他在"位于 V 街的办公室度过了许多漫长而枯燥的日子，仔细钻研这些计划的种种细节"。[9] 陈纳德常常忙到深夜，利用自己在中国的多年经验起草了一份长达四页纸的备忘录，概括了一个提案；尽管备忘录上没有署名，但很明显这是他的成果。[10] 备忘录中写道："日军飞机在质量和绝对数量上都占据巨大优势，以至于今日的中国没有任何飞机能够升空。"而解决办法则是一支拥有 500 架飞机的"特殊航空部队"。[11] 这支由 200 架轰炸机和 300 架战斗机组成的部队将由外国人担任飞行员。备忘录最后指出，中国正在参与的是"争取独立与民主的共同斗争"。[12]

招募美国飞行员驾驶美国飞机是一种相当激进甚至有些危险的想法，违反了美国的中立立场。它还有可能导致战争。陈纳德知道，"这种类型的空军没有先例可循"。[13]

宋子文带着手上的提案开始与罗斯福政府进行接触，而且他知道该找谁：摩根索部长。宋子文已经找摩根索帮忙，为中国争取到了多笔贷款，并且已经把他当作一个好友。重要的是，摩根索是罗斯福的心腹，他们之间的关系开始于数十年前，当时，他们都是哈德逊河谷（Hudson Valley）的士绅并一起销售圣诞树。他追随罗斯福的脚步，先踏足纽约政坛，随后迈入首都华盛顿。在他希望介入的几乎任何政策问题上，他都对罗斯福有着巨大的影响，而且他对中国有着特别的兴趣，认为"中华民族的行动理念与我们美利坚合众国引以为豪的理念不谋而合"。[14]

12月8日，摩根索与宋子文在白宫共进了午餐，并讨论了这一想法。摩根索在这次会议后的备忘录中写道，他欣赏"派遣远程轰炸机的想法，并认为它们可以被用于轰炸东京和其他日本城市"。[15] 但他对宋子文说，"请求500架飞机就如同请求摘500颗星星一般"。[16] 不过，他还是决心尽己所能。这一计划引起了他的兴趣，他相信自己的朋友罗斯福总统也会喜欢它。

摩根索写道："我告诉［宋子文］，我没有与总统讨论过这个想法，但我暗示这是总统的想法，从某种程度上说没错，因为他曾经对我提过如果中国能够轰炸日本的话，将是一件好事。我对［宋子文］说，如果我们让美国飞机飞往加拿大的话，我觉得这些轰炸机没有理由不能通过夏威夷和菲律宾飞往中国……"[17] 他"相信这将在一夜间改变整个东亚的局势"。他对宋子文说，他将向总统直接提及此事，并且有信心不仅能将这些轰炸机送往中国，飞机上还会坐有美国的飞行员。

摩根索给罗斯福打了个电话，说他们需要谈谈。罗斯福问道，这件事能否在电话中谈？[18]

摩根索说："不行。此事与蒋介石的一份十分机密的口信有关。"

罗斯福问道："他是否仍然愿意继续战斗下去？"

摩根索说："这就是口信的内容。"他补充说，蒋介石已经制订了袭击日本的计划。

罗斯福很明显十分兴奋地说："太棒了。这就是我四年来一直在说的事情。"他们在不久之后就会对此事展开深入的交谈。

12月19日，总统在白宫与内阁举行会议，讨论了欧洲战事。罗斯福询问了德军U型潜艇在通往英国的航道上击沉补给船的情况，并且强调需要建造新的舰艇——他在内心里仍然是一名海军水手。[19] 美国正在一步步迈向战争。罗斯福已经批准向英国派遣 50 艘老旧的驱逐舰，并且正在推动一项"租借"法案，允许美国向英国和其他盟友提供武器和装备。

在会议行将结束之际，摩根索说，他们还需要讨论一个话题。他与战争部部长亨利·L. 史汀生（Henry L. Stimson）以及海军部部长弗兰克·诺克斯（Frank Knox）在其他人走后留了下来。摩根索拿出了一份宋子文给他的中国地图；上面显示了距离东京仅仅 650 英里远的中国空军基地。他提出应当给予中国一支特殊的航空部队。摩根索写道，罗斯福"满心欢喜"，并且批准了这一想法，尽管对于飞机类型和数量等细节还没有进行过任何考虑。摩根索问道："我们是否应该研究一下然后再讨论？"罗斯福对他们说，不必了。就去"制顶计划吧"。罗斯福看向史汀生并问道："你们有的那些远程轰炸机怎么样？"[20] 这已暗示他对于这个任务究竟有着怎样的野心。

*

摩根索在见到宋子文后说："我有个好消息要告诉你。总统对这个提议满心欢喜。"[21] 为了确定需要多少架飞机，摩根索希望向专家求助。他问道："这位陈纳德上校在哪里？"

宋子文回答说："他现在就在华盛顿。"

陈纳德与宋子文于 12 月 21 日前往摩根索部长的家讨论这一计划。[22] 陈纳德说，他们需要美国飞行员和机组人员，而且他们的工资应该有每月 1000 美元。他们讨论了计划的更多细节——除了轰炸机之外，中国一定得得到 100 架战斗机来保护滇缅公路。由于中国已经失去了与东部沿海港口的联系，这条连接缅甸腊戍（Lashio）与昆明的公路是中国与外部世界联系的最后通道。补给物资可以先运抵仰光（Rangoon）的港口，然后通过铁路运到腊戍，再用汽车沿着滇缅公路运抵中国。维持这条通道的畅通对于中国取得战争的最终胜利至关重要。

凭借摩根索的支持和总统的同意，一切似乎都已经准备就绪了——中国将能够得到美国的轰炸机和战斗机，并且会有美国的前军队飞行员来驾驶它们。对陈纳德和宋子文而言不幸的是，史汀生的热情不是很高。他希望"在我们着手去做这件事之前，让某些成熟的大脑来仔细研究一番"。[23] 他认为整个计划都还"尚未成熟"。

66   第二天，史汀生在家里与摩根索和乔治·马歇尔将军（General George Marshall）等人举行了会议。摩根索在笔记中写道，马歇尔插了一句话，质问"就这么把轰炸机给他们是否明智？"[24] 派遣轰炸机的想法被斥为有勇无谋、十分危险。

轰炸机似乎就暂时不在考虑之列了。

*

在计划制订过程中，陈纳德前往多座飞机制造厂考察，看看能否为中国找到合适的飞机。他回到布法罗去探望柯蒂斯-莱特工厂的伯德特。这家工厂当时正在制造 P-40 飞机的出口机型，陈纳德回忆说，有"六条装配线正在为英国人生产 P-40 飞机"。[25] 莱特说，他也许可以为中国提供一部分这种飞机。陈纳德知道，这种爬升很慢的重型飞机"不是那种能够满足要求的理想机型"，但他没有多少选择的余地。[26]

在新年到来前，陈纳德与一群中国官员站在了博林机场（Bolling Field）的跑道上，那是一座位于首都郊外的军用机场，他们来这里的目的是观摩 P-40 飞机的实战表现。飞行员迎着风推动操纵杆，驾驶 P-40 飞机起飞，在上方盘旋。他调了个头，然后俯冲下来，在他们头顶 100 英尺的高度快速飞过。他又将右侧机翼向下倾斜，以戏剧般的着陆方式结束了表演。飞行员在着陆后爬出飞机，他后来回忆说，可以从"柯蒂斯公司销售员的脸上看出他很喜欢这次展示。中国人也很兴奋"。[27] 他们想要 100 架这种飞机——而陈纳德提醒道，他们还需要 100 名这样的飞行员。[28]

　　1941 年 1 月 1 日，陈纳德与宋子文再一次前往摩根索的家。中美两国官员的思想似乎都统一到了一个想法上：摩根索在日记里写道，"就是用这些 P-40 飞机来保护滇缅公路免受日本的袭击"。[29] 他解释说，"情况很复杂"，因为英国人已经订购了这些飞机，但他表示，他可以作出安排，让英国人可以得到最新型号的飞机，但是交货时间要有所推迟。

　　这些外交上的细节不是陈纳德需要考虑的事，只要中国能得到飞机就行。一家名叫"环球贸易公司（Universal Trading Corporation）"的企业在纽约成立，专门用于向中国输送美国援助，该公司将使用援助资金来向柯蒂斯 - 莱特公司支付购机款。[30] 从纸面上来看，这将是一笔完全商业性质的交易。

　　正如历史学家约瑟夫·佩西科（Joseph Persico）所说，罗斯福"向往实现近乎不可能之事，在不挑起战争的情况下伤害日本"。[31] 罗斯福感觉战争即将来临，而他对于日本在中国实施的无差别轰炸感到愤怒不已。尽管公众在很大程度上希望避免卷入席卷大西洋和太平洋的战事，罗斯福却日益认为美国的卷入是不可避免的。奉行孤立主义的国会曾试图限制出口战争物资，但这并没有难倒罗斯福。他想要以所谓"战斗测试"的名义把飞机卖给英国。[32] 将这些军用物资运给英国的行为被证明引起了极大的争议——一名将军曾警告说："参与这笔交易的每一个人都会希望自己被吊死在灯柱上。"[33]

　　随着 1940 年临近尾声，局势变得日益明朗，那就是这两个大洋实际上在进行同一场战争。日本、德国和意大利于1940 年签署了《三国轴心协定》。早在 1937 年，罗斯福就曾在这些国家相继发动侵略之际公开反对"世界范围内不受法律制约行为的蔓延"，并且呼吁将它们"隔离"。³⁴ 罗斯福一度感觉自己只能走这么远了。他对一名助手说："在你试图领导他人之际，回头一望却发现身后空无一人，这种感觉太糟糕了。"³⁵ 如今，随着 1940 年 11 月第三次竞选成功，罗斯福终于充满了勇气：他完成了一件此前从未有总统完成过的壮举。³⁶ 向中国提供飞机毫无疑问将引发日本领导层的怒火，但将其伪装成一种纯粹的商业交易，却能够让白宫在一定程度上合理地否认知晓这一计划。³⁷ 这件事必须用这种方式来完成，以便美国能够在整个行动过程中否认参与其中。摩根索在一次会议上强调了这一安排的机密性："如您所知，宋先生，如果我现在对您说的话出现在报纸上，或者您向外透露曾对我谈论过此事，我只能说我从未见过您。"³⁸

事实上，有关这项谈判的新闻已经开始泄露了，整个协议面临遭到破坏的威胁。《纽约先驱论坛报》（*New York Herald Tribune*）刊登了一篇头条新闻，报道称："中国空军第一路司令及杰出飞行员毛邦初少将目前正在华盛顿与负责国防项目的人举行会谈。"³⁹ 该报甚至报道称，"克莱尔·陈纳德"正陪同他一起与摩根索就为中国采购飞机事宜展开对话——这种细节，记者只有可能从内部人士口中才能得知。仅仅几周前，一名日本发言人就曾警告说，任何对中国的援助都将"威胁太平洋的和平"，而且这一计划"对日美两国来说都十分危险；如果这些美国飞机和飞行员飞越交战区的话，只有上帝才能知道他们的命运如何"。⁴⁰ 泄露这一消息的源头是毛邦初本人，他来到美国的目的是协助进行谈判，却不小心向《纽约先驱论坛报》的记者透露了自己来到华盛顿的原因。据说宋子文非常生气，甚至对这名将军说："这有一把手枪，你是一名军人，知道该怎么做。"

但是，由于担心一名中国将军在华盛顿特区自杀可能引发负面舆论，宋子文饶了毛邦初。摩根索对这次消息泄露更多是感到好笑而非愤怒，还把这个故事告诉了罗斯福，后者"很喜欢这个故事"，并且声称他自己也会对人说起这个故事。[41]

计划在秘密地推进，罗斯福却变得愈发高调反对轴心国集团，并决心在一次"炉边谈话（Fireside Chats）"中表达美国不会永远保持中立。1940 年 12 月 29 日晚，这位总统坐着轮椅被人推进了白宫的外交接待室。罗斯福对全国数百万听众发表讲话，宣布："自从美利坚文明在詹姆斯敦（Jamestown）与普利茅斯岩（Plymouth Rock）诞生以来，我们从未面临过现在这样的危险。对我们来说，这与战争一样紧急。我们应该以同样的决心、同样的紧迫感、同样的爱国主义和牺牲精神来完成我们的任务，就像我们已经亲临战场一样。"[42] 尽管这篇讲话主要关注的是欧洲局势，但他同时明确表示，"在亚洲，在另一场伟大的保卫战中，中华民族正在抵抗日本"。这篇讲话将因为他把美国描述为"民主的军火库"而被世人铭记，他说，美国可以用"飞机、舰艇、枪炮和弹药"来援助盟友。

罗斯福在讲话中五次提到"飞机"一词。

1941 年初，第一批 P-40 飞机在柯蒂斯 - 莱特工厂被装入货箱、搬到轨道车上，并被运往新泽西州威霍肯（Weehawken）的港口，准备装上一艘挪威货轮。在陈纳德回到美国的第一个晚上，约瑟夫·艾尔索普曾说，这个计划是"不可能完成的"，但在 2 月 19 日，轮船载着 P-40 飞机开启了前往缅甸仰光的三个月航程。[43] 威廉·波利的中央飞机制造厂可以在那里将飞机组装好，而在不久后，它们就将为在中国的天空作战作好准备。

*

如今有了一些飞机，陈纳德必须找到飞行员来驾驶它们。他曾与摩根索提起过雇佣美国军队飞行员的想法。陈纳德很喜欢这个想法——他不想再找一支格格不入的"国际中队"。但这也意味着他需要得到美军将领的批准。他后来回忆了"军方如何强烈反对派遣美国志愿者前往中国的设想"，[44] 不仅因为这有可能引发战争，还因为军方认为美国自身也需要军中的每一名飞行员。美国陆军航空兵团参谋长"哈普"阿诺德中将曾对陈纳德说，该部队"无法在不威胁到航空兵团扩军计划的前提下分出任何一名成员"。[45]

尽管其他人已经对这个想法进行了一些讨论，但宋子文还是找到了一个朋友来帮助他们游说美国政府最高层，试图达成协议。[46] 托马斯·科科伦（Thomas Corcoran）是一名华盛顿律师，也是总统的前顾问。他以"瓶塞汤米（Tommy the Cork）"的称号为人所知，因为他知道如何在首都的泥潭中纵横捭阖，将事情搞定。一名分析家曾这样描述道："科科伦知道何时奉承、何时哄骗、何时威胁。"[47] 这是一个既需要赞美，又需要雄辩的任务。据科科伦叙述，他直接给老上级罗斯福总统写信，请求后者考虑自己在历史上的地位，他还寄去了 A. E. 豪斯曼（A. E. Housman）的一首名诗《一支雇佣军的墓志铭》（*Epitaph on an Army of Mercenaries*）。[48] 这首诗赞颂了第一次世界大战中的英国军人，而德国人试图给他们打上雇佣军的标签，因为他们不是应征入伍，而是要领酬劳的。科科伦猜测，豪斯曼的诗句对鼓励罗斯福采取行动起到了决定性的作用。[49] 这项提议显然违反了国会在 1935 和 1939 年通过的美国中立法（Neutrality Acts）的精神甚至是条款，但这届政府并不认为自己应当被这些法案的条款所束缚。正如司法部部长罗伯特·杰克逊（Robert Jackson）所说，总统"倾向于以对错与否而非合法与否的角度来思考问题"。[50] 最终，要求美国军人从军中辞职并加入这支特殊的航空部队的计划得到了批准。据传，罗斯福于 1941 年 4 月 15 日签署了一份"未经公开的行政命令"，[51] 这是陈纳德的说法，但罗斯福本人十分小心谨慎，不可能在这样一份极易引起争议的文件上签名。玛莎·伯德写道："总统没有签署过这样的命令。他的同意是口头上的；具体事务由助手负责。"[52] 有几名助手被派去同军方高层会谈，并为这些飞行员前往中国扫清障碍。在 1941 年 3 月的一份机密备忘录中，"哈普"阿诺德签字同意了这项提案。飞行员们将与中央飞机制造厂——"一家美国企业"——签署为期一年的合同，但这将被视为等同于在军中服役；"在考虑晋升时，这一年的缺勤将被视为服役"。[53]

这支特殊的航空部队将从美军中招募飞行员和地勤人员，随后威廉·波利的中央飞机制造厂将雇佣他们前往中国的"高级训练部队"服役，他们将为一名"监督员"工作。[54] 这名监督员就是克莱尔·陈纳德。整个计划又一次通过一家私营企业来操作，这种符合实际的决定将确保此事不会被追究到白宫身上。[55]

宋子文与托马斯·科科伦不久后将开启另一条战线，即成立中国国防供应公司，以帮助这支部队处理供应链问题。[56] 宋子文任公司董事长，"荣誉顾问"是一位名叫弗里德里克·德拉诺（Frederic Delano）的老人。（德拉诺家族早在 19 世纪就通过对华贸易积累了财富，但弗里德里克之所以担任这一职位，更直接的原因是他的外甥，即时任美国总统富兰克林·德拉诺·罗斯福。）

这支新生的部队后来渐渐以"美籍志愿大队（American Volunteer Group）"的名字为人所熟知，其成员将乘坐打着荷兰国旗的远洋客轮前往缅甸，中央飞机制造厂所组装的 P-40 飞机正在那里等着他们。

1941 年 4 月，美国多位军事基地的指挥官都收到了一条措辞模糊的命令："信中引荐了 C. L. 陈纳德先生，他受到海军部的批准到访基地。他将解释此行的目的。"[57] 为了帮助招募飞行员，陈纳德与波利召集了一群老朋友，并分头前往 17 座拥有飞行员的军事基地。陈纳德曾"计划亲自对每一名飞行员进行最后的考察，但在紧张忙碌地帮助这群人作好准备的最后关头，我不得不放弃了这个想法"。[58]

*

一场事关亚洲的秘密行动的流言蜚语开始在美国各军事基地间流传。

没过多久，媒体就报道了这条消息。《时代周刊》在 1941 年 6 月 23 日刊文讨论了这支前往中国的神秘队伍。"过去几个月，身材高大、皮肤黝黑的美国飞行员接连悄悄地从东海岸和西海岸的港口溜走，前往亚洲。"[59] 所谓的机密性也不过如此。但这篇报道更像是在为这支部队打广告。一位伦道夫机场（Randolph Field）的飞行员 R. T. 史密斯（R. T. Smith）读到了这篇报道，然后把报纸丢在咖啡桌上，吐出了口中的威士忌，从沙发上跳了起来。"我的上帝啊！"[60] 他对自己的中队战友说了这件事，于是他们又倒了一轮酒。"这支荒唐的部队"似乎就是他们一直在等待的门票。[61] 尽管陈纳德坚持要求对这个行动保密，但这些飞行员还是想办法找到了一名征兵人员的号码，并给他打了个电话。没过多久，他们就踏上了前往旧金山的旅途。

一旦征兵工作开始，陈纳德就是时候回到远东地区了。他拿到了一本新护照。护照上写着，"职业：经理"。[62] 随后，他搭乘一趟美联航（United Airlines）的航班前往旧金山。抵达旧金山的时间让他刚好可以带领一支规模庞大的美籍志愿大队代表团起程——一名飞行员在日记中写道，这支代表团由大约 50 名飞行员和 73 名地勤人员组成——他们将搭乘荷兰客轮亚赫斯方丹号（Jagersfontein）前往缅甸。[63]

1941 年 7 月 7 日，在马克霍普金斯酒店（Mark Hopkins Hotel）顶层酒吧举行的一场招待会让陈纳德有机会见见这些年轻的飞行员。飞行员们以酒会友，互相分享自己的故事，介绍他们曾驾驶过的飞机。他们对于未来这趟旅途中可能遇到的事情一无所知。也许他们曾听说过有关即将率领他们的神秘人物陈纳德的故事，他现在却活生生地站在他们面前。他的相貌平凡无奇，皮肤因在阳光下暴晒多年而显得黝黑，布满了深深的皱纹。《时代周刊》将陈纳德描述为"尖锐的皱纹有如疤痕般遍布他的嘴唇四周。常年的飞行在他眼睛周围编织出了一道道鱼尾纹"。[64]

陈纳德自信地四处走动。无论他对这群"性格各异、身着便装，并看起来有些局促不安的年轻人"有过怎样的怀疑，他们如今都是他要担负起的责任了。当然，陈纳德后来回忆说，没有人"能够想到，就在几个月后，他们将创造历史"。[65]

有些应征者毫无疑问是为了钱，但对大部分人而言，更有吸引力的是这趟冒险。对 27 岁的海军飞行员约翰·纽柯克（John Newkirk）来说肯定是这样，他经常被人称作"杰克"，或者再加上他家乡的名字，被称作"斯卡斯代尔·杰克（Scarsdale Jack）"。他将这次任务视作一次反抗——反抗身为纽约律师的父亲对他的未来所作的规划。"斯卡斯代尔·杰

72

克"是一名家住豪华郊区的鹰级童子军（Eagle Scout）①，但他不是我们印象里那种典型的家境优渥的郊区孩子。据他的家人记述，从儿时起，纽柯克就迷上了射箭，进而逐渐成为一名神射手。他曾射下过一只飞行中的麻雀，然后吃了它，因为猎人就该这么做。66 他对冒险的喜爱很快就转向了飞行。他先是求学于仁斯利尔理工大学（Rensselaer Polytechnic Institute，也译"伦斯勒理工学院"），后来成为一名海军飞行员。67 相貌英俊、笑容迷人的纽柯克有一种喜欢危险和大胆生活方式的倾向。他报名去中国驾驶战斗机的决定让每一个熟识他的人都不感到意外。

在起程前往旧金山前，他去休斯敦看望了一位女孩。他是在海军服役期间趁一次休假前往加尔维斯顿（Galveston）看望简·邓纳姆（Jane Dunham）的哥哥，并与其一起冲浪时第一次见到简的。纽柯克对她一见钟情，她对纽柯克也是如此。在纽柯克返回航空母舰后，他们的恋情一直在持续。他写信告诉简自己要加入美籍志愿大队的决定，并且对她说："我对这个新工作最大的遗憾是，不得不与你分别。"68 在他抵达休斯敦后，他宣布，自己要在出国前结婚，于是他们在第一长老会教堂（First Presbyterian Church）举行了一场简短的婚礼。他前往旧金山以便乘船去中国的旅途成了他们的蜜月之旅。

73　　7月10日，纽柯克所在的123人团队登上了旧金山的公共汽车，并前往港口。他们携带的背包里装满了他们认为在中国的一年里需要用到的衣物和补给品。他们带上了新签发的绿皮护照，里面伪造了他们的职业信息。简·纽柯克与其他几名女友和妻子一起前来道别。在港口上，简久久地挽着杰克的胳膊。没过多久，他就起程了。

---

① 美国的最高级别童子军（BSA），简称"鹰"。由于是终生称号，因此有"一为鹰，永为鹰（Once an Eagle, always an Eagle）"的说法。

亚赫斯方丹号客轮俯瞰着整个港口，船上装满了即将运往东方的汽车和货箱。一行人在狭窄的过道上穿行，寻找各自的客舱。放下行李后，他们又拥到栏杆旁，最后看一眼美利坚的土地和他们的挚爱。许多人都为这个场合穿上了西装、打好了领带，一名飞行员还用相机拍下了这个场景。[69] 纽柯克跑到栏杆旁，向自己的新婚妻子挥手告别，后者带着白色头巾，一眼就能看到。许多飞行员，尤其是那些已婚的飞行员，在船只开始远离港口时感到了一阵内疚。一名飞行员后来回忆说："言语无法表达此事在我心中留下的虚空。""我永远也无法忘记"妻子"站在码头上挥手的样子"。[70]

下午 1 点 20 分，巨响的汽笛声过后，亚赫斯方丹号从码头起程了。另一名飞行员回忆道："随着客轮从金门大桥下徐徐驶过，码头渐渐消隐在一阵浓雾中，就像一块幕帘遮在了遗憾与犹豫之上。现在已经无法回头了。"[71] 海洋很快就变得汹涌起来，一些飞行员趴在栏杆上，把他们的告别午宴还给了大海。[72]

这些人中有许多都是年轻人，大萧条时代的孩子在参军之前很少离开故乡。弗兰克·罗森斯基（Frank Losonsky）是其中一人，他是一名机械师，招募自密歇根州的塞尔弗里奇机场（Selfridge Field）。

他的父母是一对艰难度日的捷克移民。在禁酒令期间，他们会售卖一些私酿的啤酒和威士忌。他的父亲是一名理发师，继母在一家弹簧制造厂工作。弗兰克记得她"经常回家时手上有着严重的割伤，血流不止"。[73] 不过，两人的收入仍然不够，在底特律寒冷刺骨的冬日里，弗兰克经常要"从煤车上偷煤"才能给家里取暖。他在自家一楼开的理发店里给父亲打下手，负责给顾客倒酒。高中时，弗兰克与父母大吵了一架，并在 9 年级时离家出走，最初是住在一个姨妈家，随后是住在任何愿意每周收他 5~6 美元房租的家庭里。为了不露宿街头，他做了 [74]

能够找到的任何工作，包括给奶牛挤奶以及在甜菜田里干活。

罗森斯基于 1939 年从高中毕业，并且很清楚自己想要干什么：他要加入陆军航空兵团。它提供了"独立自主的生活、稳定的工作，以及在航空事业中的未来前途"；[74] 这里还有一个没有说明的原因：这份工作能够确保他在余生中不用一直挤奶和收甜菜了。他接受了飞行学校的考试，想要成为一名飞行员，但是物理科目没有及格。作为安慰奖，陆军训练他如何修理 P-40 飞机的发动机。他决心干好这项工作，尽管驾驶飞机始终是他的雄心。

他作为乘客登上了朋友驾驶的 AT-6 飞机，他们将从塞尔弗里奇机场飞到他的家乡阿什利（Ashley），看望他的高中恋人，一个名叫南茜·特雷弗里（Nancy Trefry）的运动型红发女孩，即他计划中的结婚对象。他们将以一种引人注目的方式宣布自己的到达。据南茜回忆，她当时在学校的自习室里，突然看到"飞机很低地飞了过来。我们女孩子们都兴奋地看着这架疯狂的飞机在学校上空嗡嗡作响……我非常激动"。[75] 有一次，他们从她家上空飞过，据南茜回忆，她父亲"还想知道这些傻瓜在上面到底在做些什么"。[76] 那是她的弗兰克。

罗森斯基曾希望报名飞行员，但美籍志愿大队需要地勤人员，尤其是像弗兰克这样十分了解 P-40 飞机的艾利森发动机（Allison engine）的人，于是他报名成为地勤人员。他回忆说："我的动机不是拯救世界。我也没有对航空兵团产生不满。我的原因是钱，一趟免费前往东方的旅途，以及冒险的希望。"[77]

他在 1941 年 7 月 4 日那天花了一整天陪伴南茜及其家人，然后就赶往了旧金山。他没有实现成为飞行员的雄心，但这已经非常令人兴奋了，而且是一个让他实现自我的机会。他写道："我记得自己一点也不紧张。仅仅有一种冒险的感觉。"[78] 如今，在距离自己 21 岁生日还有几个月的时候，英俊而又带着些许稚气的罗森斯基满怀希望地期待着他在美籍志愿大队350 美元一个月的薪水，因为这比他在军队里挣得多多了。他的计划是攒下一些钱，并且看一看世界各地，然后就回来，与南茜一起定居在一个农场里。一切都安排好了。甚至连波涛汹涌的大海都没有打击他的乐观情绪。罗森斯基回忆说："真是快乐，我在这艘客轮上度过了一段美好的时光，没有工作，吃得像一个国王，我还能有钱拿。"[79] 这趟旅程是他们中的许多人第一次体验真正的奢侈生活，他们懒洋洋地躺在木质躺椅上晒太阳，一位名叫罗伯特·布劳克（Robert Brouk）的飞行员写道，只有"上午 11 点前后戴头巾的赤脚爪哇男孩送来的凉爽而提神的饮品才能打断他们"，这些爪哇男孩是船上的侍者。[80] 午餐是"蔬菜沙拉、汤、主菜、甜点和水果"，紧接着是交谊厅里的咖啡时间。[81] 下午时分，他们会阅读书籍，尤其是有关中国和日本的书籍，随后是拥有多道菜的晚餐时间。弗兰克·罗森斯基发现荷兰饮食有些令人望而生畏，并且回忆说，"他们花了航程中的很大一部分时间来弄清楚什么时候该在什么地方用哪种叉子"。[82]

夜晚时分会让他们想起即将投入的那场战争，因为日落之后，亚赫斯方丹号就必须熄灭灯火，以防太平洋上的敌军突袭——尽管这些人似乎有些困惑他们需要担心的究竟是德军还是日军舰艇。[83] 舷窗都被关上，通风系统也被关闭，客舱由此变得令人窒息。由于光线太暗无法看书，小伙子们只好打起桥牌并喝起了朗姆可冷士鸡尾酒（Rum Collins）。[84] 甲板上的一些人试图散散步，呼吸些新鲜空气，却在一片漆黑中撞在了躺椅上。[85] 他们在那些夜晚一直靠唱歌打发时间。[86]

亚赫斯方丹号上还有一支医疗队，他们是陈纳德招募来为美籍志愿大队服务的。这支医疗队由美军航空军医托马斯·金特里医生（Dr. Thomas Gentry, Flight Surgeon）领衔，成

员中包括两名医生、一名牙医，以及两名女护士。陈纳德担心
这两位女性有可能跟他的手下发生恋情，因此向负责招募工
作的朋友提出明确要求："为了士气，我更倾向于招募女护士
（不要太漂亮），但需要每一名护士签署一份严格的协议，不
能在一年任职期内结婚。"[87] 招人的结果其实不太符合陈纳德
的要求。虽然两名女性中年龄较大的那位乔·斯图尔特（Jo
Stewart）的情况，外界知之甚少，但飞行员们显然觉得25岁
的埃玛·简·福斯特（Emma Jane Foster）十分有魅力。一位
名叫吉姆·霍华德（Jim Howard）的飞行员回忆说，她"看
起来光彩照人，一头蓬乱的红发垂落至肩，有着深邃的蓝色眼
睛，经常穿一件朴素的白色外套"。[88] 另一名飞行员甚至说，
她是"我见过的最漂亮的姑娘"。[89] 小伙子们目不转睛地盯着
她看，福斯特却似乎对这种关注感到厌烦。[90] 她对于与这些同
行的乘客发展恋情似乎没有什么特别的兴趣。对她来说，这趟
任务的主要吸引力在于能有机会回到中国，一个她已经爱上的
国家，因为她是最早一批前往中国学习的美国女性之一。成长
于宾夕法尼亚州贝尔丰特（Bellefonte）的福斯特在读了赛珍
珠（Pearl Buck）关于中国的畅销小说《东风·西风》（*East
Wind: West Wind*）以及《大地》（*The Good Earth*）后就迷
上了远东地区。她的父亲会带她去本地的中餐馆，在那个年
月，这是一种颇具异国情调的饮食选择。在求学宾夕法尼亚州
立大学（Pennsylvania State University）期间，她听说广州
岭南大学有一个短期留学项目，即便这个项目只招收男生也没
有让她气馁。福斯特回忆说，如果男人能去的话，"没有理由
女人不能去"。[91] 她不接受否定的答案，并成功说服管理人员
允许她前往岭南大学。那是她第一次离家远行。当她踏上漫长
旅途的第一阶段，坐上前往西海岸的火车时，她变得"如此想
家，以至于在横跨美国的旅途中哭个不停"。[92] 福斯特的自尊

阻止自己回头，而当她把位于岭南大学的新家安置妥当后，忧虑感也就烟消云散了。

她发现当地的饮食不断给自己带来惊喜和愉悦，即便其中包含蛙腿或鸡爪也是如此。当她骑自行车进城时，人们会在街头驻足，看着她从眼前骑车而过，而她亮红色的头发和雀斑很快就让她成了当地的一个名人。她回忆说，中国人称她为"外国鬼子"，但她理解人们的反应只是一种惊叹之情的反映，没有任何敌意。她很快就学会了汉语，学校里的课程也让她想要了解更多的中国历史。她在中国各地游历，甚至爬上了长城。

她后来回到宾夕法尼亚州，并在 1937 年从宾夕法尼亚州立大学毕业，获得政治学和社会学学位，随后，她于1940 年从耶鲁大学护理学院（Yale School of Nursing）毕业，并获得硕士学位。她希望自己的医学技能能够引导自己回到中国，但这一梦想不得不推迟，因为她在明尼阿波利斯（Minneapolis）找到了一份护理弱势女性的工作，并且很快就找到了一个打算谈婚论嫁的男朋友沃尔特（Walt）。她已经打算嫁给他并安下心来，但她心中回到中国的渴望并未完全消失。金特里在一次前往耶鲁的招募行程中听说了她，便立刻给福斯特的父亲打电话，并在明尼阿波利斯找到了她。金特里邀请福斯特参与这项任务，对她而言这似乎是某种奇迹，于是福斯特接受了邀请，但几乎是刚放下电话，她就产生了犹豫。在那个女孩的平均结婚年龄是 21 岁的时代，福斯特已经 25 岁了。她决定给这件事施加点压力。福斯特回忆说，在那次决定性的谈话中，她告诉沃尔特："如果你娶我的话，我就不去了。"他回答说："我不会这么做的，因为你会抱憾终生。"

她回忆说："我知道他是对的。我知道我必须得回去，如果我不去的话，会感到遗憾的。"[93] 她打好行囊，第二天就前往旧金山。在西行的旅途中，她坐上了一趟列车，眼中没有任何泪水，心里却充满了兴奋。

与船上的男人不同的是，福斯特立刻就开始履行她的职责——打预防针。她回忆说："这些强壮结实的男人在甲板上晕了过去。我不太能理解一个如此勇敢的男人怎么会对一次微不足道的打针产生这么奇怪的反应。"[94] 她对这些受她照料的家伙的挑逗十分抗拒，其中的许多人看起来才刚刚成年。尽管她无动于衷，小伙子们却希望能有机会与"小红"——这是他们给她起的昵称——发生点什么，有些人甚至冒险去了上层甲板的护士客舱。一些人设法说服她与他们一起打甲板网球，有时他们还会坐下来听她的留声机里播放的唱片。

在聆听柴可夫斯基（Tchaikovsky）的一首钢琴协奏曲时，她与一位名叫约翰·佩塔齐（John Petach）的英俊飞行员产生了争执，焦点是这首作品之所以如此非凡，究竟是归功于钢琴还是管弦乐队。尽管福斯特倾向于与飞行员们保持距离，她却发现自己对这个更为成熟的小伙子产生了兴趣。他们发现两人都十分热爱音乐，可以连续谈论数小时。

在这艘前往缅甸的船上，佩塔齐是一个令人意想不到的乘客。他刚从纽约大学（New York University）毕业，获得了化学工程学学位，很容易在纽约找到工作，抑或是作为合唱团里的一个天才歌手，他可以追随父亲的脚步，回到新泽西州的珀斯安博伊（Perth Amboy）成为地方教堂里的唱诗班指挥。然而，他却向父母宣布说，自己已经通过了考核，即将成为一名海军飞行员。他在彭萨科拉海军航空站（Pensacola Naval Air Station）接受了训练，并且很快就能够从航空母舰上起飞了。在报名参加美籍志愿大队时，他即将迎来自己的 23 岁生日。

这位"帅气的绅士"身上有某种东西让福斯特着迷。[95]"我对他印象很深刻，因为他如此温柔、如此善解人意、如此敏感，对于他这个年纪的男子来说，我觉得十分不一般。"他们的关系很快就变得亲密起来，据她记载，他们经常手挽着手在轮船甲板上跳舞。这件事本身就是一次冒险。她回忆说："当你落脚时，你不知道甲板会向哪个方向运动，也不知道是否会一脚踩空。"[96] 但他们却坚持了下来。佩塔齐是一个优秀的舞者，但真正俘获她芳心的是他的歌唱天赋。他有着"迷人的男低音"。不过，她还与其他下伙子跳过舞，而且也不清楚这是否只是短暂的逢场作戏而已。

7 月 15 日，亚赫斯方丹号在火奴鲁鲁靠岸。乘客们花了一天时间在岛上观光游览，之后便随着轮船继续西行。

当客轮在 7 月 21 日进抵赤道时，第一次跨越赤道的小伙子们，包括弗兰克·罗森斯基在内经历了一场海上受辱仪式，即"海王仪式（King Neptune Ceremony）"。弗兰克·罗森斯基回忆说，"他们逼我们吃生鱼"，然后要他们脱光衣服。"随后他们用某种混合了鱼肝油和牛奶的恶心面团擦拭我们的身体。"[97] 被涂得像是牛排的小伙子们被命令在甲板上奔跑，同时还要忍受船桨的拍打。最终，他们跳进了船上的游泳池，但即使到这时，对他们的折磨也没有结束。在清洗遍布皮肤和头皮的黏液时，盐水和粗糙的肥皂没起什么作用。一直到三天后，他们才终于感觉摆脱了这种黏性物质。弗兰克·罗森斯基在日记里写道，尽管如此，"所有人都很开心"。[98]

最终，他们在 1941 年 8 月 15 日抵达伊洛瓦底江（Irrawaddy River）江口，并逆流而上抵达仰光，途中还遭遇了一场遮天蔽日的大雨。[99]

*

在亚赫斯方丹号之后，还有几艘挂着荷兰国旗的客轮带着更多的美籍志愿大队成员起程。7月24日，布隆方丹号（Bloemfontein）离开旧金山港。

乘坐那艘船的飞行员中有一个人名叫大卫·希尔（David Hill），绰号"特克斯（Tex）"，他身高超过6英尺，险些塞不进P-40飞机的驾驶舱。一个朋友回忆说，希尔"身材瘦削、四肢纤长、一头金发，脸上总是带着微笑，性格率真且品貌兼优，是那种能够用个人魅力将鸟儿从树林里吸引出来的人"。[100] 虽然被人昵称为"特克斯"，希尔却出生在朝鲜半岛的一个基督教传教士家庭。他一直对远东很感兴趣，但他对飞行的喜爱超过了一切。他花了一年时间在彭萨科拉海军航空站接受飞行训练，并在1939年11月赢得了飞行徽章，之后一直在航空母舰上担任俯冲轰炸机飞行员，服役于大西洋海域。他热爱海军，但这份前往中国的邀请提供了某种"兴奋与冒险"，以及一个回到他出生的那块大陆的机会。[101]

希尔在海军中的两个挚友也加入了美籍志愿大队。与大部分新同事一样，来自北卡罗来纳州小镇的埃德·雷克托（Ed Rector）也从儿时起就梦想成为飞行员。他把自己的零花钱都用来购买通俗杂志，而这些杂志恰恰是1930年代出生的那批孩子的飞行启蒙读物。他记住了第一次世界大战中的所有飞机机型，"等到我17岁时，我已经知道自己未来要干什么了"。[102] 他成了一名海军飞行员，实现了自己的梦想，但在"读了两遍吉卜林（Kipling）的著作后"，他想要亲自去看看远东地区。[103] 25岁的伯特·克里斯特曼（Bert Christman）是这群人中最不平凡的一个。来自科罗拉多州柯林斯堡（Fort Collins）的克里斯特曼在科罗拉多州农业与机械学院（Colorado A&M）获得机械工程学位，但他知道自己想要成为一名艺术家。他带着部分作品搬到了纽约，并且干起了所能找到的一切工作。没过多久，他就受雇于美联社，在美联社要求他接手于全国同步连载的漫画《斯科奇·史密斯》（*Scorchy Smith*）的创作后，他迎来了一个重大转机。《斯科奇·史密斯》记述了一名年轻飞行员作为雇佣兵环游世界的冒险历程，其中就包括一段在中国的历险。[104] 克里斯特曼不久后就开始花时间在机场驻足，以便更好地理解这一题材。已被深深吸引的他后来报名参加了飞行课程，并且非常强烈地爱上了飞行体验，以至于在 1938 年，他以飞行员的身份加入了海军。他继续坚持着艺术创作，和同行共同创作了系列漫画《睡魔》（*The Sandman*），该系列最早连载于 1939 年的《冒险漫画》（*Adventure Comics*）杂志上。他的下一个项目《三张王牌》（*The Three Aces*）作为《睡魔》的衍生作品连载在《动作漫画》（*Action Comics*）上，讲述了三名年轻飞行员成为"赏金飞行员"并且环游世界对抗邪恶的故事。[105] 希尔、雷克托与克里斯特曼之间的友谊似乎就是《三张王牌》的原型，而希尔后来在谈到克里斯特曼时说道："说真的，他之所以成为一名飞行员并参军，唯一的原因是他想要体验自己漫画里的故事。" [106]

布隆方丹号上载有 27 名美籍志愿大队的新兵，剩下的乘客大部分则是前往远东地区的传教士，还包括许多女性。船上的酒吧存货充足，旅客休息室里的钢琴总有人在弹奏。R. T. 史密斯写道，那些"该死的传教士"总是"每隔一小时就聚集在钢琴边高唱圣歌，要把我们逼疯了。于是我们就通过在留声机上播放热烈的摇摆乐唱片来把他们逼疯：古德曼（Goodman）、多尔西（Dorsey）和阿迪·肖（Artie Shaw）"。[107] 有传言说，"特克斯"希尔在路上设法"改变了"一位女传教士的信仰。[108]

在布隆方丹号中途停靠新加坡的数日间，当地的中国领事邀请他们参加了一场奢华的晚宴。飞行员乔治·麦克米兰（George McMillan）在给母亲的信中写道："你要是知道我们很快就学会了用筷子一定会吃惊的。晚宴有 20 多道菜，持续了三个多小时。真有意思！不过就个人而言，我还是更喜欢培根加鸡蛋。"[109] 这批新兵在最后一段前往仰光的航程中乘坐的是槟城商人号（Penang Trader）轮船，那是一艘覆盖着"铁锈和污垢"的小轮船。[110] "特克斯"希尔回忆说，他们试着在船上睡觉，却发现自己并不是船上唯一的乘客。"蟑螂——我的上帝啊！！第一个夜晚到处都是蟑螂。"[111] 他们不得不在甲板上躲避这些虫子，同时呼吸一下新鲜空气。

*

陈纳德在 7 月 8 日再次登上"中国飞剪号"飞机。他回忆说："随着这架巨大的水上飞机冲上旧金山的上空，我舒适地坐在座椅上，在对抗日本人的战争中，我第一次萌生了自信，相信我已经拥有足以击败他们的一切。"[112]

陈纳德终于有了一支自己的私人空军，但花的时间比他此前希望的要久。他最初的计划是将这支部队尽快派往昆明，但如果他们在 1941 年春抵达昆明的话，会遭到日本重新发动的轰炸攻击。陈纳德知道认真训练的重要性，并且想要将自己同日军作战的四年时间里总结出的战术教给这些飞行员。计划必须改变。他必须找到一个地方让他们能够和平并安静地接受训练，然后才能把他们投入战场。这样一个地方在中国很难找，但相邻的英属殖民地缅甸却符合这一要求。中央飞机制造厂正在仰光组装 P-40 飞机，因此尝试在缅甸找到一个落脚处的想法是有道理的。当陈纳德在仰光降落时，他与威廉·波利一同合作，找到了一个地点。他们想要使用英国王家空军的一个基地。尽管这有可能破坏英国与日本之间的脆弱和平，但英国当局还是同意了这一计划；美籍志愿大队获得了小镇东吁（Toungoo）附近的一座地处偏远的空军基地的使用权。就像一个地主试图控制一个可能会带来重重麻烦的佃农，英国人说，美籍志愿大队可以利用该基地进行训练，但不能用于作战。[113] 尽管该基地设施简陋，但陈纳德还是同意了这次选址：他对于舒适与否不在乎。1941 年 7 月 28 日，一群美籍志愿大队的机械师抵达仰光并受到陈纳德的迎接，他们被派往东吁，负责整顿基地。[114] 这本应是一项秘密任务，但这些人在经停新加坡期间似乎管不好自己的嘴巴。《纽约时报》在 1941 年 7 月报道说，"30 名美国飞机机械师和维修人员"正在前往"援助中国空军"。[115]

陈纳德还需要一些参谋，于是他在东亚地区四处旅行，寻找"任何恰巧有空的美国平民"。[116] 在一次停留香港期间，他碰见了哈维·格林洛（Harvey Greenlaw），一名前陆军军官及西点军校毕业生，当时正在从事飞机销售。陈纳德向哈维发出工作邀约，邀请他担任主任参谋，成为这支部队的二号人物，哈维把妻子奥尔加（Olga）也带了来，担任秘书。当年 8 月，在重庆附近的山区树林里，宋美龄举办了一次小型花园派对，陈纳德发现了另一个能有大用的美国人。此人看起来十分眼熟，事实上，他就是乔·艾尔索普。艾尔索普几乎可以说是被陈纳德的榜样所激励，于是放弃了自己的专栏，加入了海军；他想要成为一个行动派，而不只是动动嘴皮子。他当时正在前往孟买的途中，据说作为情报官，他承担了一个不甚明朗的职务，"似乎未来会有充足的食物和很少的工作"。[117] 这也许听起来像是一个梦寐以求的任命，但艾尔索普在华盛顿的生活原本就是如此，而他希望"在一个真正的领袖手下做一些实事"。[118] 他询问陈纳德自己能否加入美籍志愿大队。对这支部队而言，他是一个异类，因为他没有任何军队背景，但陈纳德觉得可以让他来管后勤。没过多久，艾尔索普就辞了职，并前

82

往缅甸加入陈纳德的部队。多年后，他写道，这将成为"我人生中最伟大的一次冒险"。[119]

*

即使在陈纳德 1941 年 7 月返回远东后，招募更多飞行员的工作也仍在继续。其中一名招募官名叫理查德·奥德沃斯（Richard Aldworth），是一名曾经在法国参加过第一次世界大战的陆军飞行员。他喜欢声称自己曾经与拉法耶特小队交过手，但那只是为了表演。他在一次差点丧命的坠机事故后从军队退役，成为纽瓦克大都会机场（Newark Metropolitan Airport）的一名主管。他没办法再驾机飞行了，但至少就目前而言，他又参与了航空事业。

1941 年 8 月，奥德沃斯前往佛罗里达州的彭萨科拉，海军飞行员正在那里的海军航空站接受训练。他朝着圣卡洛斯酒店（San Carlos Hotel）径直走去，那是一家七层楼高的顶级酒店，俯瞰着彭萨科拉湾的粼粼波光。酒店里装饰考究的酒吧吸引了许多飞行员，他们会聚集在这里喝酒，并且在这个城里少数有空调的地方避暑。奥德沃斯悄悄走进酒吧，随口对某些客人提起，他正在寻找一些优秀的志愿者参与一个前往中国的任务。他对他们说，任何想要了解更多细节的人，应该来他的房间进行私下谈话。

8 月 4 日那天，28 岁的海军陆战队飞行员格雷格·博因顿（Greg Boyington）正在彭萨科拉闷热的街道上闲逛，迫切地想要找到一瓶酒，以及"一个答案"。[120] 因为喝酒，博因顿的体重增长了 30 磅，这使得他在亚热带气候的夏季喘不过气来。基地里都在传说，他是那种可以"在早上 10 点前干掉五分之一瓶威士忌"的人。[121] 他对酒精的热爱曾给他惹来大麻烦。

尽管他已有家室，但在一天晚上，他还是带了另一个女人去军官俱乐部喝酒。她坐在钢琴边开始演奏，博因顿则与她一起坐在长凳上。一名指挥官坐到了她的另一侧，把博因顿挤到了地上。博因顿站起来，对他的女伴说他们可以走了，但那名指挥官却对这个女人说了些什么，似乎是"我要带你回家"。博因顿朝着他的脸打了一拳。这种"不符合军官身份的行为"，正如报告中所说，导致博因顿被停职五天。[122]博因顿的妻子海伦（Helene）终于受够了，带着他们的三个孩子一起去了西雅图。博因顿说："我喝的比以往更多了。"[123]

截至此时，博因顿已经欠了数千美元的债务。他的债主联系了海军陆战队，而他"必须每个月通过邮件向海军陆战队总部报告每一笔债务都还了多少钱"。[124]他担心同事们有可能把他排挤到一个文职岗位上，而他其实迫切地想要继续飞行。

尽管他没办法偿还债务，但他还是在圣卡洛斯酒吧里找了一个座位，点了一瓶酒。他写了一张20美元的支票，也很确定这张支票会被退回，但等到他们发现时，他已经拿到工资了。他开始跟坐在身边的顾客谈话，坦承自己的困境。

那位酒客说道："小伙子，你可真幸运，他们正在招募飞行员帮蒋介石作战。"

"是嘛，那我怎么能离开军队呢？"博因顿很想弄清楚。他又倒了几杯酒，仔细思考了一番。博因顿是个土生土长的爱达荷人，从未出过国，但在这时，逃到中国的想法听起来恰恰是他所需要的。"招人的家伙在哪儿？"[125]

他找到了奥德沃斯，后者用模糊的言辞向他解释了任务情况，只跟他说这支部队将在中国作战，保护滇缅公路。但他提出博因顿作为编队分队长可以获得650美元的月薪，外加每次击落敌机的500美元奖金，这引起了博因顿的关注。奥德沃斯说："日军在中国上空驾驶的都是古董级的废铁。你要击落的许多飞机都是没有护航的运输机。我猜你应该知道日军飞行能力之差是众所周知的。而且他们还都戴着矫正眼镜。"[126] 博因顿觉得这份邀约中有些可疑之处，但他愿意抓住任何能够让他远离债主和关系疏远的妻子的机会。他在回忆录中写道："我在心里盘算着自己将变得很有钱。"[127] 奥德沃斯向他承诺说，在结束一年的合约后，他还可以重新获得海军陆战队的任命。

博因顿不需要过多的游说。他最热爱的就是飞行，对能有机会继续飞行的渴望超过了一切。自从儿时花钱让一名马戏团飞行员带他坐上一架双翼飞机后，博因顿就迷上了飞行。那时的他站在驾驶舱里，任凭强风拍打着脸庞，同时他帮助飞行员在小镇科达伦（Coeur d'Alene）的上空散发传单，那种不可思议的感觉在他脑海里留下了深刻的印象。他在华盛顿大学（University of Washington）学习了航空工程学，暑假期间会在煤矿里工作挣学费，这一切都是为了成为一名飞行员。如果他必须前往中国才能继续飞行的话，那么这就是他要做的事。尽管博因顿担心自己的性格问题会让他没有资格加入这支部队，但奥德沃斯却向这位急切的飞行员提供了支持。至少在纸面上，他是一名经验丰富的飞行员，如果能够给这支部队增加一个新的人才的话，那么他身上的包袱就不会有人在意。

那一周的晚些时候，博因顿把行李装进轿车里，里面塞满了他的制服和便装，然后开始前往旧金山的横跨美国之旅，他还带上了宠物狗"费拉（Fella）"。他的父母从他们位于华盛顿州的苹果园赶来旧金山，为的是把狗和车都带走，他的母亲还试图说劝他放弃这份工作。他安慰母亲道："噢，不要担心，妈妈，我会没事的。我在这个世界上没有敌人。"[128] 但在看着父母驾车远去时，他还是感到了一丝悔意，他的狗在车上绝望地看着他，似乎是在说："为什么你要离开我？我究竟做错了什么？"

博因顿按照奥德沃斯的指示与其他新兵一起入住了圣弗朗西斯酒店（St. Francis Hotel），并且在酒店前台登记时表明自己要去中国传教，这与他护照上的信息相一致。在感到有些紧张时，他决定用酒精来洗涤自我，而"旧金山市中心每一个街区都至少有十家酒吧，每一家酒吧里都有我们的人"。[129] 9 月 24 日，他坐出租车来到港口，并在博什方丹号（Boschfontein）客轮上来回踱步，这艘船将负责运输 26 名美籍志愿大队成员，他们都伪装成了传教士。毫无疑问，博因顿开始对即将踏上的旅程有些激动，便一直待在船上存货充足的酒吧里。同船乘客后来回忆说，他经常"烂醉不醒"。[130] 这些美国人仔细地保守着秘密，以至于当船上一名真正的传教士在星期日上午的早间祈祷中要求博因顿发表一段布道时，他十分尴尬，因而礼貌地拒绝了。

这些年轻飞行员的内心中充满了一种"复杂的感觉，既对离开美好的美国而难过，又因期待新的大陆和冒险而兴奋"——约翰·多诺万（John Donovan）在博什方丹号出发前对母亲这样写道。[131] 正如这个亚拉巴马州青年所说，在跨越太平洋的旅途中，他们能看到的只有"水、水、水——你不会相信的。这些水都来自哪里？一天到晚全都是水"。[132]

*

随着荷兰客轮在 1941 年秋陆续抵达仰光，美籍志愿大队的成员们第一次领略到了亚洲的风情。正如一名飞行员所说，一种"神秘感始终伴随着我们沿河流逆流而上进入这个新奇而陌生的国家"。[133] 那里有稻田和椰子树。当他们抵达港口时，小型船只的航运出现了一阵混乱。在他们渐渐靠港的过程中，他们的目光被仰光大金塔（Shwedagon Pagoda）金光闪闪、珠光宝气的穹顶所吸引，那是一座 325 英尺高的佛教圣地，俯瞰着整座城市。"它看起来就像是山上的一颗巨大的宝石。"[134]

前往内陆的东吁要乘坐好几个小时的火车，途中会经过大片的田野，田间点缀着一个又一个村庄，这些村庄看起来不过是成片的竹屋，中间有土路相连。沿途能看到许多水牛和佛像。

当这群人抵达东吁时，他们依次坐上了旅行轿车，在车上走完了最后几英里路程，驶入了那座嵌在丛林深处的空军基地。

这些人在报名参加此行时没有询问太多问题，因为他们都受到了冒险精神的激励。而伪装身份和托辞也给他们带来了一种紧迫感，这是一种扮演间谍的感觉。可如今，当身处缅甸的丛林时，他们才突然意识到自己对于报名参加的任务知之甚少。

格雷格·博因顿回忆招募官曾对他说："你将成为真正意义上的绅士。无论你驻扎在哪里，你都会有一名翻译如影随形，他将成为你的贴身男仆。"[135]博因顿后来说，有些人还随身带了正装、高尔夫球杆以及网球拍。[136]博因顿可能略有夸张，但如果真的有人在行李里装了这些东西，他们没过多久就会意识到这实属浪费。第一个夜晚，小伙子们躺在木床的草垫上，将蚊帐在身子周围紧紧地掖好。听着来自丛林的奇怪声响，他们渐渐进入了梦乡。

陈纳德 8 月 22 日从重庆回返东吁，他的新成员早已进驻了营地。不是每个人都对营地感到满意，他回忆说："我的第一件事是接受五名飞行员的辞呈，他们迫切地想要返回美国。"[137]陈纳德认真地扫视了一圈，对这些飞行员大为失望。他不禁感到"漫长的航程以及荷兰客轮上的菜肴让许多人变得软弱无力、体重超标"，而且小伙子们"在适应湿热的雨季气候的过程中显得有些萎靡不振"。[138]

陈纳德自己也有一些萎靡。他早已准备好的迎战日本人的乐观情绪有所动摇，因为他想道：这些人真的能帮我拯救中国吗？最终，这支部队将拥有不到300人，其中只有大约100人是飞行员（缘于不断有人辞职和补充进来，部队的确切规模始终在变化）。

如果说陈纳德对于他的新部下略有疑虑的话，那么他们也对他有很多疑问。这个"上校"克莱尔·陈纳德究竟是谁？他穿的衣服看起来像一件戏服，衬衫上有着中国的标志，头上却戴了一项旧军帽。似乎没有人知道这名前陆军飞行员的完整故事。当他对他们讲话时，他低沉的声音中带着一种路易斯安那州法国后裔特有的慢吞吞的语调，听起来有如是在讲外语。[139]尽管显得有些难以捉摸，但陈纳德却是一个令人印象深刻的人。一名飞行员回忆说，"上校"给他的印象是"一个有远见而且能够坚定地执行计划的人"。[140]

经历了最初的辞职潮，陈纳德决定要定下一条底线。据一名飞行员回忆，他对飞行员们说："如果你的内心与思想还没有放在正确的位置，那么我们这地方不欢迎懒鬼。"[141]他没有试图粉饰这支部队即将面临的对手：日本人"已经有四年的作战经验。但是我认为，你和我们的P-40飞机将足以抗衡他们朝我们丢来的任何东西"。这番讲话奏效了。

飞行员吉姆·霍华德对一名队友轻声说道："我愿意追随这个人。"[142]这不是一次乡村俱乐部的度假之旅，而是这群人向自己证明他们真的拥有可以在战斗中活下来的机会，陈纳德的话直击了他们的心灵深处。

87

第 7 章　东吁集训

在美国，树叶已经开始变色，纽约洋基队（New York Yankees）与布鲁克林道奇队之间的美国职业棒球大联盟世界大赛（MLB World Series，即总决赛）也在不断升温。棒球世界还在对那年夏天的两件奇事议论纷纷——乔·迪马吉奥（Joe DiMaggio）的连续 56 场安打纪录，以及泰德·威廉姆斯（Ted Williams）不可思议地以超过 40% 的安打率结束这一赛季的壮举。美国人知道，大西洋和太平洋上都有战争在肆虐，但所有人都觉得战争仍然如此遥远。如今大萧条最糟糕的日子已经过去，他们再一次忙着享受起了生活：他们聆听格伦·米勒（Glenn Miller）的大热歌曲《查塔努加火车》（Chattanooga Choo Choo），并蜂拥至电影院观看《公民凯恩》（Citizen Kane）以及《小飞象》（Dumbo）等电影。很少有美国人出过国，而且尽管欧洲和亚洲的战争正在引发激烈的政治变乱，但只要丢下报纸或者关掉收音机，自然就可以忽略它们了。

虽然战争对大部分美国人而言似乎十分遥远，但对美籍志愿大队的小伙子们来说，美利坚已经让人感觉有些久远了。离家数千英里的他们饱受蚊虫的困扰，这些虫豸在他们位于缅甸丛林的斯巴达式简易房里肆虐。荷兰客轮上的奢华生活宛如一段模糊的记忆在渐渐消退。没过多久，这些年轻人就开始怀念起家乡的朴素快乐。飞行员约翰·多诺万在一封信中写道："现在——好家伙，为了一瓶可口可乐，还有什么是我不愿意放弃的。"[1] 对 R. T. 史密斯来说，他怀念的是街边的快餐店："为了一份汉堡加麦芽酒，我愿意放弃一切。"[2] 在东吁机场，每一天都是一场新的冒险，而每一个早上都以相同的方式开始：早上 5 点半前后会有一名缅甸男子在他们的简易房之间穿行，尽可能响地敲打手里的锣。他们一起身就能感觉四周都是湿气。一个连接着竹竿的水箱就是他们的临时淋浴所。而厕所就是"四个洞"。³ 穿衣时，小伙子们必须得小心翼翼地抖一抖鞋子，防止有蝎子趁着夜色爬了进去。随后他们会争先恐后地冲到食堂，试图保护他们的餐盘，防止有昆虫争抢他们的食物。他们会在一间柚木小屋里找到陈纳德，后者就站在一块黑板前讲课，就像在路易斯安那州的乡村小学时一样。陈纳德知道，尽管这些飞行员非常想要立刻坐进驾驶舱，但他们还是得坐下来听讲。他们把这个地方称为陈纳德的"幼儿园"，而且这么说的理由确实很充分。

陈纳德在黑板上画了一架日本飞机，然后用彩色粉笔圈出了应该瞄准的部位：机油冷却器、氧气罐、油箱、炸弹舱。然后他会擦掉圆圈，叫一名飞行员上来重新画上，并且为班上学员背诵每个部位的名字。这是一种死记硬背的方式，但他希望这些飞行员能够将敌机烂熟于心。这些飞行员都是十分认真的学生，他们在活页笔记本上记下了密密麻麻的笔记。正如陈纳德所说，P-40 飞机的强项是"更高的最速、更快的俯冲，以及更强的火力"。⁴ 不过，陈纳德同时也提醒他们，P-40 是一种体型笨重、爬升缓慢的飞机，他不希望他们试图在缠斗中挑战日军战机。正如一名飞行员对陈纳德的演讲所作的概括："打了就跑！打了就跑！俯冲，然后恢复高度。"⁵ 与第一次世界大战期间颇具骑士风度的决斗不同，在这种新型战斗中，飞行员需要出其不意和更强的火力，而他还希望飞行员们能够更加精准："你需要擦亮眼睛射击。没有人能在射击方面太过精通。你的第一轮射击能够干掉的日本佬越多，随后向你发动进攻的敌人就越少。"⁶ 陈纳德试图在这些课程中塞入自己的多年经验。他对飞行员们说："每一种飞机都有自己的优势和劣势。能够利用自己优势针对敌机劣势的飞行员将立于不败之地。"⁷

他后来说，自己职业生涯中最出色的授课经历就发生在那间小屋内。[8]

在飞行员上课的同时，军械士与机械师拥向了飞机。P-40飞机的机翼上装有四挺 30 口径机枪，机头上方还有两挺 50 口径机枪。[9] 50 口径机枪必须用一个脉冲发生器与旋转的螺旋桨同步才能发射。一名军械士回忆说，如果一挺机枪过热，或者一发故障弹药卡在枪膛里，子弹就有可能意外击中螺旋桨。[10] 在机枪被装上去之后，军械士会把 P-40 飞机带到一个临时靶场以检验是否调校正确，他们会用枪膛校正器将机枪的瞄准线聚焦在大约 300 码远的地方。[11]

很少有飞行员之前驾驶过 P-40 飞机，而且由于一趟平稳的飞行很容易演变成惨烈的坠机，因此陈纳德希望他们在进入实战前首先在驾驶舱里获得一些飞行经验。P-40 飞机是一种隶属于美国陆军航空兵团的飞机，对于曾在海军中驾驶过大型飞机的新兵来说，这是一种崭新的驾驶体验。一位历史学家写道："对轰炸机和水上飞机飞行员而言，驾驶单座、单发动机飞机需要时间来适应。"[12] 小小的失误就有可能致命。

许多海军飞行员都知道这将是一项艰巨的挑战，乔·罗斯伯特（Joe Rosbert）就是其中之一。P-40 飞机与他之前在海军中驾驶的"体型更大的飞机相比，几乎就像是在地平面上"。[13] 与所有新成员一样，他已经好几个月没有驾驶过飞机了，在第一次坐进 P-40 飞机之前，他紧张地调整了一番降落伞，并检查了驾驶舱。一名资深飞行员走了过来，给他提供了一些最后的诀窍："滑行时要小心，"他对罗斯伯特说，"不要在 30 英尺的高空降落飞机，而是要在贴近地面时降落。"这句话没有带来任何安慰作用，但他已经身处驾驶舱中，该到起飞的时刻了。

罗斯伯特后来回忆说："发动机开始呼啸，我感觉飞机在我准备好之前就开始起飞了。"地勤组长向他发出起飞信号，在滑行过程中，"又长又尖的机头阻挡了正前方的视线"。他蜿蜒前行，避免撞到跑道上的其他飞机。他对自己说："开始吧。"随后，"飞机载着一阵强劲的动力向前冲出，将我推到了椅背上"。就好像在指导自己一般，他说道："抬起尾翼。"他从地面起飞。起落架收起，飞机"以每分钟 2000 英尺的速度直线上升"。最终，当飞到 12000 英尺高时，他终于对这架飞机有了感觉。他操作飞机进行垂直俯冲，并且能够感到飞机的强劲动力，"速度的提升令人感到恐惧"。这正是陈纳德一直在说的。罗斯伯特看着下方的绿色丛林，做了几个横滚，然后尝试了一次旋转。"我的兴奋之情无以言表。"

他将飞机降落，随着轮胎接触地面，他告诉自己："我来这儿就是为了这个。"他滑行到停机坪，螺旋桨刚刚停止旋转，就有另一名飞行员过来跟他打招呼，对他喊道："你觉得怎么样？"

他微笑着回答说："好得不得了。"

对小伙子们来说，他们很高兴能够重返蓝天。飞行员埃里克·希林（Eric Shilling）后来写道："坐在开足马力的 P-40 飞机驾驶舱里听到的声音简直美妙得无法形容。对一个战斗机飞行员的耳朵而言，费城管弦乐团也会黯然失色。"[14]

R. T. 史密斯回忆说："连气味也闻起来不错，那是一种只能在特定机型中闻到的浓烈香气，一种混合了热金属、废气和油漆的气味，大多数飞行员都觉得比香奈儿 5 号香水要好闻多了。"[15] 随着他们在驾驶舱里变得更加自信，陈纳德开始一次派出两架飞机进行模拟空战。

陈纳德选择不去亲自驾驶 P-40 飞机，而是站在机场旁的一座竹子搭成的瞭望塔里，用双筒望远镜观察飞行员们在上空翱翔。有时，他会对着无线电大喊大叫，发出指令与更正意见。飞行员们渐渐与飞机产生了亲近感，他们学会了如何在驾驶舱中操作每一个按钮和旋钮。[16]

在飞机降落后，陈纳德会从瞭望塔上爬下来，就飞行员们的表现作出评价。然后就是体育锻炼时间了。被手下人称作"老家伙"的陈纳德以自己巅峰时的身体状况为傲，并且决心要让这些小伙子甩掉在跨太平洋航行中从食物和饮料中获得的多余体重。保罗·福利尔曼是作为这支部队的"随军牧师"被招募来的，但他发现自己承担了多种不同类型的任务，包括带领这些年轻人跳健美操。[17]他们还经常举行棒球赛，通常是由陈纳德投球。球场泥泞不堪，他们经常只穿短裤甚至是内裤，在鱼跃去接高飞球或者偷垒时，经常会溅起一片泥水。陈纳德觉得玩一项熟悉的运动能让陌生的环境慢慢转化成某种司空见惯之事，但让这些美国飞行员与他相伴这件事却一点也不平常。

92　　等到一天结束时，飞行员们都已经累坏了。餐厅里的晚餐是另一个熟悉新奇事物的机会——通常是某种用咖喱烹调的肉类加上土豆和卷心菜——但他们很快就习惯了餐厅的饭食。至少他们把饭都吃掉了。晚饭后，陈纳德有时会与他们一起喝点酒。他们会聚在一起打牌，而这位指挥官则会展现自己性格中友善且健谈的一面。他们都很好奇，究竟是什么把所有人都带到了这个位于缅甸丛林中的小机场。陈纳德会给他们讲故事，给他们"概述"自己的生平。他对所有人都是一个谜团，他们也在仔细研究他。即使是在陈纳德似乎稍稍放下心中戒备之时，他们与这个"脾气生硬"的"老家伙"间仍然隔着很远的距离。[18]

陈纳德唯一允许自己表露情绪似乎只有在给家人写信时，但这些信件只有很少被保存了下来。他有了一个孙子，名叫克莱尔·李二世（Claire Lee II），他在写给内尔的信中说，自己十分"期待教孙子打猎和钓鱼——或许好好地溺爱他一番"。[19]
不管内心里的思乡之情有多么强烈，陈纳德始终以强大的专注力应对眼下的任务。

在距离机场不远处，哈维与奥尔加·格林洛夫妻俩住在一栋小房子里，飞行员们经常到他们家来喝咖啡。31 岁的奥尔加在某种程度上成了许多年轻飞行员的代理母亲，经常与他们谈论他们的抱怨或思乡之情。她后来回忆说，哈维有一天把她拽到一边，警告她不要"对这些孩子倾注太多感情"。[20]哈维提醒她，他们是在"这里打仗——在战争中，不可能没有人死亡"。还没有等到战斗打响，哈维的警告就成了现实。在 9 月 8 日的一次训练飞行中，两架进行模拟空战的 P-40 飞机在空中相撞。一架飞机失去了一侧的机翼，飞行员吉尔·布莱特（Gil Bright）成功跳伞，在飞机坠毁前侥幸逃生。另一名飞行员，毕业于堪萨斯州立学院（Kansas State College）的约翰·阿姆斯特朗（John Armstrong）在被找到时仍被牢牢地捆在飞机残骸的驾驶座上。"杰克"纽柯克和约翰·佩塔齐等六名飞行员为阿姆斯特朗抬棺，保罗·福利尔曼主持了葬礼。葬礼结束后，他小心翼翼地将灵柩上的美国国旗取下、叠好；后来，这面国旗被送到那名年轻人的母亲手中。在他们离开墓园时，遮天蔽日的乌云加剧了他们心中压抑的情绪。[21]阿姆斯特朗仅是美籍志愿大队遭遇的一系列致命事故中阵亡的第一人。飞行员马克斯·哈默（Maax Hammer）在季风天气里失去了对 P-40 飞机的控制。皮特·阿特金森（Pete Atkinson）试图在一次俯冲中将他的 P-40 飞机拉升，但飞机却开始解体，据一名旁观者说，似乎就像是"分解成了 100 万个碎片"。[22]他的遗体砸破了一栋房子的屋顶。在不到两个月内，美籍志愿大队就失去了三个人。

由于性命攸关，飞行员们开始变得执着于飞行技巧和理论。他们不停地讨论 P-40 飞机的古怪特性，甚至在食堂里张开双臂模拟空战缠斗——保罗·福利尔曼觉得，他们在模拟空战时，看起来就像是"一群芭蕾舞演员"。[23] 无论这件事看起来有多么可笑，他们都希望能在战争真正开始时做到万无一失。

"杰克"纽柯克一直对自己的勇敢无畏引以为豪。他知道，不是所有飞行员都能活着回国，但他在写给等自己回国的新婚妻子简的信中从来不提这些。10 月 5 日，也就是他们结婚三个月纪念日那天，他给简写了一封信：他们的第一个周年结婚纪念日他回不来了，但"我们的第二个周年纪念日会在一起度过，不是吗，亲爱的？"[24] 他向妻子承诺要"在火奴鲁鲁举办一个盛大的家庭聚会"以庆祝团圆。[25]

身高有 6 英尺的帅气佛罗里达小伙乔治·麦克米兰（George McMillan）会定期给母亲写信，向她倾诉思念之情，以及希望能够回家与她一起过感恩节的愿望。[26] 麦克米兰跟朋友们一起在代托纳海滩（Daytona Beach）度过的无忧无虑的日子早已远去。如今，刚刚度过 25 岁生日的他写下了一份遗嘱，声明如果自己阵亡的话，所有财产将留给父母。他将会给父母也寄一份遗嘱进行保管，以备不测。这种压抑的情绪似乎是传染性的。军营里的留声机一直在反复播放弗兰克·西纳特拉（Frank Sinatra）与汤米·多尔西的（Tommy Dorsey）的《我再也没有笑容》（*I'll Never Smile Again*）。每个人都必须适应死亡的突发和随机。他们亲身见证并理解了其实不存在任何符合逻辑的解释，即为什么某个人死去而其他人没有。尽管如此，他们还是放下恐惧，继续前行。

他们在食堂里安装了一台老旧的 16 毫米电影放映机。放映机发出的声音沙沙作响，而且与画面并不同步——但看电影还是提供了几个小时放空思想的宝贵机会。在放映鲍勃·霍普

（Bob Hope）导演、前齐格菲歌舞团（Ziegfeld Follies）舞蹈演员宝莲·高黛（Paulette Goddard）主演的喜剧电影《古堡捉鬼记》（*The Ghost Breakers*）时，因影片中有许多高黛的暴露镜头，所以整个基地都能听到这些看电影的家伙发出的呻吟与嚎叫。[27] 在皮特·阿特金森遇难的那个晚上，小伙子们聚集在一起观看了《满天飞》（*Flying High*），这是一部拍摄于 1931 年的歌舞片，讲述了一名决心驾驶新型"直升机"飞上蓝天的发明家的故事。弗兰克·罗森斯基回忆说，"这部电影缓和了那天的气氛"。[28]

丝毫不令人感到意外的是，他们用来缓和气氛的主要工具还是酒精。陈纳德要求他的部下在驾驶舱里要尽善尽美，但除此以外，他还是允许他们像是"在返校节橄榄球赛前夕的大学校园里"一样举行派对。[29] 他们能找到什么就喝什么——本地人酿造的威士忌、附近传教士酿造的杜松子酒，以及一种被缅甸人称作"万金油（Tiger Balm）"的烈性朗姆酒。如果他们愿意骑车 7 英里前往东吁的镇中心的话，他们可以在火车站的小餐厅里吃上一顿并喝一瓶酒，那是一栋朴素的红砖楼。任何人如果想要在周末寻找更刺激的冒险，可以搭上前往仰光的火车，在"银光烧烤（Silver Grill）"度过一个夜晚，那是一间深受当地英国人和其他欧洲侨民喜爱的餐厅兼夜店，外国人会整夜在后院里跳舞。傲慢的美国飞行员闯进了这个相对文明的集会，而据埃玛·福斯特回忆，英国士兵被"这些愚蠢的美国人正在做的事惊讶得瞠目结舌"。[30] 自从他们之间的浪漫火花在船上被点燃之后，约翰·佩塔齐就一直在向福斯特献殷勤。然而，埃玛却对于是否开始这段恋情十分犹豫。她回忆说自己很喜欢约翰，但"并没有迷恋到要开始一段严肃恋情的程度"。[31] 在"银光烧烤"度过的那些夜晚让某些事情发生了变化。数十年后，她回忆道："'银光烧烤'是浪漫开始的地方，因此对我而言，'银光烧烤'有着特殊的意义，那里是一切故事的开始。"[32] 她发现自己开始只与约翰跳舞，不再接受其他饥渴的年轻人的邀约。当一些人向她献殷勤时，她"明确而坚决地"表示自己已经名花有主了。[33]

在训练与备战的忙碌生活中，埃玛与约翰仍然能找到时间来熟悉彼此。他们在东吁买了自行车，并且好好地利用了一番，经常一起骑车远行。晚上，他们会一起探索音乐，聆听埃玛的唱片。佩塔齐思想深邃，似乎真的在倾听她，而且不仅仅是倾听，还十分理解她。埃玛说："他一点点地俘获了我的心。"[34]

福斯特本可以留在明尼阿波利斯的家中与人成婚，如今却住在一间临时营房里，任凭老鼠爬进抽屉，啃食衣服上的纽扣，而这恰恰是她想要的生活。她不仅陷入了与约翰的热恋，还对自己的使命深信不疑，渴望以任何力所能及的方式帮助中国人的事业。当然，她知道，一旦战斗开始，约翰就将面临死亡的危险。她会站在医院外，观察头顶飞过的 P-40 飞机。她总是知道哪架飞机是约翰的，因为他在飞越医院上空时会摆动一下机翼。她说："没有多少女人接受过这般的殷勤。"[35] 这的确令人心花怒放，但她知道，安全着陆从来都不是一件笃定无疑的事。

*

尽管训练任务很重，但美籍志愿大队看起来却不太像一支真正的军队。由于这些小伙子并非现役军人，因此也不会有所谓的着装检查——的确，他们连统一的制服都没有——他们也渐渐留起了长发和胡须。机场看起来也不像一个军事基地。由于有许多猴子就像宠物一般住在军营里，整座营地让人感觉就像是兄弟会与马戏团的结合。[36] 小伙子们热情拥抱他们的自由，凭借一点点的旅游癖，他们决定探索缅甸的乡村。一群飞行员坐上卡车，开进深山，发现了一条可以游泳的小溪。有些人甚至进入丛林里探险，拿着霰弹枪和匕首进行打猎，尽管他们更容易因此感染疟疾而不是射杀一只老虎。陈纳德放任不管的纪律管理方式在大部分时候都运转良好。只有一个突出的例外：格雷格·博因顿。

　　博因顿是最后一批到达的成员，他乘坐的博什方丹号客轮于 1941 年 11 月 12 日抵达仰光。没过多久，他就在东吁声名鹊起，被公认为一个喝酒不要命的家伙。他醉酒之后脾气很差，喜欢跟人打架。一名飞行员回忆说，他有一晚喝得烂醉，甚至一拳打穿了竹子制成的墙壁。还有一次，在喝完酒之后，他跑到一片农田里，试图与一头奶牛摔跤。[37] 哈维·格林洛对他说，他需要改一改这个习惯，但博因顿却回答说："滚开，格林洛，不然我打断你的牙。"[38] 博因顿对缅甸丛林的新生活方式适应得很慢。有一天早上，他忘了抖一抖自己的衬衫，于是一只蝎子在他背上咬了一口，"肿得像个甜瓜"。[39]

96

　　更糟糕的是，这个傲慢的飞行员觉得自己已经是个 P-40 飞机的专家了，尽管他此前从来没有驾驶过这种机型。在对自己的能力大肆吹嘘一番之后，他开始了首次飞行，却在降落时重重落地，差点把飞机给撞毁了。在走出遭到重创的飞机后，他还试图保持镇定，但地面上的人却在他离开现场时对他大肆嘲讽了一番。[40] 他唯一能找到安慰的地方是与奥尔加·格林洛的谈话。有传言说两人之间有绯闻，不过奥尔加委婉地否认了这些猜测，后来她写道，博因顿不过是个常客，经常"在闲暇时到访，要一杯咖啡或者别的什么"。[41] 不过，很明显奥尔加十分崇拜他。奥尔加回忆说，当自己第一次看到博因顿在雨中漫步时，"他的腰部和臀部与他宽阔的躯干和肩膀相比显得十分纤细，他的鬈发都湿透了……"[42] 如果有人想要深究一下这些流言蜚语的话，就会发现博因顿不是唯一被传绯闻的人。正如一名飞行员所说："曾经有一个广为流传的笑话：只有两个人没有跟奥尔加睡过，我不知道另外一个人是谁。"[43]

每当这些家伙需要在缅甸丛林里获得一些有益身心健康的安慰时，他们都会去参加美国传教士夫妇切斯特·克莱茵（Chester Klein）与爱丽丝·克莱因（Alice Klein）的星期日晚宴。这些给人带来家一般温暖的晚宴为日后美籍志愿大队的一个更具影响力的重要特征作了铺垫。切斯特曾在第一次世界大战期间加入美国陆军赴法国作战，这个俄亥俄人战后前往缅甸，在那里待了二十多年，他自己制作的杜松子酒后来在陈纳德的飞行员中十分出名。在 1941 年 11 月的一次晚宴后，他们的客人都坐在起居室里喝酒，这时，一名飞行员碰巧拿起了克莱因夫妇订阅的一份英语报纸《每周印度画刊》（*Illustrated Weekly of India*），报纸的封面上有一架澳大利亚的 P-40 飞机。飞机的机头被画成了一只鲨鱼的脸，这让飞行员们对于后来的装饰产生了灵感。[44]

第二天上午，几名飞行员从陈纳德的教室里拿了几根粉笔，然后骑着车来到了停机坪。[45] 他们把在照片里看到的样子概略性地描在了机头上——标注出了血盆大嘴和恐怖牙齿所在的位置——随后向陈纳德征询看法。陈纳德不仅很喜欢，而且想要将这个设计画在整个机队的飞机上，将它作为美籍志愿大队独一无二的标志。[46] 于是，他们开始在每一架飞机的侧边作画，让机头看起来像是鲨鱼的口鼻，嘴的上方还有一只炯炯有神的鲨鱼之眼。从前方看，飞机就像是要把你活吞了一样：机头前方的通风口就像是鲨鱼将猎物一口吞下的血盆大嘴。这些飞行员们从没想到这些面孔在未来的几个月、几年甚至几十年里会变得多么具有象征意义。陈纳德一刻也等不及地将他的鲨鱼鼻战斗机投入战斗。

鲨鱼面孔并没有彰显这些 P-40 飞机的国籍，但机翼下方的 12 角星，即独一无二的"青天白日"图案，明确地表明它们属于中华民国。

*

陈纳德有一种可以理解的担忧，那就是日本人有可能对他的基地发动先发制人的打击——这时，在 1940 年 9 月最初的入侵后，日本已经开始在法属印度支那集结部队了。控制着缅甸的英国人和日本人之间仍然保持着和平，但这对陈纳德来说只是一种微不足道的安慰。有关这次任务的消息从一开始就泄露出去了，一名日本发言人甚至将其称为美国方面的"敌对行为"。[47] 到 1941 年 11 月，据英国王家空军的报告称，日军侦察机已经距离这座空军基地不远了，而陈纳德担心，有一天，他一抬头就能看到上方的日军战斗机。在 10 月底，陈纳德派少部分 P-40 飞机前往中立的泰国上空，执行秘密的高海拔侦察任务，寻找烟尘的迹象，因为烟尘就意味着下方的日军正在活动。[48] 他一直保持着在黄昏中亲自站岗放哨的习惯，站在一座竹塔上抽着他的烟斗。[49] 当夜幕降临时，他会从塔上爬下来，断断续续地睡上几个小时，然后在早上继续登上他的观察哨。

训练正接近尾声。陈纳德已经准备好将手下分为三个中队投入战斗了。每一个中队将选择一个代号。第一中队给自己取名为"亚当和夏娃（Adam and Eve）"——以人类的首次追逐为名——并决定在飞机的机身上添加一个小小的红苹果图案。据说，陈纳德告诉他们应该画一个绿苹果，以防止与日军的"旭日旗"相混淆。第三中队称自己为"地狱天使（Hell's Angels）"，这是为了致敬 1930 年上映的那部霍华德·休斯（Howard Hughes）指导的电影，他们还使用了一个衣着暴露的天使形象作为第三中队的标志。不过，许多人都认为"杰克"纽柯克指挥的第二中队，即"熊猫（Panda Bears）"中队对标志的设计最为优秀。漫画作家伯特·克里斯特曼在中队队友的飞机上画上了熊猫的图案。[50]"特克斯"希尔的飞机上是一名戴着宽边高顶帽、穿着牛仔靴的熊猫牛仔。约翰·佩塔齐的熊猫骑着一辆自行车，这是为了致敬这名飞行员与埃玛·福斯特的自行车冒险。约翰·纽柯克的熊猫身着燕尾服、头戴礼帽，摆出的姿势是在打趣"斯卡斯戴尔·杰克"作为纽约富二代的名声。

飞机已经装饰好，飞行员也准备就绪，但还有一个问题：地勤人员需要额外的零部件来维修部分受损的飞机。在整个训练过程中，陈纳德一直在督促部下要像在实战中那样操纵飞机。除了三起致死事故外，还发生了许多坠机事故，虽然飞行员幸免于难，但飞机就没有那么幸运了。频繁的降落容易导致出错：地勤组长弗兰克·罗森斯基回忆说："飞机降落时制动过猛会让机头翘起。"[51]这些机头会摔在地面上，砸坏螺旋桨。机械师得花上半天工夫才能更换螺旋桨，而且前提是他们有零部件。毁坏的飞机被堆在一片"废料场"里，以便地勤人员能够从残骸中抢救一些可用的零部件，但零部件总是不够用。[52]一名地勤组长 J. J. 哈灵顿（J. J. Harrington）回忆说，补给情况简直"骇人听闻"。[53]硬着陆和丛林高温让许多轮胎被磨损殆尽，而且这些飞机连火花塞都不够用。原本的计划是要准备 100 架 P-40 飞机，但哈灵顿估计，他们从未有超过 60 架能起飞的飞机。[54]

*

后勤补给情况也让陈纳德感到很担忧。[55]他知道，身处华盛顿特区的中国国防供应公司团队正努力获得一些能够最终运抵的零部件，但谁也没法作出保证。甚至还有计划希望补充更多的飞机和飞行员。9 月，罗斯福总统直接批准了一项计划，额外派遣 100 名飞行员以及 "269 架驱逐机 ① 和 66 架轰炸机" 56——如果有人有任何疑问的话，这足以证明总统在这项支援中国的秘密任务中是知情的。最终的计划是建设三支美籍志愿大队，但陈纳德觉得他需要迅速让自己的部队投入战斗。57

　　对于解决零部件短缺的问题，陈纳德有一个想法。他将派乔·艾尔索普——他的哈佛做派和缺少军队经历的事实让他在东吁一直有些格格不入——执行一个与他的能力完美匹配的任务。1941 年 12 月，艾尔索普开始执行一项外交任务：寻找亚洲已有的 P-40 飞机零部件。首先，他飞往新加坡，与当地的英国当局会晤，随后，他飞往菲律宾，向远东地区美军司令道格拉斯·麦克阿瑟中将（Lieutenant General Douglas MacArthur）直接请求获得更大的支援。麦克阿瑟认真地听取了艾尔索普的汇报，并向他保证会 "尽一切所能" 支持陈纳德的部队。58

　　麦克阿瑟的 "理论支持" 并没有让问题得到解决。有传言说，日军正打算对昆明发动大规模进攻，并试图切断滇缅公路，也就是中国与外部世界相连的最后生命线。59 美籍志愿大队的飞行员们是时候转移到中国，开始完成他们大老远赶来的任务了。他们已经准备就绪。乔治·麦克米兰在 1941 年 12 月 7 日致家人的一封信中写道："我们都很渴望换一换风景，以及一些小刺激。"60 他提前结束了信件，在结尾写道：到了吃晚饭的时候了。

---

① 即 "Pursuit Plane"，"驱逐机" 是第二次世界大战期间该机种的广泛称谓，今指 "歼击机"。

飞行员约翰·多诺万给他身处亚拉巴马州蒙哥马利
（Montgomery）的父母写信说："似乎当你距离危险越近，你
就越想做一些事情来解除它们。"[61] 他脑海中解除危险的方式
就是战斗。

第 8 章 战争时分

1941 年 12 月 6 日，星期六，在火奴鲁鲁，这是个适合参加派对的夜晚。夏威夷戒酒联盟（Temperance League of Hawaii）不满地写道，宾馆街（Hotel Street）两旁的廉价酒吧里挤满了"醉醺醺的陆军和海军士兵"。[1] 对这些驻扎在天堂的年轻人来说，这是城市里的又一个狂欢之夜。午夜时分，在酒吧关门歇业后，剩余的水手们急匆匆地登上了在基督教青年会外等待的公共汽车。这些公车将把他们载往码头，他们会在码头搭乘交通艇返回停泊在港口中的各艘舰艇。那一晚，不是所有人都成功回到了舰艇上——少数来自亚利桑那号的水手在哈利库拉尼酒店（Halekulani Hotel）喝了太多的香槟酒，早已不省人事。[2]

那是一个美丽的夜晚——美国海军亚利桑那号战列舰上的一名水手回忆说，"平和又宁静"——微风拂面，天上挂着一轮满月，"星星在夜空中若隐若现"。[3] 水手们已经准备好上床休息了，因为几小时后他们就必须醒来。有些人已经计划好星期日去火奴鲁鲁购物、远足或者补一补落下的阅读书目。上午5 点半，亚利桑那号上的广播响起了起床号，许多船员套上 T 恤衫和短裤，这是在冬日时分驻扎在热带地区的好处之一。过了一个小时，用餐铃声响起，水手们前往餐厅吃早餐——炸午餐肉、鸡蛋粉以及薄煎饼。[4] 而甲板上，水手们早已放好了椅子，准备进行礼拜。

上午 7 点 55 分，珍珠港控制塔的旗杆上升起了一面蓝白相间的旗帜。这是一个传递给各艘战舰的信号，要求他们在上午 8 点整准时升起旗帜，护旗队也要立正就绪。就在这一刻，控制塔里的人看到一排排飞机似乎从各个方向飞来。空气似乎开始震动。海军少校罗根·拉姆齐（Lieutenant Commander

Logan Ramsey）从福特岛发来一条紧急讯息：空袭警报，珍珠港，这不是演习。[5]

突然间，亚利桑那号下层甲板的水手们听到了飞机轰鸣的独特声响以及爆炸声：有人大喊道："他们在轰炸福特岛的水塔！"[6]水手们跑向甲板上的战斗岗位，并抬头望向天空。[7]在成群飞机的下方，他们可以看到一个又大又红的"肉球"。这些是日本飞机。有些水手设法赶到高射炮旁，打破上锁的柜子拿出弹药，然后向日军的俯冲轰炸机发射了几枚炮弹，但并没有命中。爆炸的声音和冲击波从四处传来，烟雾将天空变成了一片丑陋的黑云。船只的钢铁在爆炸的冲击下变得扭曲，发出"最恐怖的声响，就好像它正在经历钻心的疼痛"。[8]

上午8点6分，亚利桑那号遭到重创，一枚1760磅重的炸弹落在了甲板上，穿破了弹药库。一个"巨大的火球冲上五六百英尺的高空"。[9]舰上燃起大火，许多水手也被烧着了。那天部署在亚利桑那号的水手中，只有335人幸存，阵亡则多达1177人。[10]

第一波189架日军战机袭击这支舰队只花了几分钟时间。内政部部长哈罗德·伊克斯（Harold Ickes）写道，在"战列舰路（Battleship Row）"旁密集停靠的舰艇提供了"一个没有人会打不中的目标。轰炸机很确定会击中一艘舰艇，即使那不是它应瞄准的对象"。[11]最终，有2400多名美国人在珍珠港事件中失去了生命，太平洋舰队（Pacific Fleet）也元气大伤。富兰克林·罗斯福总统是在白宫的书房里接到电话，听说这条惨痛消息的。他把这次袭击看成是对他个人的攻击——他曾是海军士兵，曾作为海军部助理部长在布鲁克林海军造船厂监督了时称"39号战列舰"的亚利桑那号的开工建造仪式。

罗斯福还知道，对于这场强加的战争，美国没有作好准备。他对夫人埃莉诺（Eleanor）说："我们将不得不承受许多次失败，才能赢得一场胜利。"[12] 那天的晚些时候，白宫管家偶然间听到罗斯福与顾问哈里·霍普金斯（Harry Hopkins）之间有关日本有可能入侵西海岸的对话[13]——总统闷闷不乐地计算道，日军有可能一直推进到芝加哥才会出现战线过长的情况而被击退。

102

*

12 月 8 日上午，陈纳德起床后来到机场检查飞机状况。在穿越机场途中，他看到一个人向他跑来，手上还疯狂地挥舞着一张刊登了这条坏消息的报纸。

陈纳德早就预料到日本会对美国发动突然袭击，或许甚至会袭击东吁的美籍志愿大队，但珍珠港距离日本列岛可有 4000 英里远。他们的飞机和舰艇是如何悄无声息长途跋涉的？这一点他想不明白。当陈纳德 1924 年驻扎在珍珠港时，他曾对自己时刻安排哨兵用望远镜巡检天空，寻找任何反常活动迹象的做法骄傲不已。每名军官都应该清楚，自己的首要职责是"采取措施确保自己的部队免遭敌人的战术突袭"。[14] 这方面的失败"没有任何借口"。如果他是那个"飞机在地面上就被击毁的人……我会在同僚面前再也抬不起头来"。如果日军接下来的目标是美籍志愿大队的话，那么他已经作好了准备。

有关日本突袭珍珠港的消息很快就传遍了整个基地。飞行员和地勤人员纷纷来到停机坪。R. T. 史密斯在日记中写道，他们仍然在就这个消息"嬉闹玩笑"，但"很容易能看到，在这一表象下存在着真正的紧张情绪"。[15] 乔治·麦克米兰拿回他前一晚写给家人的信，用红色墨水添加了一条附言："刚刚听说美国与日本开战的消息。现在任何事都可能发生！我一有机会就会写信，但我的信件数量会减少。不要担心——"[16]这件事说起来容易做起来难。在日记里，他的兴奋之情扑面而来："今天听说了日军轰炸珍珠港的消息……太好了！或许我们现在能看到一些实战了。所有人都厌倦了在东吁无所事事的日子。"[17]

对许多人而言，这个消息令他们感同身受。来自海军的飞行员们尤其如此，他们敢肯定自己许多朋友的名字会出现在未来几天公布的伤亡名单上。但就目前而言，还有工作要做，他们知道东吁是一个十分脆弱的目标。史密斯说："如果他们不在我们离开前轰炸我们的机场，就算是我们的幸运了。"[18]埃德·雷克托回忆了他印象中陈纳德的思想状态："有一种如释重负的神情，即使是这个沉默寡言的男人也掩饰不住。"多年来，陈纳德一直希望美国参加中国抵抗日本的战争，如今，这个愿望终于成真了。[19]

珍珠港遇袭前弥漫在美籍志愿大队内部的兄弟会派对氛围很快就烟消云散了，整个基地开始向战时状态过渡。小伙子们被要求携带配枪，不久后，防毒面具和锡制头盔也发到了他们手上。[20]一份张贴出来的命令取消了所有原定的假期。前往丛林中野外狩猎的日子一去不复返了。

陈纳德命令给P-40飞机加满汽油，时刻准备起飞。一名成员回忆说，小伙子们作好了准备，"一听到敌军飞机来袭的微弱声响，就立刻紧急起飞"。[21]宵禁命令也被下达，几英里外还建起了一座诱饵机场，机场上一条废弃的跑道被灯光照亮。他们在等待敌军来袭。

12月10日凌晨3点半，警报声响起。弗兰克·罗森斯基回忆说："我们从床上一跃而起，以最快的速度奔跑。肾上腺素疯狂飙升。"[22]飞机紧急飞上天空，地面上的人则在壕沟中寻找掩护。罗森斯基在黑暗中等待着，心里想："炸弹落下的

声音会是什么样？"[23] "特克斯"希尔当时正在值警戒哨，他
跑向自己的 P-40 飞机，驾机冲向漆黑的夜空。在巡航了足够
的距离后，他才意识到视野中没有任何敌人的踪影，于是希尔
又在煤油灯的指引下驾驶飞机降落，这些煤油灯是匆忙之间临
时拿出来用于照亮跑道的。[24] 希尔是一名海军飞行员，对于在
航母甲板上降落飞机十分精通，然而却冲出机场跑道并将飞机
撞毁。如果这种错误发生在航母上，他无疑必会丧命，但他在
事故中却存活了下来，而且没有受到什么重伤。有人回忆说，
在找到撞得晕晕乎乎的希尔时，后者正浑身沾满汽油地在机场
附近闲逛，手里还拿着一根没有点燃的香烟，另一只手拿着火
柴，看起来非常危险。[25] 这段插曲对于这个自认为是队伍里最
优秀飞行员之一的家伙而言十分难堪，他就这起事故向陈纳德
表示了歉意。[26] 陈纳德对这件事表示理解，而希尔则承诺会在
未来的战斗中对他的指挥官作出弥补。

　　成员们焦急地聆听旧金山的 KGEI 电台，希望获取最新的
消息。奥尔加·格林洛 12 月 8 日在美籍志愿大队的"官方"
战争日记中写道："广播新闻：日军轰炸威克岛和火奴鲁鲁——
结果未知。他们还轰炸了新加坡，不过没有造成多少破坏。"[27]
没过多久，情况就变得明了了，日军的进攻规模比仅仅突袭珍
珠港要大得多。罗斯福总统在 1941 年 12 月 8 日的国会演讲中
说："昨天，日本政府还对马来亚（Malaya）发动了进攻。昨
晚，日军袭击了香港。昨晚，日军袭击了关岛。昨晚，日军袭
击了菲律宾群岛。昨晚，日军袭击了威克岛。而在今天上午，
日军还袭击了中途岛（Midway Island）。"[28] 随着日军对包
括香港和新加坡在内的英国实行殖民统治的地区发动袭击，英
国与日本终于开战了，美籍志愿大队的成员们再也不能想当
然地认为缅甸不会遭到日军的轰炸了，如果他们曾经这么想过
的话。

104

*

尽管罗斯福在讲话中提到的这些岛屿对大多数美国人而言没有什么意义，但陈纳德以及美籍志愿大队的成员们却对它们十分熟悉，因为它们是东吁空军基地与美国之间空中和海上航线的关键节点。他们在前往缅甸的途中曾经停这些岛屿中的许多个，仅仅几个月前，他们还曾作为无忧无虑的游客在怀基基海滩（Waikiki Beach）游泳。如今，随着这些岛屿遭遇袭击，成员们很快就意识到美籍志愿大队与美国之间的联系已被切断。太平洋似乎从未像现在这么宽阔。

战争将打乱他们的许多计划。陈纳德曾得到承诺的洛克希德公司的哈德逊式轰炸机（Hudson bomber）还停在加州，而运送它们跨越太平洋的计划已被取消。[29] 太平洋上的一艘船载有 P-40 飞机的零部件和轮胎，还有两艘船载有第二支美籍志愿大队的轰炸机飞行员和地勤人员，但这三艘船都没能抵达东吁。它们调转航向驶向澳大利亚，成员则回归了陆军。[30] 在日军袭击威克岛时，负责为飞虎队运输轮胎和零部件的泛美航空（Pan Am）"飞剪（Clipper）"飞机正在岛上。在机长听到远处飞机的轰鸣声时，这架飞机正在加油，正如一名历史学家所写，没过几分钟，"'飞剪'所在的装卸码头就变成了一片瓦砾。一架日军战机在'飞剪'的机身上扫射出了一排弹孔"。[31] 尽管受损，但飞机似乎仍然可以飞行。命令传达下来，要求拆掉所有不必要的物品，于是飞机上的货物、行李甚至是家具都被丢弃——其中包括美籍志愿大队的额外补给物资。飞机上塞了 34 人，其中包括 2 名伤员。飞机成功起飞了，但这次，它调头飞回了夏威夷。美籍志愿大队的补给被留在了威克岛的物资堆中，在 12 月 23 日岛上的美国海军陆战队投降时，这些物资也被丢给了日本人。

罗斯福总统 9 月批准的再派数百名飞行员援助中国的计划现在也取消了。美籍志愿大队的意义突然间变得悬而未决——设立这支部队的目的是让美国可以秘密地向中国提供援助，同时还能保持官方的中立性，但既然已经开战，为什么还要烦恼这么多呢？白宫已经开始讨论将整支部队纳入美国陆军的事情了。[32]

*

成功在马尼拉拜会麦克阿瑟之后，乔·艾尔索普就开始带着这名美军将领的物资援助保证踏上了返回缅甸的漫漫征途。但是就在艾尔索普乘坐摇摇晃晃的飞机抵达香港时，日本人也来了。飞机落地后，他还没来得及喘口气，就发现日军正在猛烈进攻这个遭受殖民统治的地方。他在机场苦苦等待，希望能在某一架离港航班上找到一个座位，但所有飞离香港岛的飞机全都满员了（他后来声称原本自己能在最后一趟航班上找到一个座位，但那个座位被一名中国贵宾的大狗给占了）。[33]陷于困境的艾尔索普试图尽可能做些什么。他考虑过参与城防，却发现没有人对一个据他说"一生中从未开过枪"的人感兴趣。[34] 在那些日子里，他都同圣约翰救护队（St. John*n*'s Ambulance Corps）待在一起，协助将伤员送往医院。随着日军在 12 月不断地轰炸香港，这座城市陷落的命运已然注定，而艾尔索普也会遭到逮捕。他希望能够声称自己是一名报社记者，避免与飞虎队产生任何联系。作为一名没有制服的士兵，他濒临被当作间谍处死的危险境地。他开始思索俘虏收容所中的生活情景。他有几颗在缅甸购买的蓝宝石，觉得它们可能在被关押期间会派上用场。于是他在居住的酒店里找了一名女裁缝，请她把蓝宝石缝进了夹克衫里以便保管。

圣诞节那天下午 3 点半，香港沦陷；这一天后来被人称作"黑色圣诞节"。被日军认定为"敌国侨民"的平民必须去俘虏收容所报到。艾尔索普被关在了一座由旧妓院改造而成的监狱里，似乎没有人怀疑这个胖乎乎的听起来像是个贵族的美国人几周前还在参与一项抵抗日军的秘密任务。他伪装成报社记者的诡计奏效了。逮捕他的人接受了他声称自己是平民的说法，并将他送到香港岛另一边的斯坦利俘虏收容所（Stanley Internment Camp），日军最终在那里关押了 2800 名英国、美国和荷兰平民，这些人不幸地在香港陷落时留在了城里。

这所俘虏收容所中包括了日军占领的一所预科学校，艾尔索普与一批先期犯人被一道派到那里打理房屋，以为容纳俘虏作准备。他们去的第一个地方是学校里某一名校长的家。他们刚进去，就看到了校长被肢解的尸体——头颅和身子相隔了一整个房间。艾尔索普说，这就是抵抗日军的下场。尽管大部分人都去帮助清理这个"可怕的场景"，[35] 他却跑去翻阅死者的藏书，找到了一本 18 世纪出版的英文版《论语》，在他看来，这是他在收容所里生存下去所需要的重要工具。

从某些方面来说，艾尔索普在斯坦利俘虏收容所比在东吁与美籍志愿大队待在一起时要更自在一些。他可以回到那种长时间阅读和思考的日子里，并且不需要担心飞机的机械需求。他甚至找到了一个可以教他中文的教授。这是积极的一面。

消极的一面是，他成了日军的俘虏，睡在破旧的兵舍里，赖以为生的只有一点可怜的冷饭、炼乳以及小份的牛肉罐头。当他想要抽烟时，他得用厕纸来卷香烟。就在仅仅几个月前，他还是乔治敦晚宴上的一位明星——他在那里正式结识了克莱尔·陈纳德。他以永不满足的胃口而著称，也因此不得不与自己的体重作斗争。如今，他只能有什么吃什么。他又有什么选择呢？

艾尔索普将自己伪装成报社记者的决定令他不断受益——1942 年 6 月，他作为平民俘虏交换的一员被送回美国，同行的还有战争爆发时身处东京美国大使馆内的外交官们。回到父母位于康涅狄格州的家后，他终于可以讲述自己在远东地区的真实故事了——这个故事刊登在《哈特福德新闻报》（*Hartford Courant*）上，让他成了当地的一名英雄，尽管他没有任何的战斗经验。[36] 除了回家时比出发前瘦了 30 磅以外，他毫发无伤。

仅仅几周后，他的体重就恢复了，还比之前胖了一些。

*

在突袭珍珠港的"最初冲击"消退后，飞行员们意识到自己已经身处前线了，"与我们的朋友们相距半个世界"。[37] 日军进抵泰国，后者不久后就将与日本一道向美国宣战。日军飞机正在曼谷集结，尽管那里距东吁的美籍志愿大队机场仍有 400 多英里远，但距离还是太近了，让人心中难安。

陈纳德必须了解日军的部署情况，为了完成这个紧急任务，他向埃里克·希林求助。这位 26 岁的飞行员在他的 P-40 战斗机上安装了一架空中侦察相机，这还要感谢英国王家空军的帮助。[38] 尽管这不是一个战斗任务，但从日本控制区上空飞过还是相当危险的，尤其现在已处于战争状态。另外两架分别由埃德·雷克托和伯特·克里斯特曼驾驶的 P-40 飞机负责为希林护航。

*

12 月 10 日，星期三，三架飞机在上午经停缅甸土瓦（Tavoy）的英国王家空军基地进行加油，然后飞越了泰国边境。在希林爬升到曼谷上空 26000 英尺的高空时，两架护航飞机则保持在一个较低的高度。"临时拍照系统"由远程遥控启动，相机很快就"连续拍摄了一系列照片"。[39] 在飞机安全降落仰光后，照片被冲洗出来——仅一个基地里就有 92 架日军飞机紧挨着停放在机场上。希林很确定，肯定还有更多的飞机停放在他所看到的机库里。他感觉就好像他们"面对的是整支日本空军"。[40] 当他们把照片拿给陈纳德时，这个"老家伙"无法相信敌人眼下的军事部署程度，但他沉思道："只要有超过 10 架轰炸机，就可以在 20 分钟里摧毁敌军的空中攻势。"[41] 然而，他连一架也没有，更别提 10 多架了，他将不得不用美籍志愿大队的 P-40 战斗机来与敌人对抗。

在接下来的几天里，陈纳德的飞行员们似乎总是在朝天上看，有一半原因是在期待一群日军轰炸机进入他们的视野。即使是天空中最微不足道的波动，例如一群小鸟飞过，也足以让他们惴惴不安。但日军飞机始终没有出现过。

这种不确定性开始让他们身心俱疲。正如查理·邦德（Charlie Bond）在日记中所写："我们期待遭到攻击，但我猜他们正在忙着打新加坡呢。谁知道呢？"[42] 27 岁的邦德来自达拉斯，出身工人家庭。他曾经花过一段时间帮助父亲从事粉刷房屋和张贴壁纸的工作，但他想要成为军队飞行员的梦想最终得以实现。在陆军航空兵团里，他负责将轰炸机运送到加拿大，但他觉得这份工作非常枯燥。当他收到美籍志愿大队的邀请时，立马就接受了。现在，这种兴奋感就是他一直所期待的，或许还超出了一点点。他写道："我们非常紧张，准备做到最好，但我们没有补充兵员。"[43]

对珍珠港的袭击巩固了他们的使命感。埃德·雷克托回忆说："这件事带来了一种完全不同的形势或者说图景，我们的国家正处于战争状态，因此这不是在保护滇缅公路，这是在全力以赴参战。所以，我们感到动力甚至更足了，如果可以这么说的话。"[44] 12 月 19 日，"杰克"纽柯克给妻子写信说："到现在，你应该已经知道总统对日本人宣战了。亲爱的，在国内的安全环境里，你一定对于战争的真正意义一无所知，我希望你永远也不要知道。"[45] 他最初是基于追求冒险的模糊概念才加入陈纳德的部队的，但如今，他在为国而战——也是在为妻子以及他们未来将养育的子女而战。他继续写道："在每一个人的一生中，总有一些作为男人不得不做的事……我的梦想是你和我能在未来某一天将我们的孩子抚养成人，教会他们尊重所有人，但是不害怕任何人。"[46]

在陈纳德看来，向战争状态转变的过程令人振奋。几个月来，他一直在焦急地等待东吁遭到突然袭击，这种感觉如此强烈，以至于他将其描述为"就像是在拧螺丝，让已经因为不确定性而紧绷、刺痛的神经变得更加紧张"。[47] 但如今，他写道，全面战争已经爆发，"自 10 月中旬以来，我第一次可以稍微喘口气了"。[48]

尽管飞行员们想要为珍珠港事件复仇，但美籍志愿大队仍然处于中国的军事指挥之下。中国当时还在与英国合作，这导致了一个对美国而言有些不同寻常的计划：陈纳德的部下将分为两队，分别用于保护中国昆明和缅甸仰光。[49] 陈纳德将尽快赶到昆明，随行的还有美籍志愿大队的第一和第二中队。英国王家空军为保护缅甸请求支援，第三中队将加入已位于仰光的几支王家空军中队。保护这两座城市是个大工程，但中国无法忽视仰光。如果仰光陷落，中国将失去与外部世界的陆路补给线。

12 月 12 日上午 9 点半，第三中队的 18 架 P-40 飞机完成半小时飞行抵达位于仰光的英国王家空军敏加拉洞航空站（Mingaladon Aerodrome）。[50] 他们刚一降落，空袭警报就响了起来，不过最后他们发现，飞来的飞机属于英国一方。这些飞行员喜悦地发现，他们的新营地和食堂比起东吁来显然是有着巨大的提升。

12月18日，三架道格拉斯运输机飞抵东吁。这三架由中国航空公司飞行员驾驶的飞机是来带上陈纳德以及他的几位助手和一些物资前往昆明的。奥尔加·格林洛被安排搭乘其中一架运输机，并带着她的背包和小狗露西（Lucy）出现在机场。中国航空公司的飞行员提出了抗议："奥尔加，看看这里。你可别告诉我你要带上那个畜生。"[51]奥尔加坚称这只狗是一个好运符，这才把事情摆平；这只狗也坐上了飞机。前往昆明的漫漫航程需要带着他们翻越高山来到一座经常遭到日本人轰炸的城市。尽管对于搭载着陈纳德、奥尔加以及小狗露西的道格拉斯运输机而言，这趟旅程并非难事，但对P-40飞机来说，这漫长的航程将让飞机性能逼近极限，因此飞行员们并不期待。正如查理·邦德在日记里所写，这是"一趟长达670英里的飞行，需要翻越一些可怕的地形，没有迫降的可能"。[52]

按照计划，将有36架飞机飞往昆明，但仅是在这两支中队起飞前，就已经发生了两起事故：一名飞行员在滑行时冲出跑道，飞机起落架被毁；另一名飞行员则撞上了停在旁边的一辆斯蒂庞克（Studebaker）轿车。[53]第一中队中途没有停留就完成了这趟航程，不过第二中队作出了一个合理的决定，那就是在途中经过的缅甸腊戍机场加一次油，然后再飞越边境进入中国。在他们进行高空飞行时，一名飞行员的氧气管不知为何松动了，他明显是晕了过去。[54]飞机开始失去高度，但幸运的是，在飞机的俯冲势能难以挽回前，这名飞行员及时醒了过来，重新加入了第一中队的队形。

查理·邦德最终看到了一个看起来似乎"站着数千名中国士兵"的机场，于是他知道他们抵达了昆明。[55]这两支中队成功降落，并迅速对他们的居住安排作了番评估，希望可以比在东吁忍受了几个月的糟糕条件有所改善。他们惊喜地发现新的居住环境堪比到访的外国王室成员。美籍志愿大队获得了两栋经过改造的大学宿舍楼，以作为他们的"招待所"。每个房间都配有一张舒适的床和一个抽屉柜、一张书桌以及一张餐桌。在连续几个月待在缅甸丛林里的柚木兵舍之后，这就好似入住了一家豪华酒店。昆明气候稍显寒冷，与酷热的东吁形成了鲜明的对比，不过飞行员们都领到了毛毯，每个房间还有一个小型炭炉。房间里甚至还有抽水马桶以及另一项令人难以置信的奢侈服务——热水淋浴。查理·邦德在日记里写道："噢耶！我觉得淋浴我永远也洗不够。"[56]

安顿好之后，"特克斯"希尔以及其他几位飞行员决定在昆明城里转一转。在他们抵达前仅仅几个小时，这座城市刚刚遭受了空袭，居民们还在清理街上的瓦砾以及死伤民众。"特克斯"希尔回忆说："这是我对战争的第一印象，看到这些死者和伤者，以及被炸掉的胳膊和腿。太可怕了。"[57] 这些美国人的整个职业生涯都在为空战接受训练，但研究书本与近距离目睹杀戮终究有所不同。那一晚，他们待到很晚才睡，一直在讨论昆明的血腥场面。邦德没有陪他们一起上街，但他记得，"在听到这种对于悲惨与痛苦的描述后，很容易让人产生暴力的反应，并且从心底里仇恨日本人"。[58] 他们预计敌人将在第二天再次空袭，而他们将第一次亲身体验战斗的滋味。

111

第 9 章 时代传奇

12 月 19 日，身处昆明的众飞行员在日出前就早早起身，前往餐厅狼吞虎咽地吃了一顿早餐，鸡蛋和培根，这是又一种相比东吁而深受他们欢迎的条件提升。紧接着，他们冒着清晨的冷气穿越冰雪覆盖的田地前往跑道。当他们遇见在机场执勤站岗的中国卫兵时，他们大喊道："美国人！朋友！OK！"[1] 这些中国卫兵看起来不会说英语，但似乎能理解他们的话，并且让这些飞行员继续前行来到正在等待的 P-40 飞机旁。

他们检查了飞机，然后聚集到机场旁边充当警戒哨的小屋里。他们要在那里一直等到下达起飞信号。保罗·福利尔曼回忆说："困乏与兴奋，以及身处一个新国家、新气候的刺激让每一个身处警戒哨中的人都有些头晕目眩。"[2] 小伙子们会偶尔走到屋外，凝视辽阔的昆明湖，湖上点缀着小船，红色的山丘耸立在机场背后，也映入他们的眼帘。福利尔曼回忆说，冬日寒冷的空气"在经历过缅甸丛林之后就像是一杯冰镇的杜松子酒"。[3] 在紧张地等待日军轰炸机出现时，他们嬉笑打闹，甚至玩起了"鬼抓人"的游戏——可以说是想尽办法消磨时光。但等到日落，都没有敌军活动的迹象。

第二天，12 月 20 日，起初差不多也是同样的情况。[4] 查理·邦德在上午 6 点前后驾机起飞执行了一趟空中巡逻，但什么也没发现，于是返回了基地。陈纳德一直待在临时办公室里，焦急地关注着桌上的电话，这部电话连着中文编码室，而编码室又与"预警网络"相连接。在这个雷达刚刚发明，但尚未投入大规模使用的时代，许多国家都采用了不同类型的"预警网络"。在云南省各地，有数百名中国士兵充当观察哨。他们通常以站点名而为人所知（陈纳德在回忆录中列举了一些，例如 X-10、P-8 或者 C-23 等），[5] 如果看到或听到飞机从头顶飞过，他们就会拨通电话发出预警。这些站点的分布具有战略性；在地图上，他们看起来像是一张巨大的蜘蛛网，轰炸机不可能在令人毫无察觉的情况下穿越它。如今在美籍志愿大队的合作下，中国空军会将这些情报以点的形式标记在地图上，跟踪来袭的日军轰炸机编队的行进轨迹。如果袭击看起来似乎迫在眉睫，一名中国军官会给陈纳德打电话，后者将迅速派出 P-40 飞机。

*

上午 9 点 45 分，电话铃声终于响起。一名中国空军的军官通知陈纳德，"10 架日军轰炸机穿越了位于老街的云南边境，正向西北方向飞来"。[6] 陈纳德不得不等待来自"预警网络"的更多消息更新，才能绘制出轰炸机的确切行进轨迹。其他站点的报告很快就被送来，一个站点报告称听到"沉重的引擎噪音"，另一个报告则称"云上出现许多噪音"。这些节点被仔细标注在指挥室的地图上，看起来，日军轰炸机正飞往昆明以东 50 英里处的一个地点。陈纳德预测，它们"或许将从那里开始实施盘旋佯攻战术，以迷惑'预警网络'，并最终冲向真正的袭击目标"。多年以来，日军一直在随心所欲、几乎没有遭到任何抵抗的情况下袭击昆明，但这一局面将在今天结束。截至此时，陈纳德为这一时刻已经在脑海中演练了许多次，似乎就像是一场梦。坐在他身边的电报员后来说："陈纳德嘴唇紧闭，从卡其色上衣口袋里掏出一个烟斗。从他往烟斗里塞烟叶的方式来看，我就能知道他很紧张。"[7] 陈纳德用无线电与第一中队队长、前陆军飞行员桑迪·桑德尔（Sandy Sandell）取得了联系，告诉他让飞行员作好准备。第一中队将驾驶 16 架 P-40 飞机试图拦截日军轰炸机编队。第二中队被下令分成两组，每组 4 架飞机，第一组由"杰克"纽柯克率领，第二组由吉姆·霍华德率领，作为预备队在机场上空盘旋。飞行员们戴上手套、穿上夹克衫和长裤，钻进驾驶舱并等待起飞的信号——清晨天空中划过的红色信号弹。这正是他多年来一直在为之努力的时刻，一个"美国飞行员驾驶着美国战斗机……即将与日本帝国空军的一支编队交手，对面这支军队截至此时已经耀武扬威地扫荡了太平洋各处的天空"。[8] 他拿出信号枪，举起来，扣动了扳机。红色的信号弹划破天空，P-40 飞机则开始在跑道上飞驰，很快就飞上了天空。

看着渐次起飞的飞机，陈纳德"相信中国的命运正在这些 P-40 飞机的驾驶舱中，穿越冬日云南的天空"。他开车来到机场旁的作战行动庇护所，爬进"黑暗又潮湿"的房间里。他或许回忆起了自己在"三人飞行马戏班"的岁月，那时的他是驾驶舱中的勇者，每个人都说他"笑对死亡"。这个如今已 48 岁的"老家伙"希望自己"能年轻 10 岁，爬进驾驶舱而不是防空洞，品尝氧气面罩中陈旧橡胶的味道，并且通过机枪瞄准器的红色圆环凝视前方无垠的天空"。

然而，现在的他却身处无线电旁。最初，他所能听到的只有静电的噪音，但很快就传来了飞行员们略带困惑的声音："他们出现了。"

"不，不，他们不可能是日本人。"

"看那些红色圆盘。"

"我们上。"

这就是他能听到的一切了。接下来就是"令人抓狂的静默"。[9]

*

不知为何，在一片战斗的迷雾中，最先遇到日军轰炸机编队的竟然是充当预备队的第二中队，第一中队落空了。日军轰炸机编队由 10 架 Ki-48 双发轻轰炸机（Ki-48 bomber，又名"99 式双发轻轰炸机"）组成，即后来被盟军称作"莉莉（Lily）"的轰炸机。"斯卡斯戴尔·杰克"纽柯克的第二中队率先开火，但纽柯克有些过于着急了，开火距离太远。他自己的机枪似乎卡壳了，于是他让其余僚机全部调头。一时间，敌人似乎有要逃脱的架势。这些轰炸机在见到美国战斗机后开始撤退，并在没有任何瞄准的情况下投掷炸弹，随着载荷不断减轻，他们开始不断加速，冲向位于河内的基地。[10]

但查理·邦德以及第一中队的飞行员们决心不让这些日军飞机毫发无伤地逃走。[11]第一中队的飞行员们已经爬升高度，随后转向东南方向，前往昆明郊外他们预计能够遭遇敌军的地点。在他们发现日军轰炸机没有朝己方所处方向飞来后，美国人开始了追击。经过过去几周的无数次巡逻，邦德更多感到的是兴奋而非紧张。[12]他将 P-40 飞机的油门开到最大，并利用艾利森引擎的推力不断缩短与逃窜敌机之间的距离。在经过漫长的 10 分钟后，第一中队的飞行员们接近了敌机编队。这将是一场真正的战斗——"莉莉"轰炸机在机头处有一挺 30 口径机枪，背部则装有第二挺机枪，尾部的第三挺机枪可以放下来，从而使机枪手可以以卧姿射击。[13]查理·邦德能够看到敌机放下了尾部的"垃圾箱（dustbin）"机枪——这是他们给这种机枪起的名字——不过这也会降低轰炸机的飞行速度。

第一中队开始分散队形，从不同角度对日军发动进攻，查理·邦德驾驶他的 P-40 飞机爬升高度，试图飞到敌机的头顶。他检查了自己的氧气面罩，确认正牢牢地戴着，然后打开了机枪开关——或者说他是这么认为的。他位于日军轰炸机上方 1000 英尺以及偏左 1000 英尺的位置，于是他进行了一次侧翻，随后开始俯冲，直到他飞到了一个可以完美命中目标的

115

位置，"距离最近的轰炸机落入了瞄准器的圆环中"。[14] 他扣动扳机，等待自己的机枪发出闪光。"该死，什么也没有发生！"他看了看机枪开关，并且意识到，不知为何，在兴奋中自己没有把开关打开。邦德放弃了低空扫射，十分恼怒自己错失了第一次射击的机会；随后，他再次爬升到日军轰炸机的上方并开始俯冲："这一次所有的机枪都开始开火。我看到我的曳光弹击中了轰炸机的机身……我一次又一次地发动进攻。两架轰炸机开始掉队，尾部冒着烟。"邦德把它们留给其他人解决，注意力则始终放在主要编队中的日军轰炸机身上。P-40 飞机正从各个方向发动进攻，并试图避免与队友相撞。邦德差一点就撞上了自己人，但他"太过兴奋了，没有多想"。截至此时，燃油表上的指针开始出现走低的征兆。桑迪·桑德尔最终下令结束了这轮攻击——不过在此之前，他看到有好几架日军飞机坠毁，留下了黑色的浓烟。[15]

*

陈纳德站在机场上，等待飞行员们归来。他在无线电中再也听不到任何消息了，尽管"预警网络"有消息传来，称日军轰炸机坠毁在山区里，但他还是需要听到自己的部下确认这一点。首先出现的是几架来自第二中队的飞机，但据吉姆·霍华德说，他们仅仅是"一群心灰意冷的飞行员"，因为他们没有见到任何战斗。[16] 接下来降落的是"斯卡斯戴尔·杰克"，他爬出驾驶舱后抱怨说自己的机枪卡壳了。他们后来又测试了一下，机枪却成功开火，于是其他飞行员开玩笑说，只有在别人开火时，他的机枪才正常工作。陈纳德对这一问题进行了诊断，认为它不是机械故障，而仅仅属于"心情紧张"，[17] 新手猎人在首次使用十字瞄准线瞄准猎物时，总会因紧张而受到折磨。终于，第一中队的鲨鱼鼻 P-40 飞机在空中出现了，并且在机场上空进行了空翻和盘旋以庆祝胜利。在他们降落后，地面上的人们开始欢呼。查理·邦德写道："这是我们第一次品尝战斗的滋味，也是我们的首次考验。这是日军轰炸机第一次在轰炸昆明的任务中被赶跑。"[18]

当邦德检查他的 P-40 飞机时，他发现上面布满了弹孔。

据飞行员们统计，日军轰炸机中有四架可以确认坠毁，还有几架有可能坠毁。[19] 不过，对陈纳德来说，如果有些轰炸机成功逃脱的话，那么确切的击落数字就不重要了。他告诉飞行员们："很好，小伙子们，干得好，但是还不够。下一次要把它们都干掉。"[20]

在让他们解散去吃午餐前，陈纳德要求这些小伙子报告他们的经历，并细致到"每一分钟的细节"。[21] 在每一个人讲述完毕后，陈纳德都会进行一番详细点评，对他们如何提高下一次作战提出建议。不过，他对于他们彼此之间的出色配合仍然感到十分自豪。他相信他们展现了"典型的美式团队合作，其中有充分的个人发挥空间，但每个人都在为着一个共同的目标作出贡献。你可以在秋季的星期六下午在一支顶级美式橄榄球队中看到这种团队合作精神"。[22]

这支团队仍在等待一名成员返回。据最后一个见过第二中队飞行员埃德·雷克托的人回忆，他当时正径直冲向一架日军轰炸机，但自那以后，就没有人听过他的消息了。[23]

117

*

雷克托那天早上从跑道上起飞时就因飞机出现故障而有所延误，因此抵达战场的时间已经有些晚了。他评估了一番形势，想道："我不打算冲进这一团乱麻中。"[24] 于是他驾驶飞机爬升到更高的高度，并发现了一架处在日军编队边缘的轰炸机。他开始发动进攻，进行俯冲射击，随后来到"［轰炸机的］正后方"。[25] 他的子弹清楚无误地击中了目标，但轰炸机似乎始终没有要坠毁的意思。很快，雷克托就陷入了"目标锁定"的状态，即飞行员对目标变得太过专注，以致冒险直接向目标飞去。他扣动扳机长达 5 秒甚至 7 秒时间，进行了一次长射击，对着"垃圾箱"机枪的机枪手"肆意倾泻弹药"。直到最后一刻，他才向前推动操纵杆，从日军轰炸机下方擦身而过，距离如此之近，以至于他能够看清机身迷彩的图案，以及焊接点的位置。但那天有一幅画面将在未来几十年里让他始终挥之不去："当我从下方穿过时，我看到了挂在'垃圾箱'机枪上的机枪手的面孔，我把他的下巴给打没了。"[26] 雷克托对另外几架日军轰炸机又开了几枪，才意识到弹药快打完了。他试图确认自己的方位，但很快就意识到在专注于战斗的同时，他已经飞到距离昆明 70~100 英里远的地方。距离太远了。他不可能凭借剩余的油量成功返回。他拿出地图，开始寻找一个可以安全降落的机场。

当仪表盘上的红灯亮起，警告他燃油即将耗尽时，他已经没有了别的选择。唯一的选择是在立即能找到的最大的一片空地上降落，希望出现奇迹。他操作 P-40 飞机用机腹着陆。这是一场近乎失控的迫降。飞机重重地摔在地上，向前滑行。当飞机终于停下时，他拉开驾驶舱罩，看到一群人从山上向他冲来——人数之多，看起来像是一支军队。他拿出自己的 45 口径手枪，心里已经想好，如果逼不得已，可以先开枪打死几个，然后再束手就擒。作为一名来自北卡罗来纳州的前美式橄榄球运动员，身高约 1.88 米的雷克托以在球场上的自信和冷酷著称，但他也知道，现在这已是一场自己赢不了的比赛。[27] 他想道："你打算做什么呢？我都不知道自己在哪里。我不知道自己究竟是在中国还是在日本控制区，或者是别的什么地方。因此我把手枪放回口袋里，从机身上滑下来面对他们，就这么站着。"[28] 他站在那儿等着，将自己交付给任何可能降临的命运。

随着人群越来越近，其中一个人走上前来，用不熟练的英语邀请他去吃午餐。这群人主要由当地的中国村民组成，他们"[在那天] 听到了天上的飞机声，这个声音此前已经持续了许多年"。[29] 雷克托解释说，他是一个来帮助中国的美国人，然后他接受了他们的邀请，与他们共进午餐。随后，他与一些中国机械师一道回到 P-40 飞机旁，抢救出了飞机上的无线电和机枪，并把它们装在了村民的一辆卡车上。那天晚上，他作为客人留在了村子里，并在第二天搭车返回了昆明。美籍志愿大队的队友们对雷克托的返回表示热烈欢迎，并且终于可以正式宣布，他们在第一次战斗中没有损失一个人。

吉姆·霍华德写道，那些在战斗中未射一弹的人，都"等不及想要有机会用瞄准器瞄准敌人"。[30] 格雷格·博因顿是第一中队少数在那天上午没有被安排出战的飞行员之一，他不得不听着其他飞行员回忆他们的光辉战果。在防空警报声响起时，博因顿曾经"像个疯子一样"在机场上奔跑，试图找到一架空闲的 P-40 飞机。[31] 在他看到有几架飞机没有飞行员时，曾经满怀希望，但他很快就发现这些飞机无法起飞。在整场战斗期间，他都待在地面上，这对他来说"感觉度日如年"。当飞行员们终于返回时，"我迫不及待地想要听他们讲述"。他们把战斗说得很简单，而他迫切想要获得自己的机会。

第二天，警报声再次响起，他反应十分迅速，却发现这次袭击只有一架日机，而且在他能够发起攻击前，敌机就已经赶走了。他的反应中充满了苦涩，好像感觉眼下有一场阴谋，目的就是不让他参战。

*

所谓的阴谋并不存在的，但战争却存在无疑，而且是一场残酷的战争。自1937年以来，日军一直专注于对非军事地区发动轰炸——他们的战略目标似乎是让中国民众的生活变得不堪忍受。就这一点来说，日本人差一点就成功了。

在这些轰炸开始时，易岳汉还是个少年。他永远也无法忘记"一个春光明媚的日子里"的一场空袭，"日军轰炸机突然出现。我跑得很快……机枪子弹在院子里扫过，差点打中我"。[32]随后发生了"一次令人震耳欲聋的爆炸，我被爆炸掀翻，脸朝下摔在地上。在一片灰尘中，我站起身，发现了两名年轻女子以及一个小姑娘的尸体，就躺在我家院子里"。他看到邻居的屋子已经变成了一个大坑，一家六口人都命丧黄泉。空袭将昆明变成了"一座死亡与破坏之城"。

在陈纳德等人抵达昆明后，易岳汉受雇于美籍志愿大队，担任翻译，他也对美国飞行员在那天的表现充满了敬畏。当他抬头看向天空时，他看到了一幅前所未有的景象：一架鲨鱼鼻战机"从晴朗的蓝天上俯冲下来。飞机上的机枪正在开火。突然间，一架日军轰炸机开始冒烟，并盘旋着向下坠去"。[33]他心中突然燃起一阵兴奋之情，因为他意识到，"天哪，我们打下了一架日本飞机"。[34]对昆明的中国居民来说，在历经多年围城之后，这些鲨鱼鼻战机代表了一丝希望。后来，当这些小伙子走在昆明街头，并在一家店门口驻足时，小孩子们会蜂拥过来，就为了一睹他们的长相。[35]

美国飞行员受到了国民政府官员和昆明市民的称赞。一名官员表示，美籍志愿大队是"当今世界最高效的战斗团体"，并感谢他们"减少了数百昆明市民的死亡"。[36]一名中国情报官员告诉美国人，蒋介石本人也想要表达他个人的谢意。[37]

　　为庆祝美籍志愿大队的伟大成就，中国政要专门设宴款待了他们。12 月 23 日，他们在机场集合，参加了一场有云南省省长出席的仪式。那天晚上的节目中包括一支中国乐队演奏的一首不太对劲的《星光灿烂的旗帜》（*The Star-Spangled Banner*），里面似乎包含了一小段《迪克西》（*Dixie*）以及《扬基歌》（*Yankee Doodle*）的片段。在省长致辞完毕后，14 名参加了空战的美国飞行员受邀上台，每个人都获颁了一条鲜红色的丝质围巾，他们获悉这象征着喜悦。14 名中国女孩——查理·邦德写道，她们是"非常漂亮的年轻姑娘"[38]——随后将花束塞到他们手中。对邦德这样的人来说，这样一场盛大的仪式令人尤为震撼，要知道，仅仅几年前，他还以为自己一辈子都只能在达拉斯给房子刷漆呢。包括火腿和水果在内的更多礼物源源不断地涌来，成千上万的烟花点亮了夜空。

　　随后，地方政府官员们于 12 月 29 日举办了一场迟到的圣诞节庆祝活动，以向美国飞行员致敬。邦德鼓起勇气试图用一下筷子，却很快就放弃了，而且在他发现自己面前的一碟菜里有一只鸡爪后，他决定不再吃任何东西。但他很喜欢米酒，并且用中文向他的新朋友们祝酒："干杯！"晚餐后，他们聚在一起唱起了圣诞颂歌，一名中国将军还向陈纳德赠送了一把镶金带银的佩剑。陈纳德发表了一番演讲，承诺不惜一死以赢取胜利。[39]无论他对部下有多么严厉，这样的时刻都能确保飞行员们对他无比忠诚。

*

　　尽管离家千里之遥，但这毕竟是圣诞节。小伙子们交换了他们在昆明的市场里买到的礼物。查理·邦德从一个朋友那里收到了一把佩剑，与他的指挥官获得的那把相类似，只不过没有镶嵌贵重金属。最称心的礼物来自他的中国东道主——一块6 英尺 × 10 英尺的白布，上面印着中国的国旗，以及一段用中文书写的话。国民政府官员解释说，飞行员们应该将这块布缝在他们飞行夹克的背后，因为这块"血幅（Bloot Chit）"上的文字表明了他们的中国人民之友的身份，并可要求任何他们有可能遇到的人提供帮助。[40] 如果美国人在中国偏远地区被击落的话，当地人有可能不知道该如何对待他们，甚至有可能将他们视作敌人。

尽管美籍志愿大队的成员还不太知情，但他们这支部队在美国国内已经变得有些声名显赫了。[41] 在 12 月 20 日那场空袭的第二天，一份报纸的头条上写着《美国人在中国上空痛击敌军》（*Yanks Smash Enemy Over China*）。一些飞行员家乡的报纸基于他们发回国内的电报撰写了他们的简况，在其他地方没有任何关于战争的好消息时，他们的胜利获得了民众的欢呼。这支部队开始以许多不同的名字出现在媒体上，因为记者们试图确定这些年轻的美国飞行员究竟是谁，以及他们在中国做些什么。他们有时会被赋予"美籍志愿大队"这样半官方的身份，但后来还是以一个更容易记住的名字为人所熟知："飞虎队（Flying Tigers）"。12 月 29 日，《时代周刊》刊登了一篇没有署名的短文，题为《虎之血》（*Blood for the Tighers*），讲述了"飞虎队是如何发动突袭，让日本人在昆明上空挨揍的"。[42] 这篇充满溢美之词的文章似乎是"飞虎队"一词第一次作为美籍志愿大队的名字出现在纸媒上。从表面上看，这个名号有些名不副实，因为 P-40 飞机被画得看起来像是鲨鱼，而不是丛林虎。陈纳德后来称，他不清楚"飞虎队"这个名字的来历，并且对于在媒体上看到这个名字感到很"惊讶"。[43] 有些人将这个名字归功于观看了昆明空战的中国新闻记者，他们将"飞虎队"视作一种褒奖之词。[44] 其他人则声称，这个词是托马斯·科科伦以及位于华盛顿的团队所运用的聪明的营销手段，目的是激起新闻媒体竞相报道这支部队的战果（这种说法很可能是正确的）。[45] 无论来历是什么，"飞虎队"将成为美籍志愿大队为公众所熟知的名字。

与此同时，海军仍在清理珍珠港所受到的破坏，而美国人迫切地想要听到能够给他们在未来漫长的战争中带来一些希望的报道。这些美国飞行员在中国上空面对日军轰炸机所取得的战果提供了这种急需的鼓舞，而他们的领袖，也就是《时代周刊》报道中所描述的"瘦削、顽强、沉默寡言的克莱尔·L.陈纳德上校"，似乎正是那个他们一直在找寻的英雄。[46]

第 10 章　仰光圣诞

在仰光，美籍志愿大队第三中队的飞行员们正在为战斗作准备。12 月 12 日。他们已经从位于东吁的训练基地转移到了 170 英里外的敏加拉洞航空站，那里离仰光有 10 多英里远。敏加拉洞是英国王家空军在缅甸的主要基地，驻扎有王家空军第 67 中队的飞行员；它还充当着仰光民用机场的角色。该航空站拥有几座机库以及一些兵舍，散布在三条 1200 英尺长的跑道周围。与美国人一样，英国王家空军的飞行员们也缺少实战经验。他们都是些年轻小伙儿，许多人来自英伦本土，还有几位来自新西兰，在他们的国家陷入战争之际，他们一直驻扎在大英帝国这个最为偏远的哨所里。[1] 一直到 12 月 8 日，英国与日本都保持着和平，因此这些飞行员整日里都在享受生活，乘坐火车去乡间旅游或者在仰光周边的湖中扬帆。

如今，情况正在发生改变。日本人已经开始向缅甸进军了，但在美籍志愿大队第三中队转移到敏加拉洞后，这些飞行员等了一个多星期都没有参加战斗。12 月 20 日昆明大捷的消息更加剧了他们的急迫心情，R. T. 史密斯对飞行员们的心理状态作了一番总结：在中国的同僚"出色地完成了工作，但我们都很不高兴，因为他们比我们更早参加了战斗"。[2]

仰光的飞行员将这段失落的时光当作一次休憩的机会，他们很清楚，很快就将轮到他们出战。在营地里，他们时而打盹，时而听唱片，时而写日记，等待着驾驶自己的 P-40 飞机飞上天空的日子。史密斯写道，当他们前往仰光购物时，"一切似乎都一如往昔，看起来没有人特别在意战争的局势"。[3] 他们喜欢萨伏依酒店（Savoy Hotel）的牛排晚餐，以及在"银光烧烤"餐厅里跳舞。

比尔·里德（Bill Reed）就是在仰光待命的第三中队的

一员。故乡艾奥瓦州马里恩（Marion）的朋友们都说他"长得帅"，是个"优秀的绅士"，但没人觉得他有耐心。[4] 他喜欢咧嘴大笑，梳着一头浓密的大背头，有着典型美国男孩的外表。在马里恩高中，里德不仅是个明星运动员和荣誉学生，还曾担任 1935 届的年级长。高中毕业后，他进入位于杜比克（Dubuque）的哥伦比亚学院（Columbia College）求学，并在橄榄球和棒球方面赢得了"优秀运动员"的称号，还再次当选年级长。

大学毕业后，他原本可以回到马里恩，但那里仅有约 4000 人口，整个镇子也不过就是一个铁路站，对于一个雄心勃勃的年轻人来说，不具有什么吸引力。里德在 1940 年加入美国陆军航空兵团，军衔少尉。这是重要的一步，也是他开阔视野的好机会。当 1941 年听说美籍志愿大队正在招人时，他立马就报了名。这个"前往世界另一头"的机会对他而言有如梦想成真。[5] 在所乘坐的轮船缓缓驶出旧金山港，从金门大桥下驶过时，他想起了"家乡，以及不知要过多久我才能回到这片海岸"。如今，里德即将在 1 月迎来自己的 24 岁生日，他想要通过在战斗中证明自己来庆生。

12 月 23 日上午临近 10 点，里德爬进了一架 P-40 飞机的驾驶舱以完成例行检查。他按照列表检查了一遍，评估了氧气设备和无线电的状况。随后，他瞅了一眼跑道，发现一些队友正跑向他们的飞机——这"或许又是一次虚假警报"引起的紧急起飞。[6] 不过，他仍然启动了飞机引擎，并且跟随其他飞机一起爬升到了 17000 英尺的高空。他试图与长机取得无线电联系，却联系不上。他处在一个由六架 P-40 飞机组成的机群中，却没有发现任何敌机。随后，身处上方的长机帕克·迪普伊（Parker Dupouy）开始剧烈摇晃自己的机翼——这是发起攻击的信号。里德扫视了一眼天空，终于发现了："一群轰炸机正前往仰光！"⁷有三架 P-40 飞机径直向日军机群冲去。

124 里德与另外两架 P-40 飞机排成一列共同机动，向领头的日军轰炸机发起袭击，而另外三架飞机则从侧面发起进攻。美国飞机的编队很快就打散开来，每一名飞行员都在寻找最好的射击角度。里德在日记里回忆道："我尝试了每一个角度，用长点射从侧面进行射击。"日军轰炸机则用它们的大口径机关枪还击。在里德再次靠近准备发动又一轮攻击时，他看到肯·耶恩斯泰特（Ken Jernstedt）"正进行近距离射击。他发射的弹药显然击中了轰炸机里的炸弹，导致那架轰炸机瞬间燃起红色烈焰，向仰光方向坠去"。里德十分渴望取得自己的战果，于是持续"向它们发射弹药"。最终，他所瞄准的一架轰炸机燃起了火焰。拿到首杀后，他驾驶 P-40 飞机来到马达班湾（Gulf of Martaban）上空，目送 15 架日军飞机返航泰国。他本可以继续追击，但他觉得这一天已经足够刺激了，于是驾机返回了敏加拉洞。

在飞越仰光上空时，他向下看了一眼，被眼前的景象惊呆了。其余的日军轰炸机命中了目标，整座城市已燃起熊熊大火。灰尘与烟柱一直升起到城市废墟上方的数千英尺高空。接近基地时，他看到一座燃油库正在燃烧，跑道上也布满了弹坑。里德设法在一条受损的跑道上将飞机降落。在爬出驾驶舱后，他看到草地上躺着一个人，正挥舞着手帕亟须帮助。他的后背被弹片划伤，血流不止。里德找到了一辆汽车，并开车带他去寻找帮助，这一经历让里德领受了战争的可怕。

另一个在那天第一次体验战斗的飞行员是里德的好友 R. T. 史密斯。年仅 23 岁的史密斯在内布拉斯加州度过了一个典型的小镇童年，高中时曾加入过学校的橄榄球队，并且每周靠送牛奶都能挣到 1 美元。他从小就有着飞行的梦想，卧室的墙上贴满了著名飞行员的海报。⁸在 1939 年从内布拉斯加州立大学（University of Nebraska）退学并加入美国陆军航空兵团后，他报名参加了美籍志愿大队。

在史密斯向前冲刺，即将与敌军第一次接触之际，他"突然感到有想要上厕所的尴尬冲动"。[9] 不过，无论有多么害怕，他都没有想过要撤退。他俯冲加入战场，机翼上四挺30口径的机枪在耳边发出了"一连串爆裂声"，[10] 另外两挺50口径机枪则发出了"缓慢而强有力的砰砰声"。机枪留下的"火药味充斥着驾驶舱，闻起来不错"。战斗结束后，他心怀感激："感谢上帝，我打下了一个混蛋，从现在起无论发生什么我都不害怕了。"[11]

在返回基地的途中，史密斯与里德数了数队伍里的飞机数量，聆听着P-40飞机独特的轰鸣声。很快，他们意识到少了三人。[12] 其中一个名叫保罗·格林（Paul Greene）的家伙不久后就会现身。他的飞机被日军击中，因此不得不跳伞逃生。在缓缓飘到地面的过程中，在降落伞下的他暴露在外、孤立无援，日军战机很快就飞来冲他扫射。他试图用力拉拽自己的降落伞，以加速降落过程，最后重重地坠落在地上，不省人事。在苏醒后，他除了颈部肌肉有些拉伤外似乎没什么大碍。[13] 亨利·吉尔伯特（Henry Gilbert）就没这么幸运了。他的遗体后来在坠毁的P-40飞机的驾驶舱中被找到。来自怀俄明州拉弗尔（Lovell）的吉尔伯特在阵亡时年仅22岁。[14]

这样就剩下来自阿肯色州的前陆军飞行员尼尔·马丁（Neil Martin）仍下落不明。这对里德来说是一个令人心碎的消息，他们不仅仅在仰光是室友，还是密友。另一名飞行员曾看到马丁在一架日军轰炸机前俯冲并被击落，但没有证据表明他已经阵亡。于是里德坚持认为马丁仅仅是失踪。

不过里德没有时间一直挂念马丁的命运，很快，他就受命返回空中，在仰光上空进行一次后继的空中巡逻。有人担心日军有可能在日落前卷土重来，而正如里德所说，美籍志愿大队"想要给它们安排一场恰如其分的欢迎仪式"。[15] 在飞越城市上空时，他能看到大火仍在燃烧，但敌人始终没有出现。

12 月 24 号，日军也没有出现，于是那天晚上，一些小伙子前往仰光去庆祝圣诞夜。城里的许多居民都撤离了，因此基本可以说整座城市都是他们的。飞行员们走在空旷的街道上，前往码头，那里停靠着美国货轮塔尔萨号（Tulsa）。[16] 水手们邀请美国飞行员和地勤人员上船，并给他们递上了香烟。这与家中的圣诞节不太一样，但能够花时间做一些让人感觉略微熟悉的事，还是相当不错。

圣诞夜，比尔·里德在空中待了六个多小时，等那一天结束时，他已经筋疲力尽了，于是决定留在营地里。他想起了自己远在马里恩的家人。能够开始这段冒险并离开美国让他感到很兴奋，但在这天晚上，他在日记里写道："如果能在今晚和明天回一趟家，我愿意放弃很多东西。希望妈妈不要太孤单、太担心，希望报纸不要把空袭写得太耸人听闻。"[17] 当尼尔·马丁的遗体被发现的消息传来时，里德的担忧变成了现实。营地里没有举行任何庆祝节日的活动。广播中传来消息称，日军正计划在第二天发动大规模空袭，以此作为圣诞礼物。

*

圣诞节当天，在天空拂晓之时，里德就来到了机场附近的警戒帐篷里执勤，等待来自"预警网络"的报告。随着时间渐渐过去，他开始感觉似乎圣诞节空袭的威胁只是虚张声势，不过到了上午 11 点，"预警网络"打来一通电话，通知说发现了日军飞机，飞行员们应当立刻紧急起飞。里德飞奔向了自己的P-40飞机，发动了引擎，却突然被告知要将发引擎熄火，因为这回显然又是一次误报。他刚从驾驶舱出来，回到警戒帐篷，紧急起飞令却再次发出了。里德在日记里写道："在一两分钟内，我们就驾机起飞，并以 P-40 飞机的最高时速向上爬升。"[18]作战计划通过无线电下达给每一个人："轨道—故乡—天使—15（Orbit Hometown Angels 15）"，其含义是他所在的四架P-40 飞机巡逻队要以 1500 英尺的高度在仰光上空飞行。他们盘旋了 30 分钟，没有发现任何敌机踪迹。里德写道："我开始觉得有人只不过是太紧张了，而我们又进行了一次没有意义的巡逻。"这时，前方的飞机突然开始摇晃机翼。里德焦急地扫视天空，在上方约 5000 英尺处，一支由数十架轰炸机组成的编队闯入了他们的视野。跟随着轰炸机编队的是一群日军战机，"在太阳的照射下反射出邪恶的光芒"。

陈纳德教给美籍志愿大队飞行员们的战术是从上方发动攻击，但这支中队别无选择，只能向上爬升迎战敌人。里德很快就爬升到了足够的高度，开始瞄准轰炸机，却发现自己正前方正好有一架日军战斗机。他扣动扳机，"向对方发射了一长串子弹，并且亲眼见到曳光弹命中了整个机身"。在那架战斗机肯定报销了以后，里德又与另外两架日军战机交火，不过没有取得战果。随后，他极速爬升至 20000 英尺高，希望能够逮住那些轰炸机。他"迎面〔向轰炸机编队〕发动攻击，所有机枪同时开火"，然后与它们擦肩而过。这次攻击没有击中任何目标，就在里德准备调转方向再次发动进攻时，他看到前方一英里处有一架己方战机正与敌机缠斗。他加速向前加入战斗，但"我们飞了一圈又一圈，却没办法找到非常好的射击角度"。他意识到自己在战斗过程中已经飞出很远，来到了马达班湾上空，于是开始向基地飞去。在与视野中的另一架孤零零的 P-40飞机组队后，它们一起从海上飞过，并很快遇到了三架正在返回泰国基地的日军战机。尽管存在有可能在又一场缠斗中耗尽

127

燃料的风险，但这两架美籍志愿大队飞机还是发动了突袭，从日军的后方俯冲下去。里德率先开火，一架敌机"在我眼前爆炸"。他随后赶紧向上爬升，避免撞上被击中的飞机，与此同时，他的队友打断了另一架敌机的机翼，目送后者"旋转着坠入海湾"。里德向下俯冲，试图攻击剩下的那架战机。但油量表显示已经"非常低"了，而他仍位于海湾上空，远处又有另外一群敌机飞过，里德最后不得不无视它们。在加速驶向陆地时，他感觉好像"海岸线永远也不会出现似的"。等飞机成功抵达基地时，油箱已然枯竭。降落后，里德发现飞机上中了几弹，但他表示："这些 P-40 飞机吸收铅弹就像海绵吸水一样。"

待到夜晚降临，有两名飞行员没有返航：来自加利福尼亚州的埃德·奥弗伦（Ed Overend）和来自佛罗里达州的乔治·麦克米兰。其他的飞行员已经"认定他们阵亡了"，[19] 这或许是因为大部分战斗发生在远离沿岸的海上。他们给身处昆明的陈纳德发了封电报："两架飞机和飞行员失踪。"[20]

在战斗开始前，麦克米兰就把遗嘱寄给了家中的父母。在另一封信中，他告诉他们，今年没能在一起过圣诞节他很难过，以及他很期待能在明年回家过节。

那天晚上，小伙子们聚在一起，军械士查克·贝斯登（Chuck Baisden）回忆说："如果你在热天里喝过澳大利亚麦芽酒的话，它的确会对你产生影响。但那是我的圣诞节晚餐。我们甚至从未真正思考过圣诞节，圣诞节根本不存在，没有任何感触，我的感触是根本不存在圣诞节。"[21]

晚上 9 点，一辆汽车开到了机场上，乔治·麦克米兰从车里走了下来，这让这群人大吃一惊。他不仅活了下来，身上还带着一把日本军刀。麦克米兰与其他人一样非常享受这种惊喜，他给父母写信说："你应该看看我进去时他们脸上的表情！"[22]

随着他开始惊心动魄地讲述自己如何存活下来的故事，这种兴奋之情愈加高涨。当天中午 12 点 15 分，麦克米兰在仰光上空巡逻时看到了日军轰炸机编队。他对一名记者说："我们一看到机群就向它们发动猛攻。它们已经丢完了炸弹，正准备返回泰国，但我们对他们而言太快了。我替吉尔伯特击落了一架日军轰炸机，又替马丁击落了另一架。"[23] 他指的是那两名在上一次战斗中阵亡的飞行员。麦克米兰追着它们飞了约 15 英里，来到了马达班湾上空，他还想击落更多的飞机。在他逐渐靠近时，那架轰炸机"向我发射了一切能发射的东西……一发 50 口径的子弹击碎了我面前的挡风玻璃。我感觉被弹片打中了，于是就飞走了。我原以为飞机已经没救了，但在这时，我看到日军轰炸机爆炸了"。在满怀胜利喜悦之情的同时，他不得不面对引擎被击中、左臂已然麻木和几乎无法换动的事实。他调头向海岸飞去。在抵达海岸线时，飞机只能说是勉强飘在空中了。麦克米兰知道自己已经不可能成功飞回基地了，于是在一片稻田里迫降。

在他的飞机滑停结束后，麦克米兰打开驾驶舱门，准备评估自己所处的形势。半小时后，远处出现了一群男子。他用自己还能动的一只胳膊挥舞手帕，表示没有敌意。当地的缅甸民众来到他身边，给他提供了饮用水，并引导他走了四英里路来到一座城镇，他们在镇子上帮他冲洗伤口，并给了他食物。接下来，他们让他骑上一匹马，经由另一名向导带领前往另一个镇子，并在那里坐车返回了基地。在路上，麦克米兰曾停下查看一架坠毁的日军轰炸机，并在飞机里找到了那把军刀。

麦克米兰不仅在迫降中活了下来，还击落了三架轰炸机，比那一天空战中美籍志愿大队的其他任何一名飞行员都要多。他给父母写信说："在你们都在吃火鸡和蔓越莓酱时，我在一场战斗中带领 6 个队友对抗 30 架轰炸机和 10 架护航战斗机，哈！……我们当然对圣诞节这天的工作感到非常满意。"[24]

129 　　这是他第一次远离家乡过圣诞节，但是对于错过了佛罗里达州冬园市（Winter Garden，也译"温特加登"）家中的节日庆祝，他并没感到太过悲伤。他对一名正在报道美籍志愿大队早期战斗的记者说："吃饭哪天都可以，我更愿意与敌人作战。"[25]

　　那天晚上 11 点，另一名下落不明的飞行员埃德·奥弗伦也胜利归来。他也被击落了，但同样活了下来，进而得以讲述他的故事——他发现了一辆自行车，骑了 10 英里，然后搭便车走完了剩下的路。他曾试图给救了他的缅甸人付钱，但对方怎么都不肯收钱。小伙子们热情地庆祝这一天的胜利，以及两位队友不可思议的回归，一直持续到深夜。

　　在美国国内，这是一个令人忧郁的圣诞节，但这些飞行员们的英勇战果带来了一丝希望。《纽约时报》发表了文章，介绍了这次"圣诞节空袭"，并表示："美籍志愿大队凭借有限的装备撰写了空战史上一个令人震惊的篇章。专家们纷纷表示，这些飞行员们的成绩是一个契机。"文章说，陈纳德本人"仅仅在几个月内就把美籍志愿大队打造成了一支顶尖的战斗队伍"。[26]美国著名记者利兰·斯托（Leland Stowe）在《波士顿环球报》（*Boston Globe*）上写道，仰光上空取得的胜利是"日本空军在过去四年半的战争中遭受的第一次惨败和溃败"。美籍志愿大队的飞行员们"把日本飞机和飞行员揍得屁滚尿流"。[27]

*

　　美籍志愿大队对圣诞节空战的最初估计是击落了 15 架日军战斗机和 9 架轰炸机。[28]媒体上报道的数字各有不同，这突显了被击落的日军飞机的数量还远远没有确定。无论他们击落了多少架敌机，这些小伙子都已经筋疲力尽了。乔治·麦克米兰在日记中写道："尽管我们取得了不错的战果，但我们没办法再经历几次这样的战斗了。"[29] 他的手上和肩膀上受了些伤，不过几天后就好得差不多了，足以继续执行任务；他主要帮助修补了飞机上的窟窿，让飞机为接下来的几轮战斗作好准备。他们需要休息，但同时还警觉地等待着"预警网络"传来的警报。比尔·里德在日记里承认："我知道，每次警戒小屋传来电话声，我都得强忍内心的疲惫。"[30]

陈纳德认识到，第三中队在仰光上空经历了艰难的考验，于是邀请他们前往昆明与他会合，并小憩一阵。自 12 月 20 日起，昆明尚未遭受过空袭，他可以派其他飞行员去仰光接替他们。在战争的最初几周里，陈纳德在昆明基本上是躺在床上度过的。他的支气管炎又犯了，这让他的身体变得虚弱，并且咳嗽不止。他通过床边安装的无线电以及定期的电报来跟踪仰光的情况，尽管他在部下面前将自己打造成一个对即将到来的战争无所畏惧的军人，但在 1942 年 1 月写给内尔的信中，他却采取了一种不同的语调。他称自己"非常担心"这场战争将给家人带来的影响。[31]"把我的话带给〔我们的儿子〕，不要冒不必要的风险……告诉其他孩子，尽可能待在室外。"当涉及自己的孩子时，你的想法总会不太一样。

1942 年 1 月 3 日，里德爬上了他的 P-40 飞机，从缅甸腊戍离开，第一次前往中国。在经历了"全程的厚厚云层，飞越了我所经历的最荒凉、最崎岖的地形后"，他终于看到了昆明标志性的湖泊。[32] 他将飞机降落，并很快就在舒适的招待所里享受了起来。他洗了自己自 9 月以来的第一次淋浴，然后饱餐了一顿。第三中队的飞行员们很快就适应了这种轻松的生活韵律。里德在 1 月 9 日写道："踢了一会儿橄榄球，然后打了一会

130

儿棒球。在屋里打了一会儿高尔夫球，喝完茶之后，耶恩斯泰特和我打了很久的乒乓球。等到我们打完时，已经该洗澡吃晚饭了。"³³《纽约先驱论坛报》的一位记者在昆明的"秘密基地"里造访了这些飞行员，并报道说，他们"拥有中国这片地区条件最好的公寓。他们有冷热自来水。他们的食物是美式的。这里有网球场、篮球场和棒球场供他们使用。他们有自己的酒吧，他们可以用美元硬币和纸币来买酒喝。不过，酒吧每天只开业三个小时。"³⁴ 只是，小伙子们还有一个抱怨之处。一名飞行员对记者说："我们非常热爱在这里的工作，只怀念一件事——美国的金发小姐。"

比尔·里德觉得"唯一不好的地方是，尼尔不在这儿"。³⁵

第二中队的小伙子们在昆明基本处于无所事事的状态，于是就轮到他们去接管仰光的战斗了，而第三中队的飞行员们则与第一中队一起在中国休整。"特克斯"希尔和"杰克"纽柯克就是那些即将抵达仰光的飞行员中的一员，他们十分渴望证明自己，与此同时，约翰·佩塔齐或许有更多犹豫，因为这意味着要把埃玛·福斯特留在后方的昆明。佩塔齐唯一的慰藉是，每当有飞机前往昆明，他都可以给埃玛捎一封信。

第二中队的飞行员抵达仰光时恰好赶上了新年前夜。他们面对的这个城市与仅仅几周前他们还在饮酒、派对的城市没有任何相似之处。由于预计会遭受更多袭击，舞厅与电影院都已停业。许多居民也已撤离。唯一似乎还开放的地方只剩下"银光烧烤"餐厅，他们就是在那里庆祝新年夜的。在开了一整晚派对后，小伙子们于凌晨 2 点晃晃悠悠地走上了仰光黑漆漆的街道，返回了各自的兵舍。在接下来的几天里，他们成了酒吧的常客，一名飞行员回忆说，"杰克"纽柯克组建了一个歌唱团——酒吧经理把他们称作"罪恶三人组（Unholy Trio）"[1]——他们会霸占酒吧的麦克风，用活力而非技巧进行演唱，比如拉开嗓门唱一些类似《我在铁路上工作》（*I've Been Working on the Railroad*）这样的为人熟知的歌曲。

佩塔齐在 1942 年 1 月 1 日给埃玛寄去了第一封信，这封信是在月光下匆忙写就的，以便能赶上第二天上午的飞机。他写道："昨晚是新年夜，大多数小伙子们都去'银光烧烤'庆祝去了，喝了不少酒。"[2] 这很有趣，但回到"银光烧烤"这个见证了他们感情萌芽的地方，她却没有陪在身旁，这让佩塔齐感觉有些"不自然"。佩塔齐写道，他在新一年的开始"就知道接下来的一年，我们之间的关系会更加紧密。事实上，我已经为我们俩制订了一些极好的计划"。[3]

不过，就目前来说，为眼下形势制订的计划必须占据更高的优先级。还未从紧张心情中恢复过来的"杰克"纽柯克很快就在等待敌军空袭的过程中变得沮丧，并决定他们应该展开攻势，打击位于泰国的日军基地。作为中队队长，再加上陈纳德远在数百英里之外，这似乎就是他乾纲独断的决定。一名飞行员回忆说，纽柯克表示："让我们把战斗带到敌军家里吧。"[4]他选择了一连串日军基地作为攻击的目标。

1月3日一早，四架P-40飞机从敏加拉洞航空站的跑道上加速起飞，实施自珍珠港事件以来美国飞行员的首次进攻行动。那天执行任务的飞行员分别是"杰克"纽柯克、"特克斯"希尔、吉姆·霍华德以及伯特·克里斯特曼，不过克里斯特曼很快就发现飞机引擎出了问题，不得不退出任务。吉姆·霍华德实际上是在中国长大的，他的父亲是一位广东籍医生。他毕业于波莫纳学院（Pomona College），差一点就子承父业申请了医学院，但他想要进行一些冒险，后来成了一名海军飞行员，而且就像老爹一样，他决定在中国服役。这三名飞行员，即纽柯克、希尔和霍华德，驾驶三架鲨鱼鼻P-40飞机穿越丛林，仅靠晨曦的一点点亮光来照明。

在他们从东南方向以250英里的时速靠近拉亨航空站（Raheng Aerodrome）时，纽柯克一马当先。[5]就着晨曦，他们可以看到日军飞机正整齐地停放在机场上。他们从10000英尺向下望去，可以看到两架敌机正在机场上空1000英尺处盘旋。如果他们想要进行低空扫射，首先必须干掉这两架战机。纽柯克挑选了下方的一架飞机并开始俯冲，他的手指放在机关枪扳机上时刻待命。在他的P-40飞机逼近敌人后，他选择了开火，仅仅几秒钟后，日军飞机就"冒着烟翻滚着坠毁在了丛林里"。[6]

不知道吉姆·霍华德是没有看到空中的日军战机，还是根本不想理睬它们。他从机场上方俯冲，向停靠在跑道上的飞机开火。当他从上方飞过时，一架战斗机正在跑道上滑行，于是他"以30口径和50口径的子弹扫射了5秒。突然间，一团橘黄色的火焰吞噬了那架飞机"。[7]

"特克斯"希尔看到霍华德身后有一架日军战机，于是立刻就知道该怎么做了，他调转方向，试图保护自己的队友。在包抄过来时，他甚至没有足够的时间查看瞄准器就扣动了扳机，看着子弹"像从水管喷出的水一样"喷射而出。[8]那架日军飞机发生了爆炸，变成了一团铁片，希尔差一点就撞上了这团好似高射炮炮弹的碎片。

截至此时，日军已经匆匆间在高射炮上就位了。美国飞行员可以看到一排排的致命炮弹向他们袭来。纽柯克扫了一眼太阳，注意到有四架敌军飞机正在起飞。[9]他们已经失去了突然袭击的瞬间优势，如今在数量和火力上均处劣势。但吉姆·霍华德决心还要再进行一轮低空扫射，于是从另一排闲置飞机的上方快速飞过，并对身后留下的"壮观的破坏场面"赞叹不已。[10]当听到他的艾利森引擎发出一声"闷响"后，他开始担心引擎会停转。[11]飞机引擎发出了噼里啪啦的声响，驾驶舱内部开始被酸性的黑烟笼罩。他在一封信里写道："我把起落架放了下来，机头朝下，试图进行紧急迫降。我还能听到子弹击中飞机的声音，这些子弹要么来自另一架飞机，要么来自地面上的敌人，但我也不知道。"[12]他在一片片丛林中搜索能够降落的地方，一片田地，或者就是一片开阔地也好，这样他可以从飞机上跳出来，然后跑进树林里躲藏。他很清楚，如果被抓住的话，就意味着要遭到折磨或被处决。他保持在丛林上方100英尺的高度飞行，这时引擎突然发出了一声喘息，显然它仍具有一丝微弱的生命力。霍华德握住操纵杆，然后静静地等待。"飞机再次启动了！加油！"[13] 引擎轰鸣着焕发出生机，于是他推动操纵杆，飞机开始向上爬升，然后倾斜着调转方向向基地驶去，在他身后，日军机场则被笼罩在一片火焰和烟雾中。

他们安全返回，成功降落在敏加拉洞航空站，然后开始庆祝这次成功的突袭。纽柯克和希尔仍然不敢相信霍华德竟然冒那么大的风险，在敌机尚在空中的情况下就展开那次低空扫射。在检查各自的 P-40 飞机时，他们开展了一次颇为病态的较量，比较谁飞机上的弹孔最多。[14] 霍华德的飞机上拥有 11 个弹孔，着实令人敬佩，但赢家却是希尔，他的飞机上有 33 个弹孔。这也解释了为什么他的飞机在回程中会产生剧烈的震动。霍华德写道："拜某种奇迹所赐，我回来了。这一瞬间真是甜蜜，只有那些曾近距离体验过的人才会了解。"[15]

无论"杰克"纽柯克在昆明因初见猎物的"紧张之情"经历过怎样的"丢人现眼"，他现在可以宣传是自己领导了飞虎队历史上第一次成功的进攻行动。那一天的战果显示，纽柯克"在空战中摧毁了两架战斗机"。[16] 希尔击落了一架战斗机，而霍华德"摧毁了四架在地面上的战斗机"。[17] 霍华德"希望这样令人惊艳的战绩能够保持很久才被打破"，但这已经不取决于他了。[18] 美籍志愿大队的飞行员们怀疑，他们已经捅了马蜂窝，而日本人或许很快就会发动反击。

＊

第二天，即 1 月 4 日，警报声响起，美籍志愿大队的六架 P-40 飞机分成两组紧急起飞，每组三架飞机。伯特·克里斯特曼领导其中的一组对抗 20 多架在上空聚集而来的敌机。日军战机俯冲下来开始扫射。就在克里斯特曼"试图通过俯冲和

蒋介石在南京中央陆军军官学校对学员发表讲话,摄于1935年。
(国会图书馆)

克莱尔·李·陈纳德。(左)
(感谢肯·陈纳德提供)

位于家中的蒋氏夫妇,背景中有一张富兰克林·罗斯福的照片。(右)
(国会图书馆)

陈纳德与"三人飞行马戏班"的两名僚机飞行员约翰·威廉姆森(左,绰号"卢克")以及威廉·麦克唐纳(右,昵称"比利")的合影,摄于1935年的迈阿密航展。正是在这场表演后,中国空军的毛邦初上校第一次接触了他们。
(Bettmann / Getty Images)

日军占领安徽省的一座城镇。（上左）
（国家档案馆）

一架日军轰炸机在重庆的长江拐角附近投掷了大量炸弹，地面升起浓烟。（上右）
（PF-（aircraft）/Alamy Stock Photo）

鸟瞰上海遭日军轰炸后的燃烧景象。前景处可见中立国舰只停泊在黄浦江上。
（国会图书馆）

上海遭轰炸后一名中国婴儿在废墟中嚎哭，摄于1937年。
（国家档案馆）

上海巷战，摄于 1937 年。

（国会图书馆）

蒋介石在汉口检阅军官训练团的学员。

（国会图书馆）

遭日军轰炸后燃起浓烟的重庆。

（国会图书馆）

重庆大轰炸后的废墟。
（国会图书馆）

飞在旧金山上空的泛美
航空公司的"中国飞剪
号"飞机，照片的左侧
可以看到科伊特塔。
（国会图书馆）

陈纳德一家，照片中没
有克莱尔·陈纳德本人，
左数第二位是内尔·陈
纳德。
（感谢肯·陈纳德提供）

亚赫斯方丹号上的游泳池。飞虎队成员是搭乘荷兰豪华远洋客轮来到缅甸的，他们携带的护照上填写的都是虚假的职业信息，目的是掩盖此行的真正任务。

（感谢罗森斯基一家提供）

位于纽约州布法罗市的柯蒂斯－莱特工厂 P－40 飞机生产线。

（感谢布法罗历史博物馆提供）

宋子文与美国财政部部长小亨利·摩根索签署的一项价值 5000 万美元的贷款协议，这张照片上写着"赠宋子文，顺致美好祝愿与亲切问候，友亨利·摩根索，1942 年"。

（宋子文档案，信封 E，胡佛研究所档案馆）

P－40E"小鹰式"飞机。
（左）

（国会图书馆）

乔·艾尔索普（左）与
自己的兄弟兼报业同行
斯图尔特在一起。（右）

（国会图书馆）

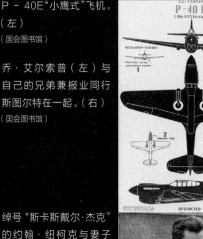

绰号"斯卡斯戴尔·杰克"
的约翰·纽柯克与妻子
简在旧金山码头，摄于
1941年。（左）

（感谢约瑟夫·W. H. 莫特提供）

美籍志愿大队随军牧师、
日后的战略情报局探员
保罗·福利尔曼。（右）

（保罗·W. 福利尔曼档案，信
封A，胡佛研究所档案馆）

从左至右分别为：查
理·邦德、绰号"特克斯"
的大卫·希尔和埃德·雷
克托，摄于1943年。

（感谢希尔一家提供）

弗兰克·罗森斯基在东吁，摄于
1941 年。
（感谢罗森斯基一家提供）

美籍志愿大队在东吁的住处。
（感谢 J. J. 哈灵顿一家提供）

伯特·克里斯特曼绘制的美籍志愿大
队东吁营地的外部素描。
（感谢奥德丽·C. 史密斯提供）

雷允中央飞机制造厂的飞机组装线。
（Paul Fearn / Alamy Stock Photo）

与缅甸一江之隔的雷允中央飞机制造厂内部。
（Paul Fearn / Alamy Stock Photo）

美籍志愿大队成员在东吁集训期间围在一架 P - 40 飞机的发动机周围。
（感谢 J. J. 哈灵顿一家提供）

约翰·佩塔齐与埃玛·福斯特在
缅甸骑自行车。
（感谢耶鲁大学神学院档案馆提供）

飞虎队成员在东吁的棒球场打
发时间。
（感谢 J. J. 哈灵顿一家提供）

弗兰克·罗森斯基拍摄的昆明街景。
（感谢罗森斯基一家提供）

部分美籍志愿大队成员在昆明租住的房子。
（感谢 J. J. 哈灵顿一家提供）

弗兰克·罗森斯基拍摄的 P - 40 飞机驾驶舱内部。
（感谢罗森斯基一家提供）

美国海军肖号驱逐舰在日军偷袭珍珠港时发生爆炸，摄于1941年12月7日。在夏威夷遭到突然袭击后，飞虎队是最有能力向日军发起挑战的一支部队。
（国家档案馆）

正在起飞的一架美籍志愿大队P-40飞机，摄于1941年。
（感谢J. J. 哈灵顿一家提供）

攻陷仰光后的一场庆祝仪式上的日军士兵，摄于1942年3月13日。
（The Asahi Shimbun / Getty Images）

停在地面上的美籍志愿大队 P - 40 飞机。

（感谢 J. J. 哈灵顿一家提供）

一架飞行中的美籍志愿大队 P - 40 飞机。

（感谢 J. J. 哈灵顿一家提供）

陈纳德认为自己在 1941~1942 年飞虎队作战期间一直面临缺少飞机的困境。而像照片中这样坠毁受损的飞机更是加剧了这个问题。

（感谢 J. J. 哈灵顿一家提供）

美国陆军航空军的地勤人员正在维护 P - 40 飞机的发动机引擎，摄于 1942 年。

（国会图书馆）

约翰·韦恩在电影《飞虎队》的片场，这部共和影业出品的电影由大卫·米勒导演。

（Republic Pictures / Sunset Boulevard / Corbis via Getty Images）

从左至右分别为：英国陆军元帅约翰·迪尔爵士、克莱尔·陈纳德准将，绰号"哈普"的亨利·阿诺德中将、约瑟夫·史迪威中将以及克莱顿·比斯尔准将。这张照片于 1943 年摄于中国的一座空军基地。

（Bettmann / Getty Images）

绰号"老爹"的格雷格·博因顿少校在担任美国海军陆战队黑羊战斗机中队指挥官期间的照片，摄于拉塞尔群岛，1943 年 10 月 5 日。
（国家档案馆）

GENERAL CHENNAULT

克莱尔·陈纳德准将被迫从事文职工作，摄于 1943 年 4 月 1 日。
（国家档案馆）

开罗会议上的反法西斯同盟领导人，摄于 1943 年 12 月 25 日。在座的从左至右分别为：蒋介石、富兰克林·D. 罗斯福、温斯顿·丘吉尔以及宋美龄。
（富兰克林·D. 罗斯福总统图书馆和博物馆）

温德尔·威尔基与宋美龄在重庆蒋介石黄山官邸外，摄于 1943 年。
（国会图书馆）

美国陆军的一架运输机飞越中缅印边境地区积雪覆盖的喜马拉雅山。单单在 1945 年 1 月，就有 44000 吨战争物资通过这条"驼峰"航线被空运到中国。
（PhotoQuest / Getty Images）

对大森战俘营的空中侦察照片。右侧建筑物上可以看到"'老爹'博因顿在这里！"的字样。

（国家档案馆）

此时已是中校的博因顿（中）正在旧金山的圣弗朗西斯酒吧与黑羊中队的其他四名成员喝酒谈天。这张照片出现在 1945 年 10 月 1 日《生活》杂志刊登的有关前飞虎队成员回家的专栏中。

（Nat Farbman / The LIFE Picture Collection / Getty Images）

哈里·杜鲁门总统在白宫举行的尼米兹纪念日仪式上向博因顿中校颁发荣誉勋章，摄于 1945 年 10 月 5 日。

（CORBIS / Corbis via Getty Images）

翻转来躲避敌人时"，子弹打中了他的飞机。[19] 他曾试图逃离，但他的飞机"布满弹孔"，控制系统已然受损。烟雾开始涌进他的驾驶舱，而这场攻击行动仅仅持续了 10 秒。

在飞行了几分钟以后，克里斯特曼的引擎熄火了，于是他知道自己不得不弃机逃生。他拉开驾驶舱盖，将飞机翻转成头朝下，然后让气流把自己裹入空中。降落伞成功打开，在滑翔到地面的过程中，他眼睁睁地看着自己的 P-40 飞机坠毁并燃起大火。[20]

伯特·克里斯特曼之所以先后加入海军和美籍志愿大队，是因为想要体验连环漫画角色那样的英雄主义。在这场战斗中，他得偿所愿。事后，他给自己在美联社的前同事写了一封信，希望可以将它发表在报纸上。[21] 信中，克里斯特曼表达了自己对早些年漫画作家生涯的怀念："这里的情况愈发激烈。即使是斯科奇·史密斯也会感到满意。"当然，克里斯特曼知道，与斯科奇不同的是，如果一名敌方飞行员在他身上打了一个洞的话，他不可能像漫画一样擦掉重来。在战斗中，他很快意识到自己对关乎生死的冒险虽然有兴趣，但这种兴趣还是有限度的。他在信中写道："飞行对我而言一直是兴趣所在。然而当'这一切'全都结束时，我敢肯定自己一定会再次满足地坐到画板前，将我和朋友们的经历画在一部货真价实的航空连环画里。"[22] 他带着因坠机而造成的满身瘀青和碎片逃离了战场，但仅仅几天之后，他就又站到了机场上。[23]

飞行员乔治·帕克斯顿（George Paxton）毕业于耶鲁大学，在成为海军飞行员之前曾供职于银行。他在那场战斗中也遭到了日军战机的攻击。在被子弹打穿机舱后，他曾试图稳住飞机，但他知道这种损伤已经太过严重。就好像"整个驾驶舱都开始分崩离析一样"。[24] 他试图驾驶引擎冒烟的 P-40 飞机降落在敏加拉洞航空站的跑道上，而在他的右侧机翼触及地面后，整个飞机开始不由自主地旋转，一直到停下不动为止。其他飞行员匆忙跑过去将帕克斯顿从驾驶舱里拽出来，发现"他的肩膀和腹部都有洞，飞机上也布满了弹孔"。[25] 传说就在晕过去之前，他说道："我还是要说，那些小畜生根本不会射击！"[26]

"杰克"纽柯克对于麾下飞行员的表现非常自豪。他写道："这些小伙子们不得不忍受的苦难、工作和战斗越多，他们的士气就越高涨。他们似乎是在逆境中成长。这支中队每天都变得更加团结。"[27]

日军开始在夜间发动袭击，这意味着美籍志愿大队不得不每天 24 小时保持警戒。对于在睡觉时遭到轰炸的恐惧使得小伙子们放弃了英国王家空军为他们提供的住处，转而选择在室外扎营或者在"卡车或任何能睡觉的地方"就寝。[28]

1 月 5 日当天发生了一次夜间空袭，但空中的 P-40 飞机飞行员并没有看到有敌机靠近，而当他们试图追击敌人时，敌机却消失在了一片漆黑的夜色里。[29] 1 月 8 日凌晨，空袭警报再次响起，"特克斯"希尔召集了几名飞行员驾车赶往跑道。他们驾机起飞想要帮忙，但一名筋疲力尽的飞行员肯·梅里特（Ken Merritt）却留在后方多睡了一会儿。空中，一架由皮特·赖特（Pete Wright）驾驶的 P-40 飞机在月光下转了一圈，但没过多久，情况就变得明朗起来，这是一次假警报。凌晨 4 点半前后，纽柯克向地勤团队下达指令，为赖特降落作好准备。整个基地都熄灭了灯火，于是在一阵漆黑的忙碌后，地勤人员不得不匆忙间把灯光摆放在跑道旁，并打算将一辆卡车的头灯对准跑道，从而提供些许照明。

地勤人员放好了跑道灯光，但卡车还没抵达。当赖特试图降落时，纽柯克用他的红色手电发出了信号，要求赖特继续在上方盘旋，等待来自卡车的灯光。

在赖特开始放下起落架时，一根液压管线破裂，驾驶舱里被喷得到处都是液体，并让他暂时失明了。随着他开始迫降，P-40 飞机在跑道上不停地打滑，撞毁了一辆停靠在一旁的轿车。最终，战斗机倒没有受到太大的损伤，赖特也从事故中全身而退，但那辆轿车却被撞得面目全非，当时正在里面睡觉的肯·梅里特当场身亡。

就在这起造成梅里特丧生的事故发生仅仅几个小时后，美籍志愿大队在泰国境内发动了两次空袭。按照原定计划，第一次行动规模较小，只有四架 P-40 飞机参与，查理·莫特（Charlie Mott）被任命为行动指挥。莫特是美籍志愿大队中少数的几个常青藤毕业生之一。他毕业于宾夕法尼亚大学（University of Pennsylvania），曾经当过土木工程师。他离开了国内的妻子，希望用自己的海外经验在民航业找到一份薪酬丰厚的工作。

那天下午，他们的袭击目标是湄索航空站（Mesoht Aerodrome），那里有一条深入丛林的跑道。[30] 美籍志愿大队穿越边境进入泰国，并以约 8000 英尺的飞行高度抵达目标上空。[31] 他们可以看到地面上整齐地排成一排的日军飞机。莫特带领 P-40 飞机开始向机场俯冲，同时开火扫射，他们的机枪子弹打穿了敌军飞机。没过多久，那一排排摆放整齐的日军战斗机就成了一片火海。

几轮攻击过后，日军的防空高射炮开始反击，但莫特毫不畏惧。他瞥了一眼，看见有两架飞机脱离编队偏到了侧翼，就在他飞过去想要斥责一番时，他感到自己的飞机遭到了一次重击。一枚高射炮弹击中了他的引擎。他对于自己能够活下来感到很幸运，但也知道自己在驾驶舱里待不了多久了。他看了一眼外面，"我眼前除了丛林还是丛林"。[32]

他只能选择直接在日军控制区跳伞。在他缓缓下降的过程中，他的降落伞挂在了一根树枝上，这使他悬挂在距离地面约20 英尺高的半空中，"就像一枚大李子一样"。[33] 他身上有一把 38 口径的手枪，于是他觉得自己只要能下到地面，就有逃走的可能。在他悬挂的位置旁边有一小片树丛，他觉得自己可以朝那个方向跳下去，用树丛作为自己落下时的缓冲。他解下身上的背带跳了下去，却没有瞄准好，错过了那片灌木丛，重重地摔在了地上，他的右腿被身体压断了。瞬间，莫特就被痛苦吞噬，完全无法站立。在下落过程中，他的手枪也掉了下来，摔在了距离他大约 15 英尺远的地方。他回忆说："我动弹不得地躺在那里。"[34]

剩下的三架 P-40 飞机别无选择，只能抛弃他们的长机返回仰光。其中一名飞行员罗伯特·摩斯（Robert Moss）回忆说："如果只看数字的话，这次行动肯定会被认为是一次真正的成功。但是，当然，如果你把自己人留在另一边的话，就没什么成功可谈了。"[35] 约翰·佩塔齐没有参加这次空袭，但在失去莫特的几天后，他给埃玛写了一封信："当然，这让人感到非常羞愧。我们仍然没有任何消息，我已经准备放弃他，把他认定为失踪了。但我希望自己错了。"[36]

莫特躺在泰国丛林的地面上，感觉左侧忽有一阵刺痛。他转过头来，发现那是一把插在日式步枪上的刺刀。他试图站起身，但再一次摔倒在地。不久后，一群日军士兵就包围了他，每个人手上都拿着一把插着刺刀的步枪。他回忆说："他们像疯子一样跑来跑去，跳得就像是脚后跟装了弹簧似的。"[37] 两个日本兵脱下了他们的裤子，把裤子缠在竹竿上，做了一副简易担架。他们抬着莫特回到机场，他在那里可以看到阵阵浓烟，还试图数一数究竟有多少架飞机在燃烧。他认为自己数到了八架，然后露出了微笑。一个日本兵用刺刀砍了他一下——莫特觉得是自己幸灾乐祸的笑激怒了那个日本兵——割破了他的头皮，后来被另一个士兵制止了。

莫特被抬到了帐篷里，一名医务官帮他缝合了头皮上的伤口，在他断了的左臂上绑了一块夹板，包扎了他的脚，然后给他打了一针止痛药。随后，一群军官出现在他眼前，一场对峙开始了："他们看看我；我看看他们。他们盯着我看；我也盯着他们看。他们瞪着我，我也瞪着他们。我可以感觉到紧张形势正在不断升级。"他们曾经接到过警告，任何被抓的美籍志愿大队飞行员都有可能遭到处决，而莫特所希望的是，"无论我会遭遇什么，最好越快越好"。不过，这时，其中一名军官出人意料地用英语问道："我们能为你做什么？"

莫特感觉很惊讶，但同时他也口渴难忍，于是回答说："你们有啤酒吗？"他们回答称有苹果酒，但翻译出了点问题，于是他们给他递了两瓶樱桃味儿的苏打水，然后便开始了审讯。他们想知道仰光有多少架飞机。莫特感觉到自己在这场战争中的角色已经结束，眼下面临着有可能要在日军战俘营里待很多年，但他觉得自己仍然可以为第二中队提供一些帮助，那就是夸大飞机的数量。他回答说："200架。"而这实际上是他所知真实数字的5倍。在审讯结束后，他被送上了一辆卡车的后部，跟着卡车走上了一条崎岖的路。

*

对湄索航空站的打击并不是美籍志愿大队在1月8日策划的主要行动。那天的主要任务是美籍志愿大队和英国王家空军飞行员联合展开的一次空袭。这将标志着在这场战争中，美国和英国飞行员在珍珠港事件后首次在战斗中并肩飞行，从而铸就美英两国之间的新联盟。

尽管"杰克"纽柯克负责指挥第二中队，还监督着敏加拉洞航空站的大部分工作，但他还是想要回到空中，于是他自愿带队发起这次袭击。他们选择了一个熟悉的目标，即曾在 1 月 3 日袭击过的日军拉亨航空站［也被称作"塔克（Tak）"，他们有时会在战斗报告里用到这个名字］。[38] 他们的计划是由七架美籍志愿大队的 P-40 飞机和六架英国王家空军的布鲁斯特 F2A "水牛式（Buffalo）"战斗机执行空袭行动。

下午 4 点 35 分，纽柯克驾机起飞，约翰·佩塔齐紧随其后。随着这些飞机逐渐靠近目标，他们分成三组，准备从不同方向向机场发动袭击。纽柯克在机场上空发动俯冲，看到"有四架敌机，几辆卡车，以及一些地勤人员"，他在战斗报告中这样写道。[39] 在第一次飞越时，他无法聚焦在目标上，于是他再次俯冲，第二次飞过机场上空。这一次，他命中了一架战斗机，那架飞机"通体银色，飞机上还覆盖了一些树枝"。日军战机立即起火。他注意到有一辆卡车正行驶在机场上，于是也朝卡车开火，令它突然转向，撞在了此前刚被他瞄准过的飞机上。纽柯克再次从机场上空俯冲，扫射另一架日军飞机，这时他听到了两声"砰""砰"。飞机被击中了——他觉得有可能是日军的地面火力。他把飞机拉高，然后飞离了机场。

佩塔齐也俯冲下来发动攻击，但到这时，日军步兵已在地面集结。他在一封信中写道："那么，在我靠近目标，寻找一架飞机来射击时，我看到一串曳光弹从右侧机翼前方扫过，在前方，我看到一群大概 20 名士兵站在一起，全在向我开火。"[40] 他扣动扳机，进行了一次连续 2 秒的扫射。后来，他在战斗报告中委婉地写道，那群"密集的步兵"完全不是 30 口径和 50 口径机枪的对手，很快就被"打散了"。[41]

当这支联合部队降落在敏加拉洞航空站时，天已经差不多黑了。纽柯克对小伙子们兴奋地说："我们打了日本人一个措手不及。"另一名飞行员则夸口说："我们迅速地把那座机场清理了一遍。"利兰·斯托恰好记录了这个场面，在他聆听飞行员们的欢呼时，他注意到一个引人注目的现象。他听到了许多不同的口音，如"伦敦腔、得克萨斯口音、约克郡口音或者美国中西部口音"，但基于他们油然而生的同袍情谊，斯托感觉这些飞行员"就像是共同飞行了很多年似的"。[42] 一名英国王家空军的飞行员大喊道："表现出色！"[43] 而斯托感觉，这种描述十分恰如其分："这的确是一次出色的表现——而且是美英两国人联合献上的新式表演，一种即使有十几种操着不同英语口音的人参加也没有丝毫问题的表演。"

《时代周刊》对"缅甸猛虎（Tigers over Burma）"大加称赞。该杂志的报道称，"杰克"纽柯克摧毁了八架日军飞机，然后在无线电中对妻子说："他们都不够让我们忙的。"[44]

尽管这次空袭在新闻报道中被宣传为一次胜利，但佩塔齐却感觉有些困扰。他在战斗报告中简短提及了自己是如何向日军步兵射击的，可他的良心却一直难安，于是他在一封写给埃玛的信中倾诉了自己的情绪。他说道："我最后一眼看到他们时，他们要么已经散开，要么还直挺挺地躺在地上。就个人而言，我非常讨厌这种形式的战斗，但该死的，是他们先朝我开枪的。"[45] 他试图从积极的一面来看，并明确表达了自己的求爱意图："不过，至少我可以告诉我们的孩子，我曾经真刀真枪地与敌人战斗，并且直接消灭了一小部分敌人。"由于恋人虽然距离如此之近却仍然遥不可及，佩塔齐十分渴望回到昆明。他在1月17日向埃玛写道："亲爱的，我非常爱你。事实上，我非常想念你，迫不及待地想要见到你。"[46] 就在第二天，他又给埃玛写道："亲爱的，我有没有告诉过你，我非常爱你？"[47] 他说自己一直在"缠着纽柯克"要求被调回昆明，希望能够在2月14日，也就是情人节那天回去，庆祝恋人26岁的生日。

140

*

如果说约翰·佩塔齐对于美籍志愿大队扫射跑道上的日军士兵还有一些矛盾情绪的话，那么他的同胞则丝毫没有。仰光的美籍志愿大队飞行员被赞颂为美国的第一批战斗英雄。在第一次采访过后，利兰·斯托在《波士顿环球报》上写道，这些"一夜之间成长为老兵的战斗机飞行员显而易见地取得了二战开始以来全世界所有战斗机中队中最为辉煌的纪录——从许多方面来说都可以真正比肩英国王家空军的飞行中队所取得的卓越成就，后者赢得了 1940 年 9 月的'不列颠空战（Battle of Britain）'。"[48] 在 1942 年 2 月的一份声明中，英国首相温斯顿·丘吉尔（Prime Minister Winston Churchill）也赞同这个看法——尽管他的称赞既包括了飞虎队成员，也包括了英国王家空军的飞行员——"他们在缅甸稻田上空所取得的胜利，无论在规模还是在性质上都能与不列颠空战中在肯特郡（Kent County）的果园和啤酒花田上空取得的胜利相媲美。"[49]

对于一名记者来说，这也是一个值得报道的伟大故事，不过前提是他能够来到仰光。在发表了对英国空袭中普通伦敦人的精彩刻画后，乔治·罗杰（George Rodger）迅速跻身世界一流的战争摄影师行列。1942 年 1 月，《生活》杂志派他去报道日本对缅甸的侵略。他的目标是捕捉这场战争中关乎人性的一面。正如他所说，他把"重温战斗、评析策略以及预测这场战役对全球战争全局影响"的工作留给了别人。[50] 在缅甸，甚至是在整场战争中，没有哪个故事比飞虎队更加引人注目了，于是，在抵达仰光后，他立刻动身前往敏加拉洞，记录这些迄今为止仍带有一些神秘色彩的驾驶着鲨鱼鼻 P-40 战斗机的飞行员。[51]

带着自己的禄来福来（Rolleiflex）相机，他花了两天时间捕捉这些飞行员日常生活的画面，并拍摄了他们在杧果树下吃午餐的照片。他给来自密苏里州的飞行员汤姆·科尔（Tom Cole）拍了一张在警戒帐篷里靠在一把木摇椅上的照片。他还为每位飞行员都拍了一张戴着飞行帽、护目镜搭在额头上的照片。为了追求戏剧性，他还让小伙子们摆出造型来摆拍。例如，"特克斯"希尔和一群飞行员手上拿着日军飞机上的橡胶块作为战利品。罗杰问了他们很多问题；他想知道他们来自哪里，国内都有什么牵挂，以及各自有什么梦想。

他还体验了一把战争带来的兴奋感，当一次空袭警报响起时，他亲眼见到了飞行员们冲向 P-40 飞机的场面。来自得克萨斯州的美籍志愿大队飞行员马修·凯肯德尔（Matthew Kuykendall）"被日军火力击伤了额头和手指"，罗杰在《生活》杂志的一篇文章中这样写道。[52] 他拍了一张凯肯德尔头上和左臂缠着白色绷带的照片，就像是在作对比，他还在坠毁的日机中拍了一张飞行员尸体的照片。在离开仰光前，他又来了一次，但得知了一个令人心碎的消息：汤姆·科尔在一次行动中牺牲。[53] 罗杰想要向这位年轻飞行员的遗教致敬，并向"杰克"纽柯克保证说，科尔不会被人遗忘。他要确保科尔的照片被刊登在《生活》杂志上。

1942 年 3 月 30 日出版的那期《生活》杂志的封面人物是秀兰·邓波儿（Shirley Temple），里面还刊登了题为《缅甸飞虎队》(*Flying Tigers in Burma*) 的专栏文章。照片中的乔治·罗杰戴着一顶飞行帽，嘴里还叼着一根烟，文章把他为获得这些珍贵照片所作的努力夸大了一番："为了获得这几张刊登在《生活》杂志上的照片，罗杰付出了比其他任何《生活》杂志摄影师都要多的汗水和痛苦……在缅甸，他找到了一群美国最优秀的飞行员。"[54]

141

正如罗杰承诺的那样，《生活》杂志刊登了一张照片。照片中的年轻人靠在一张摇椅上，目视前方，就好像在思考些什么似的。图片说明写道："来自密苏里州的汤姆·科尔……不久后牺牲。他成功跳伞，但没能躲过日军机枪的空中扫射。"[55]

*

1月23日，日本军再次对仰光发动空袭。包括伯特·克里斯特曼在内的美籍志愿大队飞行员紧急起飞保护这座城市。美联社记者丹尼尔·德卢斯（Daniel De Luce）那一天正在造访美籍志愿大队，并给克里斯特曼带来了好消息——审查机构已经批准发表他描写战斗经历的信件。德卢斯准备等到空袭结束后，克氏返航时再告诉他这个消息。但克里斯特曼的P-40飞机却没能回来。他们后来在地面上的一个降落伞里发现了他的遗体，他的脑袋上有一个弹孔。唯一的解释是，他在P-40飞机被击中后选择跳伞，但一架日军战机在这一过程中向他开枪扫射。[56]严格地说，射击一名跳伞逃生的飞行员并不违法，因为旨在将禁止该行为写入国际法的努力在第一次世界大战结束后没能取得成功。但不可否认的是，射击一名毫无抵抗能力的跳伞飞行员是十分残忍的行为。

克里斯特曼的牺牲对美籍志愿大队而言是一次沉重的打击。"杰克"纽柯克在一份报告中写道："克里斯特曼展现了英勇无畏的精神，始终渴望与敌人作战。"[57]他总结说，这名飞行员"是这支中队最重要的财富之一，相比失去其他的战友，他的死是更加重大的损失"。

克里斯特曼牺牲的消息成了美国国内的新闻头条。德卢斯亲自为他撰写了感人至深的悼词："没有人比纤瘦的金发小伙伯特·克里斯特曼更加热爱飞行，26岁的他来自科罗拉多州的柯林斯堡，曾为美联社创作过漫画《斯科奇·史密斯》。"[58]
他还写道，克里斯特曼"踏上了比任何一个他笔下的人物都更
加伟大的冒险"。各大报纸都重新刊载了克里斯特曼创作的一
篇《斯科奇·史密斯》漫画。这篇发表于 1937 年 9 月 28 日的
作品展现了斯科奇正在为"东方某地"的空袭作准备。克里斯
特曼所写的那封希望能够发表的信最终在他死后发表出来。信
中充满了一个从未实现的希望：他再也没能"坐到画板前，将
我和朋友们的经历画在一部货真价实的航空连环画里"。这一
殊荣将交给新的《斯科奇·史密斯》漫画作家，后者创作了一
篇描绘克里斯特曼悬挂在降落伞下被日军战机击中的漫画。

克里斯特曼被葬在仰光的爱德华教堂（Church of
Edward）烈士墓园。美籍志愿大队把他的个人物品运回国内，
其中包括他在缅甸画的一些素描。[59] 有一幅作品描绘了东吁的
棚屋，另一幅则画了一头躺在草地上的水牛。克里斯特曼创作
的部分《斯科奇·史密斯》漫画在接下来的几年里陆续重新刊
载，但后来却渐渐被人们忘却。

*

格雷格·博因顿一直在昆明等待被调往缅甸加入战斗。终 143
于，调令到了，他于 1 月 25 日黄昏时分降落在仰光。对于自
己终于能够有机会参与实战，博因顿兴奋不已，或许还有一些
紧张。[60] 那天晚上睡觉前，他喝了一点苏格兰威士忌。

第二天上午，因为预计会遭到空袭，P-40 飞机紧急升空，
博因顿也驾驶自己的飞机升空迎敌。他后来写道："天啊，这
正是我一直在等待的。"[61] 但事情并未按照计划发展。在紧紧
跟随另一名飞行员升空的过程中，阳光使他几乎什么也看不
见。他知道日军战机就在上方某处，却无法看到它们。博因顿

有麻烦了。在日军战机向他发动俯冲进攻时，他能看到的只有"机枪发出的烟雾和曳光弹"。[62] 它们似乎把注意力集中在了另一架飞机上，但他知道，如果不能迅速盘算的话，自己也会死。他驾驶飞机进行了一次深度俯冲。为了恢复水平飞行，他"用力向后拽操纵杆，用尽全身力量转向，颈部的肌肉一直紧绷着，呼吸也几近停止"，这样才没有晕过去。[63] 博因顿竭尽全力与 G 力抗争，勉强维持着意识。恢复水平飞行后，他回头看了一眼。视野中没有日军战机了。降落后，他对一名战友嘀咕道："我们这次搞砸了，是吧？"[64]

死里逃生后，博因顿如释重负，却马上因担忧而困扰，那就是来自圣迭戈的经验丰富的绰号"瘾君子（Cokey）"的路易斯·霍夫曼（Louis "Cokey" Hoffman）踪迹全无。博因顿曾看到他遭受日军袭击，担心最坏的情况已然发生。24 岁的霍夫曼或许是飞虎队中年龄最大的飞行员，也是少数家里有妻子和儿女在等候的人之一。不出意料，他们发现了他"破损严重"的遗体。[65] 陈纳德授予他"勇敢嘉奖勋章（Citation for Bravery）"。嘉奖令中称，霍夫曼"在战斗中牺牲，他独自一人向多架日军战机发起攻击，目的是拖延敌机对当时处于劣势位置的其他友机发动袭击。那次飞行中所有其他飞行员之所以能够成功逃脱日军的袭击，正是缘于他舍生忘死的精神。他在这种情势下的行为证明了他的勇敢与大无畏，为了拯救同袍，他甘愿牺牲生命"。[66]

1 月 28 日，飞虎队的成员聚集在爱德华教堂烈士墓园，参加了霍夫曼的葬礼。由于没有任何办法给死者作防腐处理，葬礼现场弥漫着令人难以忍受的死亡气息。在英国牧师主持葬礼的过程中，格雷格·博因顿开始出汗，并祈祷葬礼快些结束。当战友们开始将灵柩放入墓穴中时，他们发现墓挖得有点小，掘墓人不得不回来把它扩大一些。[67] 博因顿回忆说，他"既紧张又汗流不止"。[68]他是因为丰厚的报酬才报名的，但这时他意识到这场战争"将是一场生存之战——而不是为了挣钱"。[69]霍夫曼的葬礼结束后，许多飞行员都参加了一场旨在振奋精神的仪式：造访"银光烧烤"。菜单上的菜品不多，但他们都点了点缀着草莓的冰淇淋。[70]接下来，他们坐着一辆吉普车像游客一样在仰光闲逛，拍了许多大金塔的照片，暂时把死亡抛到了脑后。

随军牧师保罗·福利尔曼在给霍夫曼遗孀的信中写道："这些事情如何发生，或者说它们为什么必然发生，我们永远也无法知晓，因为只有上帝才能解答勇者之死。但我有信心的是，路易斯·霍夫曼是为了一个他深深信仰的事业而光荣战死的。我们这些活着的人要始终满怀敬意和景仰地缅怀他。"[71]

*

在仰光待了一个月后，约翰·佩塔齐积累了许多战斗殊荣。他因参与了1月19日共同摧毁一架轰炸机的任务而在美籍志愿大队的报告中受到嘉奖。[72]紧接着，1月23日，他独自摧毁了一架轰炸机，1月29日，他又独自一人击落了一架战斗机。

不过，他仍渴望回到昆明去见埃玛·福斯特。他对纽柯克的不断劝说终于收到了成效，被获准在1月底回到昆明。他与埃玛享受着这座城市的相对平静以及招待所的舒适环境，战争似乎显得遥不可及。面对日复一日的死亡威胁，他们对彼此的爱显得似乎极为迫切，以至于决定立刻结婚，不再等待。尽管知道规定写明护士不能与飞行员结婚，但他们还是与陈纳德吃了一顿晚餐，试图获得他的祝福。陈纳德最终同意了。

1942年2月16日，晚上5点半，约翰与埃玛同少数几个朋友聚集在美国领事馆的花园里。一名领事官员主持了婚礼，几个朋友则充当证婚人，婚礼结束后还举行了一场盛大的中式庆祝晚宴。[73] 约翰花了 7.5 美元给自己住在新泽西州的父母发了一封电报：**"亲爱的爸妈，我今天迎娶了埃玛·简·福斯特，在中国很好很幸福。"**[74] 翌日上午，他们开着车游览了景色优美的滇池，这就是他们短暂的蜜月了。

返回仰光后，约翰·佩塔齐给父母写了一封信，对他的新娘作了番介绍。这些话不容易说出口，他仅仅将埃玛描述为一个"红头发、蓝眼睛的护士"。[75] 他十分期待带妻子回到新泽西的家乡："我没办法描述更多关于她的事了，等我们回到家里，你们就有机会见到她。她肯定很期待见到你们，我也是。"尽管佩塔齐已经计划好要遵守自己对美籍志愿大队的一年服役承诺，但家信还是表明他已迫不及待地想要与埃玛一起开始生命的下一个篇章。

*

在仰光，空袭警报似乎永远也不会停歇。日军轰炸机起初在白天对这座城市发动空袭，后来袭击会持续整晚。查理·邦德发现在经历了昆明的舒适生活后，自己很难将状态调整过来，他在 2 月 6 日的日记中写道："昨晚发生了大轰炸。我差点从床上跌下来，炸弹非常近。我以为他们知道我在哪里，正在盯着我炸！这是我第一次对爆炸感到有些害怕。"[76] 第二篇日记几乎是同样的内容："天啊，他们昨晚又来了一次，太猛烈了！"[77] 在缺乏睡眠的状态下，飞行员们不得不前往机场，努力防范白天的空袭。一名飞行员用红笔在战斗报告的反面画了一幅一颗心脏被串在火上烤的简笔画，并在下方写道："日 + 夜　夜 + 日"。[78]

到了 1942 年，仰光已经明显成了一座没有希望的城市。飞行员们开始制订紧急撤离计划，组织安排卡车以组建运输车队。邦德在日记里写道："我们只是不确定日本人在冲进仰光前还能被阻挡多久。"[79] 一天晚上，他坐在外面的草坪上仰望天上的星星，思考着"一切，生命、死亡、爱情、妈妈，还有爸爸"。战争迫使他不得不思考为什么自己会"远隔重洋卷入一场人们相互射击，试图杀死彼此的战争中。这究竟是为了什么？"

美国人仍在继续执行仰光上空的巡逻任务，但飞行员们希望不久后就能撤退回到昆明舒适的招待所里。邦德试图在白天让自己忙起来，因为这能帮助他控制紧绷的神经。但夜晚终究会到来，闭上双眼后，他会梦见空中的缠斗。[80] 甚至在日军飞机没有造访的夜里，这些梦仍旧挥之不去。

146

*

尽管仰光曾经熙熙攘攘的街道如今已被基本废弃，但在 2 月，又一名美籍志愿大队的成员还是来到了这里。[81] 保罗·福利尔曼在 1938 年汉口陷于日军之手时曾身处那座城市，而如今，看起来他似乎再次成了日军包围下"斗争到底"的人之一。福利尔曼的任务是登记所有在 1 月仰光空战中阵亡的飞行员遗物。他仔细清点了他们的财物，为每一件物品编号，即使是内衣和 T 恤衫也不例外，然后把它们放进箱子里。有些箱子被运回美国，其他的则被卖给尚幸存的飞行员，军饷则会被转交给阵亡战友的近亲。福利尔曼对这份工作非常认真负责，他会亲自给阵亡者的家属写信，既是为了表示哀悼，也是为了告诉他们他打算如何处理阵亡者的个人物品。

福利尔曼的另一项工作是帮助将堆积在仰光港口的补给物

资装上卡车。城市一旦陷落，美籍志愿大队想要获取补给将会变得更难，因此福利尔曼和一些地勤人员忙着"砸开木箱和木桶，往我们的卡车上搬运飞机与汽车的零部件，比如轮胎、工具、无线电设备、枪械以及弹药"。[82] 如果这其中偶尔还包括一些趁乱打劫的话，他们的良心也不会受到太大影响。

在这种日益绝望的情况下，唯一的闪光点是，还在留守的美籍志愿大队成员受邀与当地最后的几位英国贵族一同居住，他们都住在仰光的豪宅中。相较于机场简陋的住宿条件以及吞噬整座城市的混乱局面，这是一个令人欢迎的变化。当福利尔曼在结束漫长的一天返回所居住的宛如宫殿般的住处时，有一名仆人"总是在大厅里等着，手上端着一个银盘，上面放着加了苏打水的烈性苏格兰威士忌，与此同时，我们会去沐浴更衣"。[83] 这处宅邸属于供职于一家英国石油公司的"约翰逊先生（Mr. Johnson）"。约翰逊先生负责在日军占领前摧毁当地的英国油田，他的家人已然逃走，所以福利尔曼和其他住在那里的飞行员有足够的房间可以使用。福利尔曼在宅子里无拘无束，查看"储备充足的酒窖和图书馆"，以及"拥有精美东方挂毯和一架音乐会三角钢琴的宽敞客厅"。吃饱喝足后，约翰逊先生会在三角钢琴上弹奏巴赫的作品。一时间，福利尔曼可以把战争抛诸脑后，但现实总会不期而至，就像从一场甜美的梦境中苏醒一样："我们总是会聆听晚间新闻广播，每一晚，局势都会变得更糟……"[84] 日军在 2 月 15 日占领了另一个英国殖民地新加坡，距离仰光沦陷已越来越近。

当撤离这座城市的时刻最终到来时，飞行员们将驾机离开，地勤人员则要开车离开。当福利尔曼路过别克（Buick）在当地的办事处时，他进去看了一眼对方的库存。整个地方已被废弃，办公室里一片狼藉，但展示窗里却陈列着三辆崭新的轿车。他打开其中一辆车的车门，发现钥匙就在里面。美国人征用了这三辆别克车，期待着"驾驶强劲马力的轿车开上空荡的街道"。[85] 但他们一离开展示间，一名司机就开着其中一辆车撞在了树上——对于前方的漫漫旅程，这可不是一个好兆头。

*

2 月底，随着日军渐渐逼近仰光，英国人已经作好了弃城的必要准备。珍贵的银器被埋在花园里。宠物被带到兽医那里杀死，有些主人还自己动手，杀死了他们的宠物。2 月 20 日，一张 E 字的标志牌被悬挂出来，意为只有"重要（essential）"车辆才能获准在街道上行驶，而当地居民则将其视为一个具有说服力的信号，预示着撤离的时间到了。[86] 对这些英国殖民者而言，离开他们的豪华宅邸令人心碎，而在一名男子的描述中，向他的屋子告别就有如在抛弃一位亲人："在我最后一次锁上房门时，屋里的老钟表还在嘀嗒地走着，还在准确地报时。"[87] 约翰逊先生已经准备好逃走了，但在离开前，他向福利尔曼提出了一个请求：他希望这栋房子在日军占领这座城市前被一把火烧掉，因为他实在不忍心自己来动手。

英国王家空军的军官们在月底举办了一场派对，福利尔曼在派对上享受了一把"喧闹的时光"。[88] 小伙子们尽情地演唱下流歌曲，似乎有意要在酒精库存落在日本人之手前把它消耗光。

没过多久，第一中队队长鲍勃·尼尔（Bob Neale）决定，美籍志愿大队撤退的时候到了。[89] 2 月 28 日中午，飞行员们吃了一顿有罐头猪肉和豆子的冷餐，随后就从仰光机场最后一次驾机起飞。邦德在日记里写道："再见，仰光！"[90] 负责监督这场撤离行动的尼尔告诉福利尔曼："就是你了。你将负责带领第一支车队上路。"

148

福利尔曼回答说："你没疯吧！我是个牧师，我不会带任何车队去任何地方。"

尼尔给他看了一封直接来自陈纳德的无线电通讯："车队今早出发。福利尔曼负责第一队。"

尼尔命令说："出发。"[91]

这支车队由 18 辆卡车、12 辆吉普车和剩余的 2 辆别克轿车组成。有些人已经开始与仰光的姑娘们约会了，于是便把女朋友也带上了卡车。福利尔曼知道，他们不可能抛下女伴，因而没有表示反对。他驾驶着自己的别克车走在前面，带领车队穿过了废弃的街道。他忍不住对吞噬这座城市的大火发出了惊叹："满眼都是火焰，在空旷的阳光下发出噼啪的声响。"[92] 在车队经过约翰逊先生的宅邸时，福利尔曼想起了他的请求。他可以确定，正在那个街区肆虐的大火最终会吞噬整栋房子，因此没有亲自动手。他惋惜地看着这栋豪华的宅邸，想要跑进去抱一摞书出来，但卡车已经装得满满当当，没有了地方。不过，他还是停下了车。屋子后面有一个马厩，他进去把马都赶了出来，让它们能够逃脱大火。不过，马厩里有一匹黑色种马，福利尔曼实在不忍心任由它在这座燃烧的城市里面对不确定的命运，便用一根长绳将它拴在最后一辆卡车的尾部，然后把自己的别克车开到了最后，组成了这支漫长车队的末尾。

再次起程后，阳光洒在车队上，仿佛是要在他们与进击的日军间拉开尽可能远的距离。没过多久，福利尔曼就发现种马已经受惊，开始不停失足。他命令卡车停下，自行牵着马去了一片农田，努力地让马平静下来，并不断抚摸着它黑色的鬃毛，随后，他拿出一只手枪，扣动了扳机。福利尔曼觉得这总比把它留在路上要好，但他同时也承认："我也不知道这么做是对还是错。"[93]

夜晚降临时，车队停靠在路边。晚餐是罐装芦笋，配有似乎永远也喝不完的哈维斯雪莉酒（Harvey's Bristol Cream）。太阳已经开始落下，云彩被笼罩在红与紫的光芒中。在下方的一个谷地里，福利尔曼可以看到"佛教寺庙、成片的竹林和棕榈树，稻田里忙碌的农民，以及河中正在洗澡的大象"。[94] 他觉得，这就像是一幅来自《国家地理》（*National Geographic*）杂志的照片。

日复一日，这支车队在崎岖而曲折的道路上进展缓慢。[95] 没过多久，卡车就开始抛锚。司机们会往散热器上泼水，试图让车子缓过劲儿来，但当任何办法都无法奏效时，他们就只能松开手刹，任车辆滑下悬崖，眼睁睁地看着它们在下方的山谷中翻滚、撞毁。

3月中旬，在上路两周多后，福利尔曼车队的剩余车辆驶入了昆明的招待所。当时已是深夜，人们从车上四散分开去寻找房间。他们身上脏兮兮的，衣服也破破烂烂，但能够活下来还是让他们感到高兴。第二天上午，福利尔曼去跟陈纳德打招呼，"老家伙"一副公事公办的样子，询问起卡车的状况以及他们带来的物资详情。福利尔曼的别克现在属于陈纳德了。[96]

对福利尔曼而言，这趟旅程让他备受煎熬，他感觉自己在经历了这一切后已变了一个人。他在美籍志愿大队最开始只是一名随军牧师，但他一直想要证明自己不止于此——证明自己是个行动派。他之所以不愿带领第一支车队，是因为他不认为自己能够胜任这个任务，但他成功完成了，而且对于带领手下回到安全地带，他感到很骄傲。他的逃离恰逢其时：3月8日，也即这支车队还行进在前往昆明的道路上时，仰光沦陷了。

*

陈纳德写道："缅甸南部的作战已经结束。"[97] 实际上，这

150　　是一场他从未亲眼见证的战斗。飞虎队在仰光战斗的那些漫长岁月里，陈纳德一直待在昆明。有很长一段时间，他都因为年年发作的支气管炎而卧床不起。他可以阅读电报，但这些战斗报告完全比不上亲眼见证战斗的进行。多年来，他一直身处这场战争的前线，但如今，他却相当于被放逐到了边陲。尽管陈纳德没有参与实战，但他仍对下属所取得的成就感到十分自豪。他在 1942 年 1 月写给路易斯安那州一个朋友的信中说："历史上没有任何其他一支部队在如此短的时间里取得如此多的胜利。"98

　　尽管陈纳德没有亲自与日军飞行员交火，但他仍在参与一场属于自己的战争——也就是与中美两国的官僚体系进行的斗争。有传言说，美籍志愿大队要被纳入美国陆军航空军（United States Army Air Forces，USAAF）①的编制，成为美国陆军在中缅印战场不断增加的军事存在的组成部分。99这个想法让陈纳德非常反感。他给身在重庆的宋美龄发了多封电报，警告此举会削弱美籍志愿大队保卫中国的能力。他称自己的部下宁愿离开，也不愿被纳入陆军的编制。他给白宫经济顾问劳克林·柯里（Lauchlin Currie）也发去了类似的警告。柯里从专注于新政相关计划的顾问摇身一变成了罗斯福总统中国政策的主要顾问，陈纳德开始仰赖柯里以确保美籍志愿大队得到白宫的持续支持。尽管陈纳德不想让美籍志愿大队被纳入美国陆军，但他还是在游说柯里给自己的部队送来更新款的陆军飞机。

　　自从陈纳德将近五年前抵达中国以来，他对这个国家的奉献精神已经与他对宋美龄的个人忠诚分不开了。在花了这么长的时间以她的名义参加战斗后，陈纳德已不打算穿上旧军服，

---

① 美国空军（U.S. Air Force）于 1947 年建立，此处的美国陆军航空军及前已述及的美国陆军航空勤务队和美国陆军航空兵团均系美国空军的前身。

从而在中国最需要的时刻抛弃这个国家。美籍志愿大队存在的意义就是保卫中国，而如今，这支部队将面临遏制日本侵略浪潮的挑战。从这个角度来说，缅甸的战斗本质上是在为即将到来的大战热身。

陈纳德是一个极富远见的人，他最大胆的梦想是要改变战争进程。他察觉到如果能得到一些额外的飞机，他们就能抓住进攻机会，击退日本人。多年来，他一直在宣传"防御性追击（Defensive Pursuit）"理论——即战斗机可以用来阻挠轰炸机——以反对所谓轰炸机总是能够突破防御的教条。不过，他始终对如何发动一场游击式的进攻行动保有兴趣。他将自己视为某种骑兵传统的继承人，即利用"突然袭击"来保持攻势。[100] 他想要利用这种屡试不爽的方式来发动突袭，并对其加以改进，以适应现代的空中作战。陈纳德认为，"普通的防御战术会让我们全军覆没"，他需要发动一场类似"空中猜杯骗术（aerial shell game）"[101] 的战争，好把美籍志愿大队转移到小规模的前沿基地中，进而在敌人最疏于防备的时候发起空袭。相比于在麦克斯韦尔机场时对"防御性追击"的研究，这种战术的重心或许已有所改变，但这不是一场在黑板和学术期刊上进行的学术辩论——这是实战，陈纳德正在学习如何去进行眼前的这场战争。

正如一名历史学家所说，这是一场"空中游击战（aerial guerilla warfare）"。[102]

陈纳德有机会得以向一名到访的记者解释这种进攻理论。1942 年 3 月，战地记者艾芙·居里（E`ve Curie）① 正在亚洲旅行，以采访各地的领袖，包括蒋介石与圣雄甘地等，她还专门在昆明稍作停留，与陈纳德见了一面。陈纳德办公室的墙上

151

---

① 法国科学家居里夫人的次女。

贴满了地图和表格，年轻的美国小伙子们都在忙着打字或者拿着文件往来穿行。陈纳德向艾芙·居里问好，并带她来到一幅巨大的地图前。他用一种"低沉而热情"的声音解释说："我们必须保持状态，不断从空中向日军发动袭击。"[103] 他指着地图上的多个地点说："有许多地方……我们可以在那里威胁到敌人漫长的补给线，在敌人最近取得一系列胜利后，这条补给线已经延伸到了一片广阔且危险的区域。"他谈及对印度支那、泰国和缅甸的一些目标发动袭击。他称自己需要更多的飞机来打击日军。艾芙·居里同陈纳德和美籍志愿大队的飞行员们只共处了一个小时，却对他们产生了独特的印象。在她眼中，陈纳德完全是来自另一个时代的人，一个"极富进攻精神的"斗士，他说的话听起来就像是"几个世纪以前的冒险航海家或大胆的海盗"会使用的语言。[104] 至于那些飞行员，她总结说，世界上任何地方都不会有另一群飞行员"比他们表现得更好、更勇敢，更不会用愈加危险的方式拿自己的生命来赌博"。

*

尽管有传言说美籍志愿大队可能会被纳入美国陆军航空军编制，但这支部队目前仍是中国空军的组成部分，受蒋氏夫妇的指挥。在前往参加一次战时会议的途中，这对夫妇造访了昆明，当地于 2 月 28 日举行了一场宴会，以欢迎他们的到来。飞行员们纷纷穿上了他们能够找到的最漂亮的制服。

蒋介石亲自对飞行员们发表讲话，并由一名中国军官为他翻译。[105] 他知道，这些飞行员之所以来到中国，至少有部分原因是丰厚的薪水，他还知道，已有多位飞行员牺牲。他想要向他们保证，他们的遗孀和子女不会被遗忘。那天晚上讲话的官方文稿反映了蒋介石的态度，他说道："我要向那些献出生

命的同志给予同等的表彰,对他们的家人和子女给予同等的照
顾。对此,我认为我应当负责。我相信基于这个理由,你们会
没有任何顾虑地履行你们的职责。"[106] 这也许会给美籍志愿大
队的飞行员们带来些许安慰,但战争进行到这个时候,金钱已
经不再是他们的首要动力了。他们看到了太多好友在战斗中牺
牲,因此已不信奉参加这场战争仅仅是为了酬劳。给他们的遗
孀写一张支票的确是一种让人欢迎的姿态,但他们更愿意活着
回到国内。有些人是出于对陈纳德的忠诚才参加战斗的,其他
人则是因为美国如今已经正式参战了,还有一些人略有勉强地
认为这是他们已经答应了的事,但与此同时,他们也已计划好
在一年服役期结束后就立刻回国。

蒋介石不想过于强调他们的损失。他在最后说:"当我们
取得胜利时,我希望能与你们一起在东京庆祝战争的胜利。"

随后,陈纳德起身向部下发表讲话,并介绍当天的主要演
讲者:蒋夫人宋美龄。他说道:"在历史上,我不知道有哪一
支部队有过像我们今晚这样的殊荣。无论我们在未来会得到多
少荣誉勋章,我敢肯定,我们都不会再得到今晚这样的荣耀。"
随后,他介绍了宋美龄。陈纳德的部下或许并不了解蒋夫人与
自己长官的长久友谊,也不了解她在组建美籍志愿大队过程中
发挥的作用,但陈纳德将她介绍为"航空大队的名誉司令官"。
这种称呼并不像其在日记里所写的"我的公主"那样显得有些
过分,但他肯定是在试图称颂蒋夫人。

宋美龄起身发表讲话。她用英语演讲,用她的南方口音称
呼她的听众为"我的小伙子们!"她承认这些年轻人正在作出
的牺牲,向他们保证"整个中华民族都会将你们铭记在心"。
她举杯祝酒,"为太平洋两岸的两个伟大的姊妹国家干杯。两
国如今有了友谊与同情的羁绊,这在战争的重要时刻对我们而
言很有益,当我们取得胜利时,也会同样有益"。

153

晚会包括歌曲与戏曲，但正如一名飞行员所说："我们不太能理解，因为全都是汉语。"[107] 那天晚上一直没什么问题出现，直到格雷格·博因顿不出意外变得醉醺醺的，以及另一名醉酒的飞行员来到了晚宴现场。[108] 他们跌跌撞撞地走向自己的座位，引起了一阵骚动，这让奥尔加·格林洛变得很不满，以至于她开始在桌子下方撕扯自己的围巾。

当蒋氏夫妇在当年 3 月的回程途中再次经过昆明时，博因顿被选为他们的 DC-3 飞机的护航员。护航飞行员本应完成一次特技飞行表演，然后与蒋介石乘坐的运输机伴飞 80 英里抵达沾益，随后蒋氏夫妇将继续前往重庆。当其中一架飞机因故障被迫退出后，博因顿接替了它的位置，担任护航行动指挥。正如他的传记作家布鲁斯·甘布勒（Bruce Gamble）所说，此时的博因顿"需要为中国最重要的两个人，以及五架 P-40 飞机负责。但他准备不足"。[109] 飞机的无线电发生了故障，他也不太熟悉航线，前方还有一阵强劲的季风。为了应对天气，DC-3 运输机改变了航线，博因顿也跟着作出了改变，没有意识到他们此时已偏离了指定航线。另一架 P-40 飞机的飞行员试图引起博因顿的注意，发出信号表示他们应该返航，但他却继续保持着改变后的航向。

最终，当他与 DC-3 运输机分道扬镳时，其他美国飞行员还试图引导他向西飞行，但他却带领他们走上了向南的航线，这使得其他人别无选择只能跟随。其中一名飞行员解释说："有一条基本原则，那就是你不能离开自己的领队，你要跟紧他，不论对错。"[110] 待到博因顿意识到编队已偏离航线时，他们已经无可挽回地迷路了，而且油量也已告急。在陌生的山区中，博因顿看不到任何能够紧急迫降的开阔地带，除了山顶上的一小片土地，后来，他们发现那里是一片墓地。这可不是什么好兆头，但博因顿没有其余的选择。这将是一次硬着陆。

飞机重重地砸在地上，并在泥土上滑行。当飞机在一些墓碑前停下时，机翼早已被撞断。在所有的 P-40 飞机降落后，飞行员们奇迹般地毫发无伤，但他们的飞机已经有了不同程度的损伤，基本上已无法挽救了。博因顿利用一台没有损坏的无线电汇报了他们的状况。哈维·格林洛收到了消息，并讥讽且愤怒地回答说："很高兴听到你们的消息。我们已经安排你们入住大酒店的蜜月套房了，该死的，你们可别再回来了。"[111]

当地村民开始围在这群飞行员周围。其中一个村民说的英语足以解释清楚他们仍在中国境内，但距离被日军占领的印度支那边境不远。他们被带到了文山村，当地村长招待他们吃了晚餐，还请他们喝了一杯又一杯的米酒。鉴于他们刚刚在非战斗任务中损失了好几架 P-40 飞机，飞行员们感觉这种喜庆气氛有些古怪，但他们还是喝了酒。第二天，一个明显的问题迫在眉睫：他们如何才能离开这个偏远的地方？博因顿外出徒步勘察了这片区域，发现了一些曾被用作瞭望台的古代石塔。[112]他爬上了其中的一座，想要勘察整片地区，但无论向哪个方向望去，目之所及都只有绵延不绝的群山。

他必须想一个办法。与另一名在稍远地点迫降的护航飞行员会合后，这些飞行员被用卡车带到了另一座小村庄。一名飞行员回忆说，博因顿觉得司机在崎岖的道路上开得太快，于是拽了拽他的胳膊，要求让一个美国人来开车，但其他人设法让他冷静了下来。[113]在第二个村庄，他们设法登上了一列一周只有几趟的火车。那趟列车的火车头太过老旧，以致乘客们不得不偶尔下车推着火车前行，不过他们最终还是在两天后的 3 月 9 日返回了昆明。[114]

陈纳德对于飞机的损失感到怒不可遏——他正专注于想要获得更多的 P-40 飞机，承担不起像这样的损失。他坚持要求对那些飞机进行检查，以确定是否有哪一架能够被修好。这个

155

工作落到了来自底特律的地勤组长弗兰克·罗森斯基身上，他被派往迫降地点，尝试维修损坏的飞机。罗森斯基带着另一名机械师与一个翻译往一辆卡车上装了些工具和一篮子雪莉酒，然后把卡车开上了一节平板货车。等到他们已经无法通过铁路再向前行进后，卡车便派上了用场，他们驾车完成了最后几英里，来到了山顶，最终于3月11日抵达了那片墓园。罗森斯基认为这里的地形太过崎岖，"这些飞行员能够活下来简直是奇迹"。[115] 他可以看出有两架飞机已经损坏得无法修理了，不过他立刻开始修理另外两架迫降在山顶的飞机。

弗兰克·罗森斯基从小就在底特律搜寻煤炭，像他这样的地勤组长对于自己的工作感到非常自豪，尽管这份工作很少受到媒体的关注。正如一名飞行员所说，这些"微不足道的维修奇迹"正是令飞虎队能够保持飞行的关键。[116] 飞行员们对于地勤人员吃力不讨好的工作非常感激。鲍勃·尼尔曾说："留一些话来赞扬我们的地勤人员吧。他们在报纸上从未得到过夸赞，还要躲避飞机的扫射和轰炸等，而且总是没日没夜的工作，好让我们的飞机能够起飞。"[117]

这一次他们又做到了。他们"用备件更换了螺旋桨，尽可能修好了起落架"，不过罗森斯基对于飞机能否起飞仍然持有疑虑。[118] 当地村民帮忙修好了一条横穿墓园的起飞跑道，跑道的尽头就是悬崖峭壁。罗森斯基进行了一番评估和计算，认为如果能够剥除P-40飞机的所有额外重量，那么跑道的长度刚好够用。于是他们开始了工作，将装甲护板以及任何在飞机上找到的非必需品全部拆掉。回到村庄尝试驾驶飞机的恰好是博因顿本人，他在3月16日爬进驾驶舱，向前推动操纵杆，驾驶飞机在临时跑道上加速。在临近终点时，飞机似乎从边缘掉了下去，下坠了50英尺，但在飞机坠到地面之前，博因顿驾驶飞机成功飞起，并一直飞回了昆明。[119] 后来，他又回来驾驶第二架修好的飞机，当这件苦差事结束时，罗森斯基与博因顿一起用米酒庆祝了他们的成功。[120] 在美籍志愿大队的指挥部看来，拯救两架飞机并没能让博因顿弥补多少过失，哈维·格林洛还是给他吃了一段苦日子。博因顿不是那种愿意为错误负责的人，他过于张扬的性格也让他与美籍志愿大队的其他成员关系紧张。情况已愈发明了，他在这支部队中的日子已经不多了。

第 12 章　空中游击

在 3 月 7 日仰光陷落后，美籍志愿大队来到一个荒无人烟的小机场进行他们在缅甸的最后抵抗，这座机场位于一个名叫马圭的小镇附近，在仰光以北约 300 英里处。英国王家空军在那里建成了一座小型基地，但那不过是泥土地上的几个机库和几架飞机而已。第一中队的飞行员在 3 月初来到这座岗哨值守，后来被第三中队的一群人替换。[1] 第三中队的飞行员比尔·里德于 3 月 14 日抵达后，立马就觉得自己不会喜欢这个新的驻扎地点。他在日记中写道："迄今为止，这里除了侦察工作外没有任何事情发生。马圭又热又脏——生活设施相当简陋。"[2] 更糟糕的是，他们看起来不会在这个偏远的哨所里有任何战斗的机会。"今天负责警戒……今天有一次巡逻命令，但没有事情发生。"[3] 在等待日本人出现之际，他喜欢吃当地出产的西瓜，并且"又晒黑了，读书的机会也很多。大多数时间都用来阅读、睡觉或者玩'红狗扑克（Acey-Deucey）'等"。但里德不是那种满足于整天看书玩牌的人。他写道："作战行动似乎会让日子过得更快些，所以很让人期待。"[4]

等待让他感到十分沮丧，于是他提议开展一次深入缅甸内部的侦察行动，好对日军实力进行评估。这一行动得到了批准，并说服了肯·耶恩斯泰特与他同行。24 岁的耶恩斯泰特在俄勒冈州扬希尔（Yamhill）的一个农场长大，他喜欢在农场上用 22 口径的步枪射击囊鼠。在报名成为海军陆战队航空兵之前，他一直生活在俄勒冈州。在听说这个位于中国的秘密任务后，他与里德一样，系主动报名参加，十分渴望这种冒险经历。这两位飞行员已经成了挚友。他们在东吁集训期间经常一起打垒球，在昆明时也常一同用餐，还在 12 月仰光上空爆发的早期空战中并肩作战。但这次将是一个他们从未遇过的挑战——只有他们俩孤身深入敌军控制区。

这次侦察任务的第一站东吁，他们要进行夜间修整。在 3 月 17 日抵达东吁后，他们俩绕着已经熟知的地方走了一圈。如果他们以为会看到一些与战前时光相似的陈设的话，他们就要失望了。这座小镇遭到了日军的轰炸，正如里德在日记里所写，已经被"彻底摧毁"了。田地里堆叠的大量尸体看起来尤为可怕。[5] 那天夜里，他们回到了旧兵营，并重新检查了一遍侦察计划。他们或许还讨论了一些更具野心的计划，因为他们的 30 口径和 50 口径机枪拥有充足的弹药。他们甚至设法在 P-40 飞机的照明弹降落伞上绑了几枚简易炸弹——这预示着他们打算做的不仅仅是看一眼日军而已。

1942 年 3 月 18 日，两名飞行员在破晓前醒来，为各自的 P-40 飞机作好准备。在他们准备离开时，天还是黑的，唯一的光亮来自于跑道尽头天边的北极星。肯·耶恩斯泰特回忆说："我紧紧盯着北极星，在达到起飞速度后，我就驾机起飞了。"[6] 两人爬升到 20000 英尺高，进而沿着马达班湾飞行。他们遇到了一阵强风暴，不得不下降到 7000 英尺高。在距离目标毛淡棉航空站（Moulmein Aerodrome）约 23 英里时，他们看到了一条可以引导自己去往机场的铁路线。在接近目标之际，他们又看到了一个预料之外的事物——一条停靠着约 30 架日军飞机的跑道。

如果说他们原本只是想执行一项侦察任务的话，那么此时原本的计划已经被抛到了一边。这是一个令人无法抗拒的目标，于是两架飞机俯冲下去，开始扫射机场。在前几次扫射中，里德原本只是分散地射击，但随后，他找到了一架值得集中注意力的敌机。后来，他在战斗报告中写道："我看到我的炮火击中了目标，飞机残骸炸得四散，座舱罩已被打烂。"[7] 两名飞行员各自进行了六次俯冲扫射，在离开时，他们看到跑道上燃起了五片火海。让他们感到惊讶的是，日军似乎没有组织起任何抵抗。里德在日记中写道："这完全是一场突袭，据我所见，地面上甚至连一点还击都没有。"[8]

受到这一成功的鼓舞，他们决定向几英里外位于毛淡棉的主要空军基地发动袭击。他们在那里发现了更多整齐停靠的敌机。耶恩斯泰特发动俯冲，并且"将我的火力集中于一架正在预热的战斗机，它立刻就变成了一团火焰"。[9]他瞄准机库投了一枚装在照明弹盒里的炸弹。炸弹虽没有命中目标，却"命中了一架停靠在机库门口的97式重型轰炸机。飞机很快就燃起大火"。里德俯冲下去，"所有机枪一同开火，瞄准机场上停得满满当当的重型轰炸机。不过，这一次我们遇到了相当密集的防空炮火，在我拉起飞机进行转向，准备发动另一次俯冲时，我看到［耶恩斯泰特］从机场上空横穿而过，防空炮火产生的烟幕在它身旁渐次绽放"。[10]尽管担心"防空炮火非常密集，而且距离太近"，但里德还是发动了最后一次进攻。他在战斗报告中写道："在最后一次横穿机场的俯冲中，我只有一挺［50口径机枪］和［两挺30口径机枪］还在射击，但我成功地让一架看起来像是98式战斗机的敌机燃起大火。"[11]

看到日军战机正准备起飞，在弹药几乎耗尽的情况下，两位美国飞行员拉起飞机，准备沿着来时的航线返航。里德在日记中写道："在回程中，我又扫射了一艘船、一辆日军指挥车，以及几辆货车。"[12]他还朝一个大院丢了一枚炸弹。他们随后于东吁降落，并在一些中国士兵的帮助下重新加油，然后回到了马圭机场。

里德补充写道："今天的工作令人满意，所以［我们］剩下的时间都休息了。"他们检查了一下飞机，发现每架上都只有一个弹孔。耶恩斯泰特在自己的报告中写道："很难估计我们对日军飞机造成的破坏，但我感觉破坏应该很严重。"[13]他们最终被认定摧毁了 15 架停靠在地面的日军飞机，其中的许多架当时都藏在伪装网下：7 架由耶恩斯泰特摧毁，8 架由里德摧毁。这次临时起意的突袭对美籍志愿大队而言是一次巨大的成功，陈纳德如果知道他的飞行员主动发起进攻的话，一定会非常骄傲。

在艾奥瓦州，《得梅因纪事报》(*Des Moines Register*)用头版巨幅标题称赞了这次空袭：《艾奥瓦小伙摧毁日军飞机》(*Iowan Rags Jap Planes*)。[14]一名美联社记者找到了里德的母亲，请她谈谈自己的儿子。这位母亲简洁明了地说道："这么说吧，我们为他感到骄傲。"[15]《时代周刊》描述了"飞行员肯尼斯·耶恩斯泰特与威廉·里德如何从缅甸上空的云层中突然冲出"，留下"一堆燃烧、爆炸的日军飞机"。文章还说："美籍志愿大队的飞行员们正在做的事情如果让一个电影导演来看的话，会被认为太过不可思议而被拒绝放进剧本中。"[16]

尽管里德成功打破了生活中挥之不去的单调氛围，不过，没过多久，他就在马圭恢复了过去的那种单调乏味的生活。3月 19 日，他在日记中写道："警戒时没什么可做的。机场上的沙尘暴让我想起电影里的沙漠场景。要是没有西瓜的话，这个地方根本不值得巡逻。"[17]不过，想到刚刚成功实施的突袭，他在一次虚假警报后对所在的基地作了番评估，并略带恐惧地说："但是这个机场上的飞机太多了，不太适合我。"

正如他所担心的一样，在 3 月 11 日享用午饭时，里德听到了飞机靠近的明显轰鸣声。他跑到一道战壕中躲避，不过肯·耶恩斯泰特却跑向了他的 P-40 飞机，并驾机升空，"有如一只受惊的野兔飞了好几英里，确保已没有人在我的身后"。[18]

里德从战壕里向外望去，看到日军轰炸机向他们的备用机场发动袭击，"把它炸翻了天"。[19]当空袭似乎结束时，他从战壕里爬了出来，对受损状况作了评估，却看到又有一波敌机正在靠近。《时代周刊》后来报道说："我们不停地奔跑，直到听到炸弹落地的声响，然后纷纷卧倒。炸弹碎片造成一名飞行员和两名机械师负伤，他们当时躲在跑道旁的壕沟里。美籍志愿大队的一名医生把负伤飞行员拽上了一辆吉普车，然后开车穿越机场前往一所医院，日军的子弹一路尾随着他，地上溅起的沙尘就像是从他的排气管里排出的烟雾似的。"[20]

与此同时，耶恩斯泰特在日军轰炸机返航途中一直紧紧跟随，尽管他只有一架 P-40 飞机，却在追赶一整个编队的敌军，但他回忆说，自己"还是进行了小规模作战"，并且在"试图接近击落敌人时"，座舱罩反被击碎。[21] 他忘了戴上护目镜，因此一时间有如瞎了一般。但他很快就集中注意力，并迎着强风睁开双眼，安全降落。

攻击结束了，但空袭造成的伤亡让基地陷入混乱。来自宾夕法尼亚州红狮（Red Lion）的机械师约翰·福特（John Fauth）身受重伤，于当天夜里伤重不治。[22] 飞行员弗兰克·斯沃茨（Frank Swartz）及地勤人员比尔·塞佩尔（Bill Seiple）被用飞机运到了印度的一家医院接受治疗。对美籍志愿大队的飞行员而言，很明显，他们得撤退了。他们在 3 月 23 日撤退到中央飞机制造厂位于雷允的一个工厂，那里位于中缅边境的中国一侧。[23]

*

美籍志愿大队想要复仇。第一中队队长鲍勃·尼尔说："我们要让他们付出代价。"[24] 陈纳德也是同样的想法，他在愤怒的同时还伴随着内疚。美国人怀疑敌军飞机是从清迈起飞的，那是一个位于泰国境内的重要基地，陈纳德认为自己该为没有对那里进行足够的侦察而负责。[25] 如今，他不仅想要侦察那座基地，还想要在清晨对它发动突袭。

随着人数逐渐减少，这几个中队开始混合编队，因此，该计划将由来自尼尔的第一中队和纽柯克的第二中队的飞行员共同参加。"特克斯"希尔或许是考虑到纽柯克已然成家，于是自告奋勇地提出担任这次突袭行动的指挥官。希尔不会忘记那次谈话。纽柯克说："不，特克斯。必须由我来做这件事。否则其他人或许会觉得我是个懦夫，你知道的。"26 他已经在一次次战斗中证明了自己，但他或许仍有些担心自己在第一次面对敌军时所蒙受的耻辱。碰巧的是，3月22日，一篇整版专题出现在《阿尔伯克基日报》（*Albuquerque Journal*）等报纸上，将简·纽柯克描述为美国众多"在家等候的妻子"之一。专题中写道，她"满怀期待地等待着战云散去后团聚以及幸福之日"能够再次到来。在此之前，她一直在洛杉矶的红十字会担任志愿者，试图通过阅读报纸、聆听电台以及制作毛毯来让自己忙碌起来。她在连衣裙上佩戴了机翼形状的别针，以提醒别人自己丈夫只是离家未归；她还不断浏览报纸，寻找任何提到"斯卡斯戴尔·杰克"的报道。专题中提到，简非常喜欢参加舞会，但她一直在忍耐，要等到丈夫回来后，"再把这些分别的岁月全都补回来"。27

3月22日，在世界的另一头，包括纽柯克、博因顿和邦德在内的10名飞行员从昆明起飞。他们在中缅边境线上的雷允降落，并在属于中央飞机制造厂的一栋楼里过夜。他们很高兴地发现，这栋装饰豪华的楼里竟然还有一个可容他们休憩放松的俱乐部。邦德在一张舒适的椅子上坐下来，透过三扇窗子看着"远处的山景"。28 第二天上午，他们早早醒来，发现一些从马圭撤退回来的幸存者也加入了队伍。邦德在日记中写道："所有地勤人员和飞行员都受到了轰炸的深刻影响。轰炸的恐惧已深深地烙印在他们的脑海中。我能理解。"如今，美

162

国人将试图实施一次报复性的空袭行动。

3月23日，美国飞行员飞到了一座英国王家空军的小型基地，那里贴近泰国边境，位于缅甸南桑附近。他们将在这座基地里过夜，并最后一次复查行动计划。在第二天破晓前，他们将分成两组起飞。第一组将由鲍勃·尼尔带领，由6架飞机组成，随后，纽柯克将带领他的4架飞机起飞。所有10架飞机将在10000英尺上空会合，然后组成一个编队，飞入泰国境内。随后，他们将分散队形，尼尔的第一组负责对清迈机场发动进攻，纽柯克的第二组负责对位于附近南奔的军用机场发动突袭。突然性是他们成功以及生存的关键所在。一旦日军收到袭击警报，就会利用优势兵力击溃美国人。一名飞行员称其为"美籍志愿大队迄今为止开展的最危险的行动"，就算他们没有被地面炮火或者紧急起飞的日军战机击落，这些飞行员也仍然"身处敌区，如果你不得不迫降的话，即使日本人打不死你，丛林也会要了你的命"。[29]

那天晚上，他们把卡车和灯笼布置在跑道两侧，以引导飞机在黎明前起飞。他们在英国王家空军的兵营里吃了晚餐，然后准备睡觉。一名英国王家空军军官警告说，他们可以用基地里的水洗澡，但不要用来刷牙。博因顿回忆说，纽柯克对这个建议不屑一顾，说道："明天过后，我觉得不会有什么影响。"[30]

*

163　　"好了，你们这些卷头发的家伙，到时间了。"[31]一名英国王家空军军官于3月24日凌晨走进飞行员们的房间时喊道。他们在黑暗中穿上衣服，迅速吃完早餐，然后在起飞线上集合，互相开玩笑以振奋精神。一辆停在草皮跑道尽头的卡车打开了头灯，好让飞机可以朝着灯光的方向加速起飞。他们在凌晨 5 点 25 分前后开始为战斗机预热，随后，尼尔于 5 点 49 分第一个起飞，邦德紧随其后。

邦德的飞机安全升空，但由于他"什么也看不见"，因此只能按照收到的指令飞行。后来，他终于看到了鲍勃·尼尔飞机上的导航灯，于是开始跟随它，心里还在思忖"其他人到底为什么要在机场上空 10000 英尺处会合"。他的担心是有道理的，因为尽管尼尔的第一组成功集合，纽柯克的第二组却没能出现在会合点。等了 20 分钟后，尼尔决定不管他们，继续行动。他们不敢在失去夜色伪装的情况下执行这一任务。尼尔将第一组分成两小组，各自组成 V 形编队，然后转向 150 度飞行。博因顿后来回忆说："我们下方的丛林有些什么呼啸而过，以及我们与山峰之间究竟有些什么，都只存在于我的想象中。"[32] "清晨的浓雾遮掩了一切有可能起到帮助作用的地标"，[33] 但在他们飞越萨尔温江（Salween River，即怒江流入缅甸后的名称）之际，邦德能够判断出他们距目标已经不远了。他之前曾在这里执行过一次侦察任务，希望记忆能够为自己提供引导。他认出了左侧的一座山，因而知道那座机场就在附近，但尼尔似乎没有朝着目标调转航向。邦德无法打破无线电静默，只好飞到了尼尔的旁边，不断摇摆机翼发出信号，告知对方自己知道他们所在的方位，以及自己将在最后阶段接管指挥权。他们已经在空中飞了一个多小时。

邦德驾驶他的 P-40 飞机"渐渐下降"，不过他也不知道在下方的黑暗里会碰到什么。[34] 在距离地面稍近些后，他终于看到了一些像是"方形"的东西。他继续降低高度，看到了几栋看起来像是机库的建筑，还在地面上看到了一些小点，那些肯定是日军飞机。在他下降到 1000 英尺的高度后，他朝着夜空发射了一连串子弹——这是在向身后的 P-40 飞机发出信号，告诉他们目标已被找到。另外三架 P-40 飞机与他一道俯冲下来向机场发动突袭，与此同时，埃德·雷克托以及威廉·麦加里（William McGarry）则留在上方提供空中掩护。

邦德后来回忆说："当时情况已经明了：我们逮到了日军毫无准备的时候，他们没有得到任何预警。"[35] 他第一次从机场上空飞过时扫射了一排战斗机。那些飞机停靠得非常紧凑，机翼差不多都要叠在一起了。他回忆说："天啊，我已经好多年没看到这么多飞机了。感觉就像是整个日本空军都试图挤在这个小机场里。我不可能打偏的。"他又发动了一次进攻，并看到大火烧了起来。他飞得很低，足以看到地面上的细节：许多人在奔跑，螺旋桨开始旋转。在他转向时，曳光弹已从驾驶舱旁嗖嗖飞过，空中的一团团黑烟预示着日军士兵已经爬上了高射炮。他扫视了一眼天空，试图寻找敌机的踪迹，但没有看到。现在，整个基地的防御系统均已启动，他又发动了一次进攻，原以为这是最后一轮了，但这次瞄准得不好，于是他又发动了一轮进攻。在返回试图再次扫射时，他看到了一架巨型飞机，"在其他飞机的簇拥下显得鹤立鸡群；或许那是一架侦察机"。他选择那架飞机作为最终目标扣动了扳机，亲眼看着它"似乎摇晃着变成了碎片"。他曾考虑回去再进攻一轮，但最终还是打消了这个念头："算了，不再碰运气了。"

查理·邦德后来写道："在绕过一座山的西南角时，我回头看了一眼，心里感到很高兴。太令人满足了！"这次袭击仅仅持续了七八分钟。

邦德与另外一名完成突袭的飞行员威廉·巴特林（William Bartling）以及雷克托和麦加里会合。这四架飞机踏上了返回缅甸的旅程。他们制订好了计划，在南桑加油，然后希望能在一个更远的机场与纽柯克的第二组会合，届时，他们将一同回到雷允。邦德已经等不及给人在昆明的陈纳德传信，告诉他们完成了一次成功的打击。"这是一个完全按照陈纳德的计划开展的行动。他该有多骄傲啊。该死的，我都很骄傲。"

回程途中，邦德发现其中一架 P-40 飞机掉队了，高度有所降低，机翼还在不断摇晃，似乎是在暗示需要帮助。那架飞机是麦加里的。他没有参与突袭，但一定是在上空盘旋时被一枚高射炮弹击中了。由于飞机在不断下降，麦加里拉开了座舱罩。一股浓烟从他的飞机里冒出。[36] 很明显，这架 P-40 飞机已经无法坚持下去了，不过邦德知道，对麦加里来说，在缅甸上空跳伞比落入下方受日军控制的泰国丛林里要安全得多，于是他试图引导麦加里飞向萨尔温江，那里就是边界。萨尔温江就在前方，但看起来麦加里的飞机似乎下降得太快了，这一目标已无法实现。

麦加里最后把飞机翻了过来，在大约 1000 英尺高跳伞，而其他人则在上空盘旋着看着这一幕。他落在了一片高原上，距离自己的飞机坠毁起火的地方不远。他站起身后，向上空的 P-40 飞机挥了挥手，但战友们此时根本无法帮到他。邦德将他认为的坠机地在地图上圈了起来，并记录下了坠机时间：上午 7 点 41 分。[37] 他从上方飞过，把地图给麦加里丢了下去，雷克托则丢了一根糖棒。除麦加里外的三名飞行员接下来成功回到了南桑，并在那里找到了已经安全返航的博因顿和尼尔。

麦加里因为自己乐天派的性格而被大伙昵称为"快乐幸运儿（Happy-Go-Lucky）"，还因为长着一头浓密的头发而被称作"黑麦克（Black Mac）"。[38] 在参军前，他曾是洛杉矶洛约拉大学（Loyola University）的一名艺术生，并在美籍志愿大队展现了自己的艺术天赋，协助设计了他们的标志。南桑的英国王家空军飞行员向美国人保证，他们会竭尽全力协助对麦加里的搜救。麦加里当时距离边境线只有 25～30 英里，他是有希望自行摆脱困境的。但鉴于"丛林地形崎岖"，邦德对于麦加里的生还希望表示怀疑，"我始终无法把麦克抛诸脑后"。[39]

邦德与其他人随后飞到了另一个他们原计划与"杰克"纽柯克的第二组会合的机场。但是第二组再一次没有出现，因此，他们便飞回了雷允。至少，在那里，他们可以一边等待一边舒服地躺在椅子上休息。

*

纽柯克的第二组那天早上在黑暗中迷失了航线，于是决定自行深入泰国腹地。他们试图找到清迈，也知道自己要找的机场离得不会太远，但似乎始终都找不到。过了一会儿，他们已经感到有些绝望了，以至于能看到的任何设施都开始被当成一个很好的袭击目标。

在他们偶然发现一座火车站后，他们注意到一处设施，飞行员罗伯特·基顿（Robert Keeton）将其描述为"一栋巨大的建筑，毫无疑问是座兵营"。[40]兵营旁有一片草地，似乎是一个小型机场。曾是科罗拉多学院（Colorado College）橄榄球运动员的基顿在向兵营发动突袭时发现有一排木质库房整齐地排列在铁轨旁，于是也向它们开火了。

在结束扫射时，他回望了一眼，看到机场上出现了"一团巨大的火球"。[41]这团火焰向后延伸了150码，看起来似乎是队友点燃了某个"油库或油罐"。基顿拉起飞机，找到了本组另外三架P-40飞机中的两架。他们继续向前飞，最终找到了清迈机场，并且发现有充足的证据显示战友们已他们先一步来过这里了。机场上燃起的火焰让基顿数不过来，防空炮火不停地在飞机"四周爆炸"，于是基顿带领另外两架P-40飞机返航。他扫视了一眼天空，试图寻找第四架飞机，但哪里都看不到。上午8点35分，他们抵达了缅甸海霍机场进行燃油补给。

　　基顿走出驾驶舱与另外两名飞行员交谈，获悉他们为什么会少了一架飞机："杰克"纽柯克坠毁了。基顿在兵营附近看到的那团火焰，他原以为是燃烧的汽油或者燃料，但实际上是纽柯克的 P-40 飞机在地面上滑行时燃起的火焰。曾与纽柯克并肩飞行的弗兰克·劳勒（Frank Lawlor）在战斗报告中描述了事情的经过："在刚刚离开兵营所在区域后，中队长纽柯克就沿着道路飞向 ［清迈］。他向下俯冲发动突袭，目标似乎是一辆装甲汽车，我看到他的飞机坠毁并燃烧。由于这时的能见度已大为改善，也没什么异常情况发生，因此很明显，纽柯克是被敌军炮火击中的，有可能炮火就是来自那辆装甲汽车。"42

　　数十年来，历史学家们一直无法确认纽柯克坠毁的原因究竟是什么。对泰国当地目击者的采访显示，所谓的"装甲汽车"实际上只是正在运米的牛车。43 最后时刻陪伴在纽柯克身旁的飞行员汉克·格塞尔布拉赫特（Hank Geselbracht）在自己对"装甲汽车"的描述中有些含糊其辞，或许是在默认他们并不确定射击的目标是什么。事实上，在用铅笔撰写的战斗报告中，他仅仅称它们为"车辆（vehicles）"，后来在报告被打出来时，文字才变成了"装甲汽车（armored cars）"。打字版战斗报告是这样写的："我认为我们射击的两辆车是装甲汽车。它们都带有棕色伪装，看起来矮而宽。"44 他也向它们开了火，并且以为摧毁了一辆，但在拉起飞机后却发现纽柯克不见了——这时他才意识到，那团"忽然闪现的火焰"是自己的队长。

　　加油完毕后，第二组剩下的三名成员继续起程，前往雷允同其他飞行员会合。一直到上午 10 点 45 分，他们才与战友们会合，并开始详细讨论上午的战斗过程。邦德听取了对纽柯克坠机过程的描述，但无法确定究竟是什么造成了坠机："我们不知道他是被击中后无法拉升，还是等待了太长时间而无法拉升。"45

167

　　谈话间，空袭警报突然响起。邦德在一道沟渠中隐蔽，其他飞行员则紧急跑向各自的飞机准备起飞以面对日军的报复性袭击，至少他们是这么以为的。但这又是一次虚假警报，于是他们及时返回，吃上了中央飞机制造厂的厨师为他们准备的午餐。另一名中央飞机制造厂的员工承担起了酒吧招待的角色，为飞行员们倒上了急需的饮品。邦德描述说，没过多久，这群人就开始在酒吧里"庆祝起了这一天的工作"。[46]

　　当天晚些时候，邦德又一次回到了日记的慰藉中。他详细叙述了那天的空袭行动，与他所填写的冗长战斗报告保持一致。在提到他们一边喝酒一边庆祝胜利时，他开始思考这是否一种正确的态度："令人惊讶的是一个人会多么快地忘却失去战友的痛苦，陶醉于这一天的成功。每个人都在欢笑、享受这一刻。然而杰克［纽柯克］却离我们而去，我们也不清楚［麦加里］的命运。这让我开始思考人类的本质……的确，这对美籍志愿大队和盟军来说是一次巨大的成功。但在当下，美籍志愿大队是否承担得起像'杰克'纽柯克和迈克·麦加里这样的成员以及两架 P-40 飞机的损失？我们需要思考。"[47]不过，老兵陈纳德没有这样的矛盾心理。他对空袭的成功感到振奋，并且感觉失去两名飞行员"相较获得的战术性成果是相当值得的"。[48]

＊

　　美国人对"斯卡斯戴尔·杰克"的死感到悲痛不已。全国各地的报纸都刊登了他的讣告，强调他纯粹美国式的成长经历。他被描述为一个从小就学会拉弓射箭的男孩，一名鹰级童子军，以及一个因想要为国效力而放弃了优渥生活的年轻人。几个月来，美国人读到了许多纽柯克的丰功伟绩，开始感觉与他产生了某种联系，就像他们的某个子侄或者邻居似的。《火奴鲁鲁广告报》（*Honolulu Advertiser*）刊登了一张整版广告，通过讲述他的遗物来售卖战争债券："他有许多值得为之而生的东西。问问他的父亲……问问他的遗孀。"[49]

他的家人也在为身为人子、人兄以及人夫的纽柯克哀悼。他的父亲路易斯（Louis）悲痛欲绝，面对记者时说不出一个字来。他前往曼哈顿中城的圣托马斯教堂（Saint Thomas Church）参加了一场儿子的纪念仪式。罗利夫·布鲁克斯牧师（Reverend Roelif Brooks）在肃穆的仪式上发表讲话："年轻人身上总是有一种勇气，他们会因为对受压迫者和受蹂躏者的同情而果断采取行动。这些奋勇前行的年轻人所取得的丰功伟绩或许比我们之中许多能够安享晚年的老者更伟大。当我们怀念这个英勇的年轻飞行员时，希望这个想法能给我们带来慰藉，他献出了自己的生命，好让其他人能够活下去。"[50]在这个国家的另一边，简·纽柯克还没能接受丈夫已经牺牲的现实。在听说这个消息时，她正在旧金山探望一位朋友。一名记者在机场找到了她，当时她正在等待一趟飞回洛杉矶的航班，记者表示，她"每次听到丈夫的名字被提及都会变得情绪崩溃"。[51]一名美联社摄影师抓拍到了这位在连衣裙上戴有机翼别针的新近丧偶的女士的照片。她回到了洛杉矶，却对未来充满迷茫："如今杰克已经不在了，我不知道该做些什么。"[52]最终，她决定离开加利福尼亚，回到位于密歇根州兰辛市（Lansing）的家乡，慢慢消解心中的哀伤。杰克曾承诺会在夏威夷办一场重逢派对，但如今简所拥有的只剩丈夫的信件，以及一张放在书桌相框里的照片。她还记得自己在旧金山港向丈夫挥手告别的那一刻。在纽柯克死后，简在谈及丈夫离开时这样说道："在他的船只起航时，我突然有了一种预感，那就是我再也见不到他了。"

169

*

在空袭清迈后的几天时间里，美籍志愿大队的小伙子们听到无线电波中一直在庆祝这次胜利。[53] 再加上经常有记者造访，这些飞行员开始对于自己在家乡引起的轰动有了些许概念。但他们之中仍然有人开始感到忧虑。他们签的合同是为中央飞机制造厂服务一年，然后就打算回家，而且他们得到保证，能够重新在军中谋得职位。许多人都打定主意要回到海军陆战队或者海军。但如今，他们却对未来感到飘忽不定。

3 月 26 日晚，陈纳德在昆明召集飞行员开了一次会。他与他们一起花了一个小时讨论正在传播的流言蜚语，并且发现大部分人都反对将这支部队纳入陆军编制的想法。飞行员们埋怨说，他们与中央飞机制造厂签的一年期合同被废除了，有些人嘟囔着想要立刻辞职。陈纳德向他们保证，如果他们不愿长期待下去，自己能够找到他们的替代者。就他而言，他已经决定穷尽毕生的努力来保卫中国，并打算无论如何都要留下来——即使这意味着不得不再次穿上陆军制服。

无论昆明的招待所相较正在缅甸肆虐的血腥战争有多么安全，都无法改变日军正逐渐逼近中缅边境的事实。美国陆军已经派了约瑟夫·史迪威中将（Lieutenant General Joseph Stilwell）前往中国与蒋介石合作。[54] 史迪威造访了昆明，并向陈纳德强调了将美籍志愿大队纳入美国陆军航空军编制的重要性。他以为已经得到了陈纳德的默许，但最终这反倒成了一个棘手的问题。

史迪威负责指挥位于缅甸的中国远征军，并受命阻止日军的攻势，不过他后来抱怨说，中国军队根本不听自己的命令。这个任务进行得并不顺利。历史学家芭芭拉·塔奇曼

（Barbara Tuchman）写道："持续不断的空袭将战事边缘不断向北推移，无数村庄被火焰吞噬，越来越多的难民阻塞了道路，牛车绵延不绝，热浪、饥渴和灰尘随处可见。"[55] 随着日军日益逼近，史迪威愈发沮丧于中国军队拒绝发动进攻。3 月 30 日，东吁沦陷。

同一天，《生活》杂志上刊登了一篇文章，题为《缅甸的飞虎队》（*Flying Tigers in Burma*）。乔治·罗杰两个月前拍摄的美籍志愿大队的照片被刊登出来。这篇文章有一种胜利的语调，指出："在为期三个月的灾难战争中出现了一缕希望……［美籍志愿大队］从日军航空队手中夺取了缅甸和中国东南地区的制空权。"[56] 这已经不是什么新闻了。飞虎队成功发动了多次空袭，但是到了 1942 年 3 月 30 日，他们已经撤退到了中国境内。他们将利用中央飞机制造厂位于雷允的俱乐部作为自己的新基地。

*

这个地方听起来有如神话一般。

在媒体报道中，这座位于雷允而且美国人在清迈空袭前后都待过的工厂被称作"波罗村（Pawleyville）"，以负责设计这座工厂的中央飞机制造厂经理威廉·波利的名字命名。波利的设计灵感似乎来自于亨利·福特在巴西建造的"福特兰蒂亚（Fordlandia）"。波罗村是一座建设在丛林深处的偏远基地，不过这里的奢华住所比你在美国大多数地方能够看到的都要多。公众对这些报道感到难以置信。《火奴鲁鲁广告报》介绍了一座"久负盛名却踪迹难寻的城市"。[57] 它是一座"神秘的工厂"，其具体位置是"一个严格保守的秘密"。[58] 1939 年，《时代周刊》描述它为"距离任何文明痕迹都有数英里远……

一个由 15 名美国专家及亲属和近 1000 名中国工人构成的社区，这些人居住在一个拥有电灯、自来水、平房和游乐场的现代化小镇上，镇上还有一座由美国耗资 400 万美元建成的中央飞机制造厂，这座工厂生产的战斗机将帮助中国取得胜利"。[59] 别的报道则讲述了波利的团队如何克服疟疾、鼠疫等疾病以及日军的空袭，顽强地建设并维护了这座工厂。[60] 波利的工厂最早设在杭州，来自美国的教官在那里负责训练中国飞行员，但在战争爆发后，整个工厂都被迁入这个偏远的基地。

1942 年 3 月末，美籍志愿大队的飞行员开始进驻中央飞机制造厂，他们对奢华的居住区惊叹不已，这比马圭的泥土机场要好太多了。比尔·里德在日记中写道："我当然欢迎在紧张战斗之后的休憩与放松。"[61] 他们可以打台球或者听黑胶唱片，放映电影的计划也制订好了。最棒的是，这里还有一个小伙子们口中的"老妈"。玛丽昂·戴维森（Marion Davidson）是一名厨师，她曾为参加清迈空袭的飞行员准备午餐，为他们烹制了厚牛排，还制作了水果沙拉这样的美食。她曾解释说："这些对于提振士气有好处。"[62] 当一名美国记者造访时，他说道，飞行员们看起来像是"温文尔雅的大学毕业生，得到了胖乎乎的宿舍女管理员的照顾"。小伙子们坐在一间挂有 8 英尺宽美国国旗的餐厅里，终于可以在享受丰盛晚餐的过程中暂时把战争抛到脑后了。

战斗以及战友的牺牲已经让这些飞行员变得心志坚定，但他们仍然还是一些喜欢找乐子的年轻人。4 月 1 日，他们举办了一场派对，正如 R. T. 史密斯在日记里所写："没有任何原因 + 每个人都很放松"。[63] 第二天晚上举行了一场婚礼。弗里德·霍奇斯（Fred Hodges）娶了一名在仰光结识的英缅混血女子。小伙子们不会错过任何一个享受疯狂夜晚的借口，于是婚礼结束后又举行了一场酒宴。格雷格·博因顿穿着睡衣参加了酒宴——他最近在一次驾机起飞时发生坠机，因此他解释说自己的膝盖还肿着，穿不了长裤。他不出预料地有些放松过头了，喝了"一肚子威士忌"。[64]庆祝活动一直持续到深夜，这时防空警报突然响起，人们纷纷跑到屋外寻找掩护。博因顿醉醺醺地在黑暗中蹒跚，最终从山坡上摔了下去。这又是一次虚假警报，但他脑袋上被划出了一道深深的口子，伤势十分严重，于是被送往昆明，在一所医院接受治疗。他一直都谈不上十分享受在美籍志愿大队的经历，但奥尔加·格林洛是个例外，在他回到昆明时，她正待在那里。奥尔加给他带了一包骆驼牌香烟，并一直陪伴着他。博因顿抱怨说，一直穿着原来的衣服感觉很脏，于是奥尔加给他带了一套哈维的丝质睡衣。身体逐渐康复后，他会去奥尔加那里喝茶并寻求安慰，他会谈论自己不断增加的不满情绪，以及他愈发确定自己在这支部队中的服役将很快走到终点。

*

美国飞行员仍然对日军有可能再次发动袭击感到忧心忡忡，对那些在马圭空袭中活下来的人而言，再次遭到袭击的念头让他们感到心惊胆战。他们宁愿在听到警报后寻找隐蔽或者紧急驾机起飞——无论遭遇多少次虚假警报都没关系——也不愿再次遭遇突然性空袭。比尔·里德在 4 月 2 日的日记中写道："现在，他们任何时候都可能来轰炸这个地方。"[65]不过，日军轰炸机一直没有出现。

4 月 5 日，恰逢复活节星期日，英国王家空军的一名随军牧师在晚餐后主持了一场祈祷。祈祷仪式的音乐伴奏不太专业，因为负责伴奏的是醉醺醺的飞行员，绰号"杜克"的罗伯特·P. 赫德曼（Robert P. "Duke" Hedman），他在弹奏钢琴

172

前喝了几杯苏格兰威士忌。[66] 里德心中充满了伤感："就目前情况而言这次祈祷已经很不错了，但我还是忍不住想起了家乡的复活节星期日祈祷。"[67] 祈祷结束后，小伙子们打台球一直到深夜。这个假期的一个好消息是，有八架英国王家空军的"飓风式（Hurricane）"战斗机降落在了中缅边境的缅甸一侧，这在战斗最终爆发的当下对既有部队是一次价值非凡的增援。[68] 4 月 7 日的强降雨让飞行员们略微放心，对那些执勤人员来说，这将是一个平静的日子。不出预料，那天没有任何关于敌机的报告。

里德原本计划第二天晚点起，但早上 9 点就被空袭警报吵醒了，不过这又是一次虚假警报，但毁了他的整个上午："我今天休息啊，该死的！"[69] 中午 12 点半前后，三架崭新的 P-40 飞机改进型作为增援出现在基地。它们甫一降落，空袭警报再次响起。里德在一座山的山顶上用望远镜扫视了遍天空，发现有一群敌机正在逼近。

由于他们在空袭警报响起后的反应时间很少，因此飞行员们驾驶着 P-40 飞机艰难地进行了爬升。[70] R.T. 史密斯担任指挥，他可以看出这场战斗将会是"可以想象得出的最艰苦的作战"。[71] 他让飞行员们散开，各自挑选目标，希望出现最好的结果。当日军飞机逼近并对停留在跑道上的飞机发动袭击时，美籍志愿大队的 P-40 飞机从上方突然俯冲下来向它们发起进攻。没过多久，飞行员们就可以看到他们的机场上升起浓烟，而敌军战斗机"正像苍蝇一样嗡嗡乱飞"。

26 岁的弗里茨·沃尔夫（Fritz Wolf）是那天下午驾机起飞的飞行员之一。尽管他在海外减掉了很多体重，但在卡罗尔学院（Carroll College）时，他可是校橄榄球队的全卫，还是全明星球员，差点去绿湾包装工队（Green Bay Packers）试训，不过他最终决定成为一名海军航空兵。沃尔夫结束俯冲时正好位于两架敌机的后方，于是立刻扣动扳机扫射。[72] 日军飞机没有被击落，但当他看到另外一架敌机正在翻滚时，他认定后者会是一个很好的目标。他毫不犹豫地开火，看着那架飞机被一排子弹击中，进而开始下落，它曾试图向上爬升，但最终还是坠毁在下方的田地里。

P-40 飞机似乎占据了优势。史密斯飞到一架刚刚完成扫射的敌机后方，手指一直按在扳机上直到那架飞机变成一团火焰坠到地面。[73] 天空中的日军飞机似乎要调头返航了。史密斯想要追击它们，但最终还是选择返回基地，他后来在日记中写道，那是"我有过的最刺激的经历"。[74] 沃尔夫在那天下午击落了 2 架飞机，而美籍志愿大队总共击落了约 10 架飞机。[75]

降落后，飞行员们被躲在壕沟里观看战斗的战友们的赞美声淹没了。其中一名战友说道，战斗"看起来有如一场电影，而且要更刺激"。[76] 里德在山上观看了整场战斗，然后整个下午都在机场附近走动，检查被击落的日军飞机。无论庆祝气氛有多么欢快，仍有一些飞行员在私下里对敌军的能力表示了担忧。那天早上在空中执行执勤任务的约翰·多诺万给家人写信说："日军能够承担得起 13 架飞机中损失 10 架，因为他们下一次总是能带着一群崭新的飞机再次来袭……你要相信，他们还会再来的。"[77] 他补充说："在他们发动突袭时，他们机翼上的红圈圈看起来特别的'大'。"

*

在这整个过程中，身处昆明的陈纳德一直在制订计划，让美国陆军为他们提供新的改进型 P-40 飞机。他想要得到 P-40E 飞机，这种飞机也被称作"小鹰式（Kittyhawk）"。[78] "小鹰式"相比他们的老式 P-40 "战斧式"飞机，在性能上将有很大的提升。"小鹰式"拥有六挺 50 口径机枪，相比"战斧式"装载的四挺 30 口径和两挺 50 口径机枪是一大提升。"小鹰式"还可以在机翼下方的机架上装载一系列小型炸弹，并在中线机架上装载一枚更大的炸弹。[79] 陈纳德与他的飞行员们花了好几个月时间试图在老式 P-40 飞机上装上临时机架，但均没有成功。

克莱尔·陈纳德对劳克林·柯里的游说终于收到了成效。这位白宫经济顾问设法腾出几架"小鹰式"飞机交给了美籍志愿大队。

这批飞机首先被用货轮运到阿克拉（Accra）①。[80] 接下来的问题变成了如何把它们从非洲西海岸运到中国——陈纳德将这个艰巨的"运输任务"交给了由乔治·麦克米兰率领的六名飞行员。他们在 2 月搭乘中国航空公司和泛美航空公司的运输机来到阿克拉，并将这次任务视为"一个难以置信的机会，可以看到这个世界的更多异域风情和神秘地点"，R. T. 史密斯这样回忆道。[81] 他们在阿克拉接收了崭新的 P-40E 飞机，其中一名飞行员 C. H. 劳克林（C. H. Laughlin）将其描述为"比我们一直驾驶的 B 型飞机要大一点"。这几架飞机有一些小幅改进——驾驶舱中的仪器布局更为合理，铁质瞄准环被替换成了红点镜。这就像是从经销商那里提车一样。他感觉，P-40E飞机就像是"崭新的别克轿车"。[82]

他们随后返回昆明，这趟旅程将带领他们跨越非洲、中东、印度以及中国的部分地区。R. T. 史密斯写道："基本相当于从新奥尔良飞到南极极点。"[83] 但他感觉墨菲定律（Murphy's Law）掌控了这趟旅程，因为所有事情都出了错。P-40E 飞机上的座舱比"战斧式"的要小，因此他们不得不把衣服塞进降

①　当时是英属黄金海岸的首府，现为加纳共和国首都。

落伞袋里。他们飞越了无边无际的沙漠，忍受了沙尘暴、引擎和轮胎故障的折磨。但尽管旅途疲惫，他们还是领略了沿途的美景。麦克米兰在苏丹骑了一头骆驼，在来到埃及后，他们又驾机飞越了金字塔。麦克米兰在日记中披露说，这趟旅途的高潮是在廾岁的宾馆里发现了美国的啤酒和香烟。[84]R. T.史密斯在那里买了一把德国产的鲁格尔手枪——"真是一把好枪"[85]——这把枪是一名英军士兵在北非作战时缴获的。他们随后继续踏上旅程，穿越了印度，最后在 3 月 22 日返回昆明，迎接他们的是英雄般的礼遇。对于正处在密集作战阶段的美籍志愿大队来说，他们是及时雨般的增援。R. T. 史密斯写道，他们都知道"新飞机能够增加很多大家急需的火力"。[86]尽管每个人都想知道他们旅途中的故事，但这些执行运输任务的飞行员在返回后已筋疲力尽。这是"那种你即使拿 100 万美元我也不愿交换的经历，但即使你再给我 100 万美元，我也不会再干一次了"。[87]

　　陈纳德已经派了另外一组六名飞行员去接收更多的 P-40E 飞机。他认为"小鹰式"飞机可以用来"更有效地对敌军发动攻击"。[88]雷允需要增援，因此他在 4 月 8 日把三架"小鹰式"飞机派去了前线，而它们刚刚赶到就遭遇空袭，其中一架在地面上被摧毁，另外一架受损。[89]4 月 9 日，"特克斯"希尔、约翰·佩塔齐以及另外七名美籍志愿大队的飞行员从昆明出发，为雷允带来更多飞机，将飞机总数增加到约 20 架。

　　战争再一次迫使佩塔齐与妻子分开。他与埃玛·福斯特吻别，心中对于自己能否归来没有任何信心。埃玛知道飞行员会在战斗中遭遇什么。她曾经亲历过那种场面。她回忆说："那场战斗是你死我活的较量。如果我之前在电影里看到的话，是不会相信的，但我亲眼见到他们出发时还是少年，但归来时已经有了不同的面孔，成了男人。"[90]

175

*

　　同一天，一架中国航空公司的运输机带着陈纳德来到雷允。他自从 12 月 20 日昆明上空爆发空战以来就没有亲历过实战了，他的到来一定在官兵之中引发了一些流言蜚语，人们纷纷揣测他出现在前线的原因。飞行员们不知道的是，他带来了一个最终将终结美籍志愿大队的秘密。他一直面临着持续不断的压力，要求将美籍志愿大队纳入美国陆军航空军的编制。他不是那种容易屈从权威的人——这也是他在陆军服役期间一直紧张关系不断的原因——他也一直积极地捍卫美籍志愿大队的独立性。但在 4 月初，他与史迪威一起去重庆参加了一系列会议。美国外交官、国务院最早的"中国通"之一约翰·戴维斯（John Davies）向陈纳德保证说，他的工作得到了肯定，但他如果想要获得更多飞机的话，将不得不进行合作，即加入陆军航空军。[91] 不可否认，美籍志愿大队成效卓著，但美国陆军，尤其是史迪威，想要掌控这支部队。陈纳德已经下定决心要继续战斗，如果改换制服就能带来更多飞机的话，他觉得是值得的。这一计划得到了中美两国领导层的批准，正如史迪威在日记里所写的那样，他对于"了结这个该死的美籍志愿大队"感到很高兴。[92]

　　陈纳德的正式入役仪式在他抵达雷允的当天举行。尽管他一直被人称作"上校"，但这仅是一个荣誉头衔，最初由路易斯安那州州长授予。[93] 如今，他被授衔为一名真正的美国陆军上校。不久后，他将被擢升为准将，但这个任命被刻意安排在克莱顿·比斯尔（Clayton Bissell）晋升军衔的第二天——比斯尔是陈纳德在麦克斯韦尔机场服役时的死对头，当时正在为史迪威工作——这一做法确保了比斯尔从严格意义上讲是中缅印战区最资深的航空部队军官。这种羞辱令人如鲠在喉，但陈纳德已孤注一掷，而且他自己也已经是一名将军了，因此他接受了这一安排。未来的计划是由美籍志愿大队专注于为缅甸境内受史迪威指挥的中国军队提供作战支援——新到来的"小鹰式"飞机正适合这类任务。

但如今，陈纳德不得不把这条消息告诉小伙子们，并向他们解释面临的选择：他们可以选择留在军中，或者选择在正式入役的日期到来后返回美国——这个日子被定在了7月4日。[94]

4月10日上午，日军用一次突袭对造访前线的陈纳德表示欢迎。停靠在跑道上的20架飞机在这次空袭令中有近半数受损，后来它们被拖到中央飞机制造厂进行修理。正如约翰·佩塔齐在日记中所写的，这次袭击令他们"虽然没有受伤，但感受到了非常大的恐惧"。[95]

随后，4月11日星期六，小伙子们于晚间聚集在俱乐部里，聆听"老家伙"发表演讲。对许多飞行员而言，陈纳德在他们服役于美籍志愿大队期间一直是一个身居幕后的角色，一个他们几个月都见不到一次的家伙。但他们仍然很清楚他是他们的大老板。陈纳德宣布说，美籍志愿大队将成为美国陆军航空军的一个战斗机中队。他们可以申请加入陆军，但不一定能确保他们入役——届时将组建一个入役委员会，以评估应授予他们何种委任。他们对这一消息作出的反应几乎是全体一致的，即将在不到三个月后的独立日当天起程回家。

作为这场战争的第一批作战人员，他们感觉已经赢得了回家探望亲人、享受舒适生活的资格。参与了4月8日战斗的约翰·多诺万在写给父母的信中说："我承认有些孤独和想家。要是能开车驶在宽阔的美国大街上，看着两旁现代的店铺和住宅，该有多好啊！"[96]他们已经筋疲力尽了。正如R.T.史密斯所说，月复一月的战斗"让他们付出了代价，憔悴的脸庞能够明显看到精神压力的痕迹，很多人的体重都减了许多磅”。[97]
他们已经准备好回家了。

无论这些飞行员对陈纳德有多么忠诚，这种忠诚都是有限度的。对于这些一开始就作为独立部队参战的飞行员们来说，成为另一支战斗机中队的一部分似乎并不适合他们。尽管他们十分崇敬陈纳德，却不像他那么深刻地渴望为了中国而战斗甚至是死去。正如一名飞行员所说：“对于他和美籍志愿大队所提出的要求简直太沉重了，绝对不可能完成，但陈纳德从来不会认为不可能。”[98]陈纳德已经放弃了一切——他的妻子、子女以及他深爱的路易斯安那州林区——把自己的一生都献给了中国。他即便有过对家乡的思念，也在很久以前就学会压制它了。他打算坚持到最后，但对部下们而言，结局就在眼前。大体上讲，三个月似乎很快就会过去，但他们知道，这场战争中的每一天都可能意味着死亡。

*

与此同时，飞行员们发现，随着战事不断推进，他们有了一个新任务。从服役初始，他们就主要参与空中作战。如今，他们承担了提供空中掩护且为史迪威将军执行侦察行动的任务，史迪威急需有关日军部署的情报。他曾对一名副官抱怨说：“天啊，我感觉自己像个瞎子。”[99]尽管没有明说，但他们实际上已经成了史迪威在空中的眼睛。

白天，飞行员们长时间深入缅甸，执行这些危险的任务。为了进行侦察，他们要在腿上放一张地图，尝试在上面标注任何看起来像是行进中的部队的目标，有时他们都不知道自己看到的究竟是中国还是日本的军队，因为战事的前线变动很快。森林大火正蔓延在缅甸全境，这让飞行员们不得不试图在烟雾中导航。R. T. 史密斯回忆说："一层厚厚的浓烟似乎像毯子一样笼罩在缅甸上空，就像是洛杉矶雾霾最严重时的样子。"[100]这种情况迫使他们不得不低空飞行，这又使他们暴露在日军的地面炮火之下，他们不得不寄希望于不要遇到敌军的战斗机编队。甚至降落在一座盟军机场上都很危险。一份侦察报告提醒飞行员，在抵近机场准备降落时要摇摆一下机翼，否则"地面部队有可能会开火。在这些友军航空站降落时必须极度谨慎"。[101]陈纳德知道，这些任务让 P-40 飞机变得有如"日军高射炮手和战斗机飞行员靶场中的活靶子"，[102]但他对此也无能为力，因为他现在已重返军队。

约翰·佩塔齐在一封写给埃玛的信中描述了一次侦察行动的全过程："昨天，我和雷克托与里基茨（Ricketts）再次前往东吁，我们巡逻了三个小时，于下午 6 点半降落在［盟军基地］标贝。我们在那里过了一夜，第二天上午 5 点半起飞，巡逻了三个半小时，在整个过程中，我们没有看到一个可恶的日本人……我猜我明天还要再去一次，太难了！在集中精神这么长时间后，回来会感觉精疲力竭。也许下次我们的运气会更好一些。"[103]这种感觉比精疲力竭还要难受：在一次飞行中，佩塔齐不得不在一片干涸的河床上迫降。他倒是安然无恙，可 P-40 飞机的螺旋桨却损毁了。

飞行员们还被要求沿着战事前线飞行，为中国军队提供空中支援。小伙子们将其称作"士气任务"，因为他们相信，这么做的唯一目的就是向下方的中国军队展示他们机翼下的青天白日徽记。"特克斯"希尔回忆说："唉，没有人想要执行这些任务。他们真的不想。低空飞行真的非常危险，因为只要有个人拿着把步枪站在树后就可以把你打下来，你都看不到他。"[104]

接下来不得不提的是一次着实令人讨厌的行动。[105] 4 月 16 日，八名飞行员被要求作为志愿者担任英国王家空军"布伦

178

海姆式（Blenheim）"轰炸机的护航战斗机，负责保护其在第二天对清迈日军机场发动袭击——就是那个不到一个月前纽柯克阵亡的地方。史密斯在日记里写道："志愿者屈指可数。"因为飞行员们知道清迈位于敌军控制区深处，受到防空炮火的严密保护。这一行动最终因恶劣天气而被取消，但飞行员们已经明确表示，他们不打算执行那些看起来不可理喻的飞行任务。

违抗命令在军队里是不可想象的，足以让他们上军事法庭，但在陈纳德创建的这支部队里，军事纪律十分宽松，如今这种局面开始反过来成为他的困扰。当时，已在某种程度上成为反对派领袖的史密斯在日记里写道："他们现在打算守住战线，想要我们提供空中支援。我们的 12 架飞机对抗整支该死的日军航空队。我们所有人都觉得这是徒劳，我们都在想，美国怎么会花了这么长时间往这里运东西。"史密斯并非懦夫，但在他的脑海中，他们这是在被要求去完成不可能的任务，因此，他并不害怕起身对抗"老家伙"。

所有事情似乎都在 4 月 18 日星期六那天达到高潮，那天正好是陈纳德告知部下美籍志愿大队即将被纳入美军编制的一周后，他召集了一次会议。不过，这次会议的气氛更加紧张。他宣布自己已是一名准将（尽管这一晋升要到几天后才能生效），直接接受史迪威将军的领导——这意味着这些飞行员将必须遵守他们得到的命令。他介绍了一番即将展开的行动，随后，正如史密斯在日记中所写的那样，小伙子们"听起来很糟糕——事实上就像是要死了一般"。他们的回应是"畅所欲言我们的感受"，向陈纳德据理力争，认为他们没办法在没有增援的情况下继续作战。对于这些激烈争论的描述各有不同，但史密斯在回忆这段经历时说，陈纳德明确表示，任何不打算遵守命令的飞行员都应辞职，因为拒绝执行任务就相当于是在日军面前当胆小鬼。

史密斯跳了起来，"告诉'老家伙'常识与胆小之间是有很大区别的，而且在我们经历了这么多之后，我不敢相信他竟然称呼我们是胆小鬼"。他的抗议在小伙子中引起了一阵"赞同的低语"，而陈纳德坚称，这不是他的意思，但他不打算道歉。会议在这番争吵后很快就结束了，但仍然怒气冲冲的飞行员在当天晚上聚集在警戒小屋里，讨论该如何应对。史密斯回忆说："那几乎就像一场工会会议，反复讨论了很多理由。"他坚称，他们应该揭露陈纳德的虚张声势，然后辞职，这是唯一与他们受到的不尊重相匹配的回应手段。大部分人表示同意，但他们或许认为这更多是一种表达抗议的象征性辞职。[106]"特克斯"希尔回忆说："兄弟们到这时已经累坏了……基本上是硬撑着来到小屋。"[107] 他仍然感觉他们需要支持陈纳德而不去质疑那些命令，但他只是个少数派。

小伙子们最终决定起草一份陈情书："我们，签字人，系美籍志愿大队飞行员，再次希望结束我们与中央飞机制造厂的合同，并结束在美籍志愿大队的服役。"[108] 陈纳德也许已经重返军中任职，但这些飞行员坚决不肯。在美籍志愿大队存在期间有很多人辞过职，于是飞行员们觉得自己随时都可以辞职。这封陈情书被打印在一张有"第一美籍志愿大队"抬头的信纸上，签名则写满了一整页。在雷允的30多名飞行员中，有26人在陈情书上签字，也有一些人没有签，包括"特克斯"希尔和约翰·佩塔齐，后者令人较为惊讶。[109] 他在那个月里花了很多时间给埃玛写情书，尽管他很渴望回家，但对陈纳德和希尔的忠诚，或者说他的责任感，让他决定继续战斗。

第二天上午，这封辞职信被送到了陈纳德手上。他在那天晚上再次召集了会议，正如比尔·里德所说，这支部队的存在"在那一整天都显得岌岌可危"。[110] 私下里，陈纳德对飞行员们感到十分同情。他也不赞同那些空中支援任务或者为英国

180

王家空军提供护航，但正如他在回忆录中所写，"只要这些命令来自我的直接上级，即委员长和史迪威，我就有义务执行它们，无论我个人有什么想法"。[111] 但他的决心并不只来自于服从命令的原则。他一直都狂热地投身于中国的事业中，为此而在所不惜，即便这意味着将损失他手下的飞行员。飞行员们则对这种立场愈发排斥。史密斯回忆说："我们主要担心的是能否一天一天地活下去，每个人都希望在回到亲爱的美利坚之前，自己的号码不要被叫到。"[112] 在辞职信上签名的飞行员查克·奥尔德（Chuck Older）回忆说，自己是这样向陈纳德解释的："我们不在乎拿生命冒险，我们只是不想白白送死，这就是我们的感受。"[113]

　　那天晚上 8 点，飞行员们聚在一起聆听陈纳德就辞职信一事发表看法。他的讲话很直接。他告诉他们，他们的辞职不被接受，史密斯后来在日记中概括了陈纳德的警告："任何人如果离开都将视同犯有逃兵罪，等等。"[114] 陈纳德知道，军中的同僚曾对他管理这支部队的方式缺少规范性提出过质疑，如果他眼睁睁地看着美籍志愿大队就此解散的话，自己的声誉将溅上污点。他曾试图在领导这支部队的同时避免成为自己在担任飞行员期间憎恨的那种颐指气使的指挥官，但如今，他感到自己别无选择，如果想要维持这支部队的完整性，就必须下达强而有力的命令。飞行员们接受了命运，希望抗议至少表达了自己的看法。的确，陈纳德似乎至少去找了宋美龄，确保美籍志愿大队不会再被要求执行"布伦海姆式"轰炸机的护航任务。[115]

　　小伙子们都十分迫切地想把这次所谓的"雷允抗命"抛诸脑后。史密斯在日记中写道："于是［陈纳德］和我们大家都把整件事忘掉了，一切一如往常。"[116] 经常宣传这些飞行员战绩的报纸上没有丝毫提及这次抗命的内容。无论是陈纳德还是他的部下，都不想透露这支部队差一点在一次大规模辞职中濒临解体，从而令飞虎队的传奇染上污点。陈纳德希望这件事能够很快"被完全忘掉"。[117]

*

辞职信的签署人之一罗伯特·布劳克（Robert Brouk）在日记中写道，飞行员们打算"团结一致、遵守命令、坚持到底"。[118] 遵守命令这一点对布劳克来说实际上很自然。这个24岁的小伙子从在伊利诺伊州西塞罗市莫顿高中（Morton High School, Cicero）参加鼓号乐团时起就一直在参与军事化组织。大学毕业后，参军似乎是一个比在他父亲的标志粉刷公司里工作更好的选择；随后，他在1941年报名参加了美籍志愿大队。

4月21日，布劳克重新坐进了驾驶舱，成为深入缅甸日控区执行巡逻任务的四名飞行员之一。在飞越敌军领空时，他们看到了来自防空炮火的黑色烟雾。为了躲避炮火，他们"迂回曲折、上下翻滚，从来不会以同样的轨迹飞行超过四五秒"。[119] 他们在战斗中幸存了下来，并在缅甸的一个偏远哨所里过了夜。英国人早在日军进攻前就从这个哨所里撤走了，但布劳克还是找到了两个厨子为他们准备了一些食物。在第二天上午他们为飞机作准备，打算执行又一次巡逻任务时，布劳克发现自己的 P-40 飞机出现了严重的问题，于是决定必须返回雷允。

次日，布劳克醒来后迅速吃完早餐就坐进了飞机里。在爬升过程中，他发现飞机的油温过高，于是决定先行降落，看看是否能够找到原因。他驾驶飞机滑行回到刚刚离开的机库。突然，他看到了白色的闪光，并感到腿上一阵剧痛。头顶上的呼啸声令他抬头，他也因此看到头顶上有一架低飞的日军飞机。他正在遭到扫射，飞机已经动不了了，于是他解开安全带，从驾驶舱中跳了出来。他一边奔跑，一边试图脱掉身上的降落

182

伞，就在努力挣扎着解开卡扣时，他看到自己的拇指第一关节下方有一个弹孔。敌机正在绕回来，于是他拼命跑了 20 英尺，跑向一个有掩护的防空壕，他头朝下冲了进去，落在两名中国士兵中间。血液正从左脚渗出，脱下鞋袜后，他发现了一个"丑陋的伤口"。[120] 他被击中腿部，因此脱下了裤子。一名中国士兵用手绢按住伤口，试图止血。他的 P-40 飞机正在跑道上燃烧，飞机上的 30 口径和 50 口径子弹在不断爆燃。他后来在日记里回忆道："没过多久敌机就飞走了，只有燃烧的飞机和爆燃的子弹在不断打破早晨的宁静。"

布劳克需要医生，幸运的是，他的队友找到了"缅甸外科医生"戈登·西格雷夫（Gordon Seagrave）。毕业于约翰斯霍普金斯医学院（Johns Hopkins Medical School）的西格雷夫是一名外科医生兼传教士，大部分人生都在中缅边境地区度过。没过几个小时，他就开始为布劳克做手术，他后来描述说，布劳克"腿上有六个洞，大拇指上有一个洞。我取出了三颗子弹，还有一些飞机金属碎片"。[121] 他拯救了布劳克的生命，但在一名记者就此事向他询问时，他却没能记住这个年轻人的名字。布劳克被转送到了腊戍，那里的军医对他作了 X 光检查，然后又动了一台手术，取出了更多弹片。随后，他被一架中国航空公司的运输机运回了昆明。

布劳克负伤的消息传到了雷允，再次提醒那里的飞行员他们所面临的险境。情况已经愈发明朗，缅甸将很快陷入日军之手，对许多飞行员而言，现在的问题已经变成他们能否活到 7月 4 日了。

*

陈纳德不会轻易接受失败。他决心要在缅甸取得最后一次对日作战的胜利。在过去的几个月里，美籍志愿大队参加的空战规模都不大——不像仰光的圣诞节之战或 12 月 20 日的昆明空战。但陈纳德相信，这种局面即将发生改变。雷允上空已经发现了日军侦察机的踪迹，他预计日本人会在不久后发动总攻。他甚至对时间也有预感：4 月 29 日是裕仁天皇的 41 岁生日，日本在这一天将举行庆祝活动。

1938 年，陈纳德曾担任过中国空军顾问，并有预感日军将对汉口发动总攻，以庆祝天皇的诞生日。陈纳德在此前一天对日本人耍了一个诡计——他指示中国飞行员驾机升空，做出明显的撤离姿态，然后在日落时以低空飞行的方式返回。正如他所料，日本间谍报告称飞机已经离开，于是日军发动了总攻。日军飞机甫一发动进攻，中国飞行员就蜂拥而上展开突袭。这是一个诡异的计划，但它奏效了。历史学家潘文（John Pomfret）写道："当烟雾散去后，39 架日军飞机损失了 36 架，这是二战前的空战史中规模最大的一次空战。"122

陈纳德如今想要复制这种胜利。不过，这一次，他怀疑日军轰炸机会在天皇生日的前一天发动袭击，以便日军指挥官可以将胜利的消息通过公报的形式及时传达给天皇，为其庆生。123 让这么多飞虎队成员同时升空执行巡逻任务对陈纳德来说是在冒险，但他相信自己的直觉。

4 月 28 日上午，雷允机场十分忙碌，大量 P-40 飞机在 9 点半升空前往缅甸。"特克斯"希尔率领一小群 P-40E 飞机在 15000 英尺高空提供掩护，而在他们下方几千英尺处，是一大群 P-40 飞机，既包括 P-40E "小鹰式"，也包括 P-40 "战斧式"。在向南飞行过程中，一名飞行员突然"在无线电中听到了一种奇怪的口音"，124 紧接着希尔在上方看到了日军的战斗机群。他用无线电与队友取得联系，然后"驾驶飞机开始拦截敌军"。125

除了他已经看到的战斗机外，希尔还发现了"一支由 27 架轰炸机组成的编队"，在更远处，似乎还有十几架战斗机。[126] 他拉升飞机开始迎战，并且知道必须仔细选择射击目标。他将注意力放在一架战斗机身上，进行了一系列短促射击。在第四次射击后，他的目标开始起火，然后坠入了下方的丛林。这次飞行很快就演变成一场"你死我活的战斗"，双方都在相互绕圈，试图来到对方的背后，就好像他们命悬于此似的，当然，原因也的确如此。刘易斯·毕肖普（Lewis Bishop）对一架"设法来到希尔尾部的"战斗机进行了"一长串射击"，迫使日军飞行员从冒烟的飞机里跳伞逃生。[127] 希尔写道，尽管日军占据居高临下的优势，并"向我们发动猛攻"，但他们"似乎经验不足，防御方面没有协调"。[128] 那天唯一损失的 P-40 飞机是 R. T. 史密斯的，但史密斯并非被击落。[129] 他在战斗结束后燃油耗尽降落在了一片农田里，随后搭了几名中国士兵的便车与队友会合。他对于这件事略感难堪，但每个人都处在胜利的情绪中。

无论美籍志愿大队那天取得了多大的胜利，都无法阻挠日军地面部队的脚步。他们不断向北推进，击退了中国和英国在缅甸北部的抵抗。4 月 30 日，作为滇缅公路起点的缅甸城市腊戌陷落——对陈纳德而言，这意味着中央飞机制造厂在雷允的工厂也将在不久后陷落。他别无选择，只能下令撤退。在这最后的几天里，整座工厂陷入了一片混乱。没有足够的飞机让飞行员飞走，因此有些人不得不坐卡车沿着滇缅公路撤退。希尔负责挑选谁来驾驶飞机，谁来承受乘车的危险和不适。紧接着，他面临一个更加艰难的决定。希尔回忆说："唉，我是最后一个离开［雷允］的，不得不坐出决定是否要烧掉那些飞机。"[130] 他知道自己必须做些什么。随着最后一批飞虎队成员撤离，仍然留待修理的飞机被付之一炬。

在日军士兵占领雷允后，他们将那些被烧焦的鲨鱼鼻P-40飞机视作战利品。一份日本报纸刊登了飞机残骸的照片，用以证明日军让鼎鼎大名的飞虎队抱头鼠窜。[131]

第 13 章　背水一战

在 4 月雷允的飞行员前往缅甸执行侦察和突袭任务的同时，昆明的飞行员则在享受生活。查理·邦德受命执行一趟运输任务，前往印度提领额外的 P-40E 飞机。相比在前线作战来说，这是一项十分轻松的任务。4 月 11 日，他与几名队友搭乘一架 DC-3 运输机前往加尔各答（Calcutta）。同机有一位名叫克莱尔·布思（Clare Boothe）的乘客，她是《时代周刊》和《生活》杂志的老板亨利·卢斯（Henry Luce）的妻子，为了给《生活》杂志撰写一篇传略，她在昆明探访了美籍志愿大队好几天。布思后来写道："飞虎队是一盏预示着最终胜利的耀眼明灯"，不过这时查理·邦德只想休整一番。[1]

抵达印度后，这些美国人造访了夜总会，抽美国香烟，甚至找到了一个午餐提供汉堡和奶昔的餐厅。邦德见到了一名飞行员，后者告诉他，如果离开美籍志愿大队的话，可以给泛美航空公司开飞机并赚一笔小钱，这当然是一个诱人的前景，因为美籍志愿大队的未来仍旧还充满不确定性。唯一还能让人想起战争的是他们前去探望了弗兰克·斯沃茨，即在马圭的突然空袭中负伤的一名飞行员。他依然在加尔各答的一所医院中进行康复，他们可以看出斯沃茨的脸已经毁容，但他仍然很高兴能够看到这些"老伙计"。[2]他已经订好了回国接受手术的计划，可没过多久，他就因伤口感染而去世了。

第二天，邦德和队友们前往卡拉奇（Karachi）提领 P-40E 飞机，那里到处都是美军士兵。邦德得到了一架更新款的 P-43 飞机。他说："那是一架很棒的小飞机。"[3]随后，他们飞回了加尔各答，并于 4 月 21 日起程返回昆明，并飞越了陡峭的喜马拉雅山诸峰。刚刚平息"雷允抗命"返回昆明的陈纳德亲自迎接了他们。

5 月 1 日，邦德看到天空中出现了一大群 P-40 飞机——它们是从雷允撤退而来的美籍志愿大队飞机。在这批飞行员们降落并走出驾驶舱后，"他们看起来十分丑陋——身上脏兮兮的，胡子拉碴"，但能够回来让人很高兴。[4] 比尔·里德在日记里写道："能够回到这样文明的地方，穿上干净的衣物，享受淋浴和剃头这样的奢侈服务，简直太好了。"[5] 约翰·佩塔齐与埃玛·福斯特分别了不到一个月，他一直写信告诉妻子，"想爬到我们的床上躺在你身边，用胳膊搂着你，给你一个大大的拥抱和亲吻"。[6] 如今他们终于可以这么做了，并且可以暂时忘掉战争，无论多么短暂。

陈纳德对于日军的推进愈发感到担忧，尤其是日军目前已经接近中缅边境了。史迪威拒绝搭乘陈纳德派去的飞机从缅甸撤退，相反却起程徒步前往印度。陈纳德不能理解为什么史迪威不愿坐飞机离开——正是类似这样的分歧造成了身为步兵的史迪威与身为航空兵的陈纳德之间的紧张关系。不过，带着 114 人的混编队伍，里面既有英国突击队员也有美国战地记者，史迪威花了大约两周的时间穿越荒野，并且始终保持着每分钟 105 步的步频。[7] 他在日记里写道："我们的人都很累——体质太差了。"[8] 他们所有人都成功走完了这段旅程，他们所忍受的苦难也成了美国人拒绝在远东接受失败的试金石——这预示着飞虎队的传说将如何开始变得黯然失色。

但陈纳德没有花太多时间担心史迪威的下落。他必须把注意力放在战事上，紧急制订计划，阻挠日军即将从缅甸发动的攻势。他的首要步骤是从第一中队集合一些飞行员前往保山，一座靠近中缅边境的城市。查理·邦德是被挑选前往前线的八人之一。他们人数不多，任务却很艰巨。正如邦德所说，他们的任务是"阻止日军渗入中国的最南端，即从后方进入中国境内"。[9] 他们降落在一片草地跑道上，受到了中国士兵的迎接，然后坐着汽车穿越城市来到新驻地。邦德在日记中写道："城市街道上挤满了来自缅甸的难民，他们是在躲避日本人。"[10]战争初期，他并不太能理解自己究竟是为何而战，但如今，他亲眼看到了他们所付出努力的重要性。第二天，他一整天都在执行侦察任务，寻找中国境内的敌军车队，尽管没有看到任何敌人，但他知道日军过不了多久就会到来。

5月4日上午，天空中出现了日军侦察机。邦德匆忙爬进飞机，但等到他驾机起飞时，敌机已经消失了。他又回到了警戒小屋里等待，不断擦拭手枪，让自己保持忙碌。

中队长鲍勃·尼尔匆匆跑进来，大喊日军飞机即将抵达。飞行员们全都跑了出去，看到一支巨大的V形编队出现在空中，看起来由25架轰炸机组成。尼尔拿着手枪向空中开了一枪，然后对他们说："太晚了，进壕沟，进壕沟！"[11]但邦德已经坐在P-40飞机的驾驶舱里了，螺旋桨正在旋转。

他坐在那里，手握操纵杆，这时有一个影子从他头顶飞过："该死，我能起飞的。"[12]他驾驶飞机在跑道上加速，决心在炸弹落下前起飞升空，可差一点就撞上了跑道尽头的石头路障。他驾驶P-40飞机陡然爬升，直到轰炸机编队进入了视野。敌人正在瞄准城市区域发动袭击，邦德知道那里挤满了难民。他在看到敌机投弹时心中产生了某种敬畏感："轰炸可以说几近完美——正中城市中心。"他扫视了一眼天空，没有看到任何日军战机，只有远处的那些轰炸机，于是决定将它们作为今天的目标。他爬升到敌机上方约1000英尺高，将瞄准器对准了一架脱离编队的轰炸机，随后发射出了一连串机枪子弹。那架轰炸机开始坠落，邦德则在它背后不断地开火。他回忆说："我看到它的右侧引擎被打坏了，变成了一团火焰，然后飞机穿透云层跌了下去。"他又瞄准了第二架日军轰炸机，但意识到自己已经没有了弹药，便终止了攻击，沿着滇缅公路返回了保山。他从城市上空飞过，看到那里已经被彻底炸毁了。建筑物变成一片瓦砾，大火四处燃烧。人员伤亡一定十分巨大。

接近降落时，邦德刚把起落架放下，就听到了几声爆炸巨响。他原以为是起落架故障了，但随后立刻意识到爆炸源自飞机内部，就在座舱背后装甲的后方。他的油箱已经起火，火焰正在向驾驶舱蔓延。他回头望去，看到了"三架日本零式战斗机在身后疯狂开火！"随着烟雾充满驾驶舱，他闭起了眼睛。邦德后来回忆道："有那么一刻，我都打算放弃了，但有一件事不允许我放弃。"

他一边用右手拉开座舱盖，一边用左手解开安全带，再次驾驶飞机急速爬升，然后把机身翻滚过来，让气流拉着自己离开驾驶舱。在下落过程中，他睁开双眼，寻找降落伞上的金属环。他"疯狂拉动它"直到降落伞打开，但他很清楚日本人有过扫射跳伞飞行员的历史，因而很担心自己也会遭受同样的命运。他回忆说："我闭上眼睛，虔诚地向上帝祈祷，然后又睁开眼睛，寻找零式战机的踪迹。"它们的影子消失了。他降落在一片中国人的墓园里，对于自己能够活下来感到很惊讶。他脱下降落伞，躲到了一个坟包后。当不再有敌机出现后，他逐渐平复下来，不再惊慌，却突然感到了一阵疼痛。飞行服着火了，他跳进附近的一条小溪里，伸出手擦了擦脑袋，头上已满是血迹。负伤且筋疲力尽的邦德只好静静地躺在水中。当地的中国村民一定看到了飞机坠落的场面，因为他们很快就聚拢过来向他给予帮助，带他来到了附近的一个小屋里，为他清洗伤口。美籍志愿大队的军医刘易斯·理查兹（Lewis Richards）被一通电话叫了过来。他用双氧水处理了邦德的伤口，还给他服了几片止疼药，然后就把这名负伤的飞行员抬进了吉普车。

在他们驾车穿过保山城的途中，邦德一直在四处张望，街道上遍布的尸身和人体碎块让他恐惧不已，有些尸体的头部

189 "烧得面目全非，连牙齿都看得见"。有的尸体只有躯干没有四肢，还有一名母亲双膝跪地，怀中抱着一名死去的儿童。第二天，他被放进一架 DC-3 运输机送回了昆明。对于自己能够活下来，邦德感激万分，但他永远也忘不掉亲眼见到的场景。

据估计，约有 10000 人在保山遭受的空袭中丧生。死者中包括飞虎队成员本·福希（Ben Foshee），他在从雷允撤退时曾负责驾驶一辆卡车。空袭结束后，中国村民还找到了一些未爆炸的炸弹，里面充满了"一种黄色的蜡状物质，有很多苍蝇在往外飞"，一名中国目击者如此描述道。[13] 这些"蛆虫炸弹"中装满了霍乱弧菌，而日军轰炸机后来又一次返回，进行了更多此类袭击。后来，据历史学家估计，云南省约有 20 万人最终因这种疫病死亡。

美籍志愿大队怀疑日军还会卷土重来。第二天，"特克斯"希尔受命率领几架 P-40E 飞机在保山上空执行巡逻任务。他们飞行在 18000 英尺高空，中午 12 点 15 分前后，他们收到警报，称约有 16 架日军战斗机正朝他们飞来。这些飞行员爬升到 21000 英尺高的战斗位置并耐心等待，他们虽然知道己方处在数量劣势，但对于所拥有的居高临下优势充满信心。果然，多架双引擎的日军轰炸机出现在了下方，P-40E 飞机开始俯冲。一群机翼上带有红日标记的橄榄色战斗机在中途拦截了正在俯冲的 P-40E 飞机。轰炸机得以不受干扰地继续向目标前进，与此同时，飞虎队则在天空中与敌军战机展开了殊死搏斗。希尔原以为已经瞄准好了，却发现自己首先遭到了射击——这种错误是有可能让他丧命的，不过他最终躲开了敌机的攻击。[14] 其他美国飞行员成功地击中了目标。弗兰克·劳勒向一架日军飞机射击，看着它"燃起大火，飞机上被打下来的碎片在空中散落得到处都是"。[15] 由于担心日军战斗机有可能会扫射机场，美籍志愿大队的 P-40E 飞机开始向下俯冲防止这种情况出现，不过友方的中国高射炮却错把他们当成敌机而开火防御。[16] 尽管出现一团糟，但美籍志愿大队在那一天没有损失任何飞机。只不过，他们似乎无法阻止日军进入中国境内并发动袭击。

陈纳德后来写道："中国面临着自南京沦陷以来最黑暗的时刻。"[17] 190

*

随着中国军队在滇缅公路上不断后撤，他们炸毁了萨尔温江上150码长的悬索桥。陈纳德相信，正在等待架起浮桥的日军纵队将暴露在一条之字形的山路上，这条道路沿着峡谷蜿蜒向下，最终来到萨尔温江边。《波士顿环球报》报道说："在江水的一边是日军坦克、装甲车以及货车等，它们密集地停靠在一起，几乎紧挨着。另一边则是一长串静止不动的中国卡车。"[18]

陈纳德认为，萨尔温江峡谷是他阻止敌军的最后机会。他承认，"这是战争中仅有的几次我变得极为警觉的时刻"。[19] 如果中国沦陷，后果将非常严重。美国的政策是确保中国能留在战争中，如果不这样的话，日军有可能会被解放出来，从而将兵力投入太平洋战场。中国如果战败，还有可能为日本侵略印度铺平道路，与此同时，德国纳粹也有可能在北非发动一场成功的战役。

5月6日，陈纳德给身在重庆的宋美龄发了一封电报：

> 最新战报称日军已于5月5日下午2点抵达萨尔温江南岸，悬索桥已被摧毁，日军没有遭遇任何抵抗。恐慌迫使军民沿路东逃，局势紧迫且日军有可能乘卡车向昆明进军，除非道路和桥梁均被摧毁或敌军遭遇坚决抵抗。鉴于

萨尔温江西岸的许多中国卡车很可能已落入敌手，请求委员长下令袭击萨尔温江与龙陵之间的所有目标。

尽管目标区域还有中国平民被困，但陈纳德感觉自己别无他法。他后来写道："我们都不愿对那些身处萨尔温江西岸的难民发动轰炸和进行机枪扫射，但如果我们想要阻止日军的话，我们必须在这个过程中杀害一些无辜的平民。"这仅仅是"每一个军人在战斗中经常要作出的残忍决定之一——下达命令就意味着要牺牲少数来拯救多数"。

宋美龄回复说：

> 委员长命令你派出所有能用的美籍志愿大队飞机袭击萨尔温江与龙陵之间的所有卡车、船只等，并转告美籍志愿大队，我赞赏他们的忠诚和努力，尤其在这个关键时刻，请继续发动攻击，特别是袭击萨尔温江上的船只和运输工具。局势如果发生任何变化，会及时通知你。

陈纳德没有等到回复就下令发动了第一次袭击。

*

1942 年 5 月 7 日上午，四名飞行员爬进了 P-40E 飞机的驾驶舱。[20] 这就是陈纳德所仰赖的一群人，他们将驾驶第一批深入萨尔温江峡谷的战斗机，进而决定这一行动是否可行。

"特克斯"希尔被任命为行动指挥。多年后，回忆起那个上午，他讲道："雨季已经开始，我们遇到了十分糟糕的天气，最终逃离降雨区到达了目标区域。"[21] 在他们出现时，视野中没有任何日军飞机。深邃的峡谷出现在下方，萨尔温江于其中蜿蜒而过，这就是他们的目标。他们带足了武器和装备。"我们安装了临时机架，以便在 P-40E 飞机的腹部装载新型的苏制 570 磅高爆炸弹，还在翼架上装载了碎裂炸弹。"

他回忆说，随着突袭开始，"我们丢下的炸弹落在了萨尔温江峡谷的顶部，完全困住了底部的部分装甲车和装备以及人员。我们还炸毁了部分道路，从而阻碍了敌军的行进，于是就可以对他们发动扫射了"。22

第一次空袭充分证明了这一计划的有效性，于是在接下来的几天里，美籍志愿大队又向萨尔温江峡谷发动了更多的打击，并将那些被认为载有浮桥设备的卡车作为关键目标。吉姆·霍华德于 5 月 8 日下午受命指挥又一轮袭击任务："我们滑翔下降，沿着道路的日军一侧投掷了一长串炸弹。我的炸弹大约落在 200 码长的道路上，路上的日军卡车全都首尾相接。"23 他向下方望去，看见"黑色的烟雾和遍地的火焰，显示了袭击的成果"。来自西雅图的飞行员汤姆·琼斯（Tom Jones）注意到有卡车聚集在江水附近，因此怀疑他们是运送浮桥的货车，正等着"到晚上或者河对岸中国军队的抵抗平息后"再架设起来。24 他写道，他向它们开火，"我相信，这些卡车被毁将令日军的计划搁置一段时间"。随着空袭不断继续，日军似乎无力组织起有效抵抗。琼斯描述说，他们处在一种"普遍混乱"的状态，"会在我们的飞机第二次飞越头顶时用小型武器还击"。

另一名飞行员 C.H.拉夫林观察到有"卡车分散地隐藏在山区丛林里"。25 他"丢了两枚炸弹，看到有燃油起火的巨大火焰出现"，以及"有士兵匆忙远离卡车，然后从山上跑下来：又丢了两枚炸弹，摧毁了一支装备有机关枪的护送车队"。他又折返两次，对"小部分汽车和卡车"进行了扫射。

空袭像这样持续了好几天，美籍志愿大队"把手中所能用

192

的都丢在了萨尔温江峡谷和滇缅公路"，陈纳德这样写道。²⁶
中国军队向日军发动了反攻。R. T. 史密斯在 5 月 10 日的一次
空袭行动中负责掩护，见证了中国军队是如何"沿着公路把日
军赶了回去。希望局势继续朝向这个方向发展"。²⁷《华盛顿
邮报》报道称："中国增援部队越过河流猛攻，在艰苦的战斗
中，日军主力被迫撤退……残余部队……被消灭。"²⁸日军的
入侵势头正在被扭转。²⁹连续不断的空袭加上中国军队的反攻，
日军的入侵陷入了停滞。

在昆明的招待所里，美籍志愿大队正在创造历史的感觉显
而易见，那里的墙上张贴了一份来自富兰克林·罗斯福的"讲
话转述"："美籍志愿大队的杰出勇气和显著胆识，加上他们几
乎让人难以置信的效率，成了整个美国的巨大骄傲。他们在物
资短缺和条件艰苦的情况下坚持战斗，令人十分感激。"³⁰这
不过是一种宣传噱头——一张用来激励小伙子们报名参加美国
陆军航空军的征兵海报。不过，这张海报却引起了巨大共鸣。
这些飞行员对这句称赞深信不疑。正如吉姆·霍华德所写，他
们的战斗一直秉持着"罗马大门外台伯河（Tiber River）桥上
的豪拉提乌斯（Horatius）①或 1940 年遭受德国入侵威胁时的
英国人②"所拥有的精神。³¹"特克斯"希尔对于他们所取得的
成绩感到非常自豪，相信美籍志愿大队"或许已经改变了历史

---

① 古罗马独眼英雄，活动于公元前 6 世纪前后。公元前 508 年，由伊特鲁里亚人组
　成的军队入侵罗马，他遏止了敌军的进攻直至罗马人毁坏了台伯河上的苏布里基
　乌斯桥（Pons Sublicius），然后身着沉重的盔甲跳进了湍急的深河中。几分钟后，
　他浮起来时已游到了河的中央，安全地躲过了伊特鲁里亚国王拉斯·波希纳（Lars
　Porsena，Etruscan King）的士兵投掷出的长矛和标枪。当豪拉提乌斯爬上岸时，
　迎接他的是一阵又一阵的欢呼。

② 指 1940 年发生的不列颠空战，系纳粹德国在二战期间对英国发动的大规模空战。
　该空战在 1941 年 10 月 12 日以纳粹德国的失败而告终，由于损失过多的战斗机和
　飞行员，又无法取得英吉利海峡的制空权优势，更无法借由空袭来瓦解英国的陆
　军和海军战力，德国不得不放弃入侵英国的作战计划。

进程"。[32]

　　这不仅仅是在自夸。数十年后,历史学家杜安·舒尔茨(Duane Schultz)观察道:"萨尔温江大捷本身就足以为飞虎队的存在正名。如果不是这批疲惫的美国飞行员和他们特立独行的指挥官,日军早已渡过了萨尔温江并对中国构成威胁。"[33]

　　这些日子"有可能是他们最高光的时刻"。

*

　　陈纳德现在面临着在飞虎队岁月的终结。寡言少语的他没有向飞行员们透露他心中对大家感到的骄傲,不过他在一封写给路易斯安那州朋友的信中吐露了自己的情感:"我曾见证同伴突然而剧烈的死亡……他们还都是孩子,我与他们共事,并逐渐把他们当成了自己的孩子来喜爱……我不得不看着他们出去面对死亡,没办法帮助他们避免它。"[34]他欠这些飞行员们很多,后来承认道:"美籍志愿大队给了我一个航空兵军官可能拥有的最好机遇——在拥有完全行动自由的情况下召集并训练这样的一群人。这给了我巨大的满足感。"[35]

　　他的确曾经留恋过家乡的简单生活,但这种留恋并不深:"如今,在从事这项工作五年后,我会很高兴地用我的枪来交换一把犁和锄头。不过,我没有能力这么做,对于干农活也不太了解,因此我猜自己还是会继续用这把枪,直到事情结束。"[36]因此,返回路易斯安那州过上打猎、钓鱼并陪伴家人的退休生活看起来还很遥远。

　　不过,对陈纳德来说,路易斯安那州的民众为他参加这场战争所给予的喝彩还是意义重大。该州开展了一场"为陈纳德买轰炸机"的活动。尽管陈纳德发来电报说,他"很高兴能够收到'路易斯安那号'轰炸机",[37]但战争部却告知活动委员会，已经有轰炸机被分配给陈纳德了，而且即便是一架轰炸机的价格，也比这次活动筹集到的微不足道的资金要贵得多。于是，他们把筹集到的资金寄给了宋美龄，用于帮助中国的孤儿。[38]

陈纳德在声名鹊起中找到了巨大的满足感，但他知道这种声望现已无法给自己带来什么帮助，因为他已经放弃了自主性，再次加入了军队。他已经积攒了大量有关自己被军队高层不公平对待的抱怨，其中最主要的怨言是关于空袭东京。1942 年 4 月 18 日，吉米·杜立德中校（Lieutenant Colonel Jimmy Doolittle）指挥多架 B-25 轰炸机轰炸了东京，然后在中国境内迫降。日军俘获了八名降落的飞行员，其中三人最终被处死，一人在关押时死亡。让陈纳德生气的是这些轰炸机全都损失掉了，他没办法再用它们来执行自己的任务。他后来写道："如果我得到通知的话，只要有一个美籍志愿大队地面无线电台接入华东网络，就可以引导这些执行空袭任务的飞行员在友方机场降落。即使过去这么多年，我对那次的拙劣工作依然耿耿于怀。"[39] 很显然，美国陆军航空军的高层之所以不想告诉陈纳德有关空袭的消息，是担心他与中国人的紧密关系有可能会令袭击走漏风声。[40]

陈纳德很难接受失去作为中缅印战场美国最高级别军官地位的事实。B-17 轰炸机开始陆续交付驻扎在印度的美军第十航空队，这些飞机可以执行的任务对陈纳德的 P-40 战斗机而言只能是做梦，这让他感觉自己受到了忽视。他写道："很显然，唯一意识到我们急需轰炸机的人只有那些身在路易斯安那州的老乡。"

随着陈纳德身上的聚光灯渐渐消退，刘易斯·布里尔顿将军（General Lewis Brereton）开始负责管理第十航空队的发展。当时，正如克莱尔·布思在《生活》杂志上所写的，

"美国轰炸机，由美国飞行员驾驶，受美国指挥，悬挂美国旗帜，正在对中国战场的日军发动攻击"。[41] 相比之下，她说，陈纳德一直在"中国的作战指挥下"行动。[42] 普雷斯顿·格罗弗（Preston Grover）充满敬畏地在《芝加哥每日论坛报》（*Chicago Daily Tribune*）上撰文称，第十航空队的飞行员们"在距离家乡10000英里的地方作战，这是美军轰炸机指挥部到过的最遥远的地方"。[43] 这种赞美曾经专属于飞虎队，但如今，他们的辉煌战绩已是明日黄花了。

195

*

到了5月，随着日军开始缅甸征服作战的收尾工作，他们袭击了英国的民用机场。空中撤退行动不得不被取消，成千上万的英国公务员和殖民者被迫步行前往印度。[44] 由于原本计划乘飞机撤离，而且不想丢下自己最精美的衣物，于是许多人在路途中穿上了正装，对于这趟远行准备不足。正如历史学家杰弗里·泰森（Geoffrey Tyson）所述："许多人都死在了纳加（Naga）乡间的偏远地带，死时还穿着漂亮的晚礼服，这些晚礼服是他们和平时期在伦敦、加尔各答或仰光购买的。"[45]

保罗·福利尔曼回忆说，安全地待在昆明的"山区隐蔽处"，"这些悲惨的消息听起来似乎显得有些不真实"。[46] 对许多飞虎队成员而言，战争已经有些恍如隔世了。自珍珠港事件以来，所有中队第一次重聚在一起，小伙子们终于可以重叙情谊、放松身心了。陈纳德后来又下令发动更多空袭，但在大部分时间里，萨尔温江峡谷行动后的几个星期十分平静。小伙子们在酒吧里饮酒，打棒球，或者享用厨师为他们准备的源源不断的炒鸡蛋和炒米饭。福利尔曼经常带着他们去乡村远足，他们会在那里脱掉衬衫，躺在地上，享受阳光。他们已经在精神上为回家作好了准备。比尔·里德正在思考该带些什么纪念品回到艾奥瓦州，还订购了一些布料做了一套"正宗的中国服装"。[47] 有些人已经走了。尽管战斗仍在雷允进行，许多身在昆明的机械师已经收拾行囊离开了。[48] 有一名离开的飞行员十分引人注意，那就是格雷格·博因顿。

在兵营里，关于究竟是什么让他下定决心离开，流传着不同的说法，但博因顿辞职这件事丝毫不让人奇怪。从一开始，他就是一副醉鬼和爱打架的形象，与美籍志愿大队的其他人关系不太好。在喝醉酒从山上摔下并在昆明休养两周后，他决定是时候回家了。大部分人怀疑，他回家的原因是被指控强行闯入酒吧偷酒，这一指控被他坚决否认。没有人知道的是，他非常渴望见到自己的三个孩子，在此之前，他收到了一封来自母亲的信，信中说，他的前妻一直都在忽视他们，西雅图的少年法庭已经介入，剥夺了她的监护权，将孩子送去与亲戚同住。[49] 博因顿搭乘一架中国航空公司的运输机来到印度，但从那里回家的旅程被证明有些困难。为了搭乘军用运输机，他需要来自指挥官的授权书。他知道自己离开时闹得有些不愉快，不过他感觉至少这件事美籍志愿大队还是能够做到的。他在自己的回忆录中记录了陈纳德的回复：**无法给予博因顿许可，建议你将博因顿招募进第十航空队担任少尉。**[50]

博因顿说，那是"我最接近想要杀人的时刻"，但他与美籍志愿大队之间隔了一座喜马拉雅山，因此这种杀人的冲动渐渐消退了。[51] 不过，他对陈纳德的憎恨却十分持久："天啊，这个家伙到底是谁？……他为什么要给我找麻烦？"他还注意到，陈纳德建议任命他为少尉。他感觉凭自己的经验，他至少应该成为一名少校。不过，不管怎样，他没有被征召，而且尽管他最终的目的地是西雅图，但在发现了一艘前往纽约的蒸汽船巴西号（Brazil）后，他还是松了一口气。那艘船于6月初带着博因顿离开了孟买。如果说他曾经如许多飞行员猜测的那样与奥尔加·格林洛有过浪漫情缘的话，那么他似乎很快就忘怀了。那艘船上有许多男女乘客，还有一些传教士，他写道，这些人的"品性与我相配"。他还写道："在巴西号前往纽约的六周时间里，有过许多次狂欢。我始终处在自己能够应付的局面中。"在最终回到西雅图后，他赢回了孩子们的监护权，但他的人生似乎进入了死胡同。

*

独立日——也就是 1942 年 7 月 4 日——即将到来。这些飞行员必须活到那个时候。无论陈纳德会提出怎样的条件挽留他们，这些条件都必须非常具有说服力。

乔治·麦克米兰给身在佛罗里达州的父母写了封信。"我敢说不会再有人说要离开美国了。我已经看够了这个旧世界，待了好一阵。"[52] 对这些疲惫不堪的飞行员而言，"家"意味着许多他们在中国十分怀念的东西。对 R. T. 史密斯而言，它意味着"美国的姑娘们，一场最新的电影，随后吃一份便宜的汉堡和喝一杯麦乳精，以及有机会在清新、平和的氛围里放松心情"。[53] 随着这一天日益临近，查理·邦德在日记中写道："今天早上醒来，我躺在那里，想象着回家的旅程。"[54]

5 月 21 日，一场会议在昆明的招待所中举行。史迪威的航空顾问克莱顿·比斯尔准将发表演讲，试图说服美籍志愿大队的飞行员们申请入役美国陆军航空军。

面对着一群硬汉，他采取了一种咄咄逼人的姿态。史密斯回忆说："他的语气和举止都显露了一种好战姿态，他说，我们所有人都应该欣然接受入役的机会，还猜测说，如果我们拒绝的话，将背上背信弃义的罪名。"[55] 比斯尔告诉他们，若要返回美国，将不会得到来自美国陆军空运司令部的协助，得自己想办法回家。此外，回国后，他们有可能被立刻征召入伍。其中一名飞行员问道，他们能否休养几周再返回中国，比斯尔拒绝了这一要求，说道："战争还在打呢，你忘了吗？"

尽管陈纳德十分想要这些飞行员留下来，不过他却是以一种幸灾乐祸的心态看着比斯尔的推销策略遭遇了彻底失败。他一直不喜欢这个人，他们俩早在战争开始前就在军中相识，而且他一直对于史迪威在自己获得晋升前一天给予比斯尔军衔晋升，使后者成为更资深军官的轻视行为耿耿于怀。令他感到暖心的是，会议结束后，飞行员们纷纷过来找他，并说道："如果这就是未来陆军对待我们的方式，那我们不想跟它有任何瓜葛。"56

不过，陈纳德哪儿也不会去。有传言说，从1940年起就开始逐步占领印度支那的日军正在那里集结飞机，而陈纳德不打算错过任何一个打击重要目标的机会。5月，他下令发动了新一轮的空袭，目标是河内附近的日军航空基地。这是美军在这个地区——日后的越南——开展的第一次军事行动，但它不会是最后一次。

198 汤姆·琼斯非常渴望担任此次空袭的队长。他在战争中的大部分时间里都被疟疾折磨，在参加了萨尔温江峡谷空袭之后，他想要有机会参加更多的战斗。美国国内有妻儿在等他，孩子还是在他来到中国后才降生的。他打算回国后申请就读哈佛大学法学院，毕业后竞选公职。担任空袭领队肯定可以为竞选演说提供重要素材。当时在那里的一名记者目睹了这次空袭的准备过程："汤姆·琼斯连续数天俯身查阅地图，规划前往河内的路线，每次谈及此事，他都兴奋无比、眼睛放光，就像是一个学生正在讲述球赛是如何获胜的。"57飞越400英里深入日军控制区是一项风险很高的提议，但仍然有人自愿参加这次行动。

5 月 12 日下午，琼斯率领六架 P-40E 飞机前往河内。云层很厚，因此他们在 3000 英尺的高度靠近地面飞行。在临近河内时，他们发现了日军战机，但仍然继续向目标飞行。P-40E 飞机在机场上空开始俯冲，对停靠在跑道上的敌机展开攻击。飞行员刘易斯·毕肖普提到，现场燃起大火，但"由于防空炮火非常密集，我们开始返航，后来还是吸引了城市西北方向河流沿岸的炮火"。[58]

尽管参与这次空袭的飞机成功达成了目标，但约翰·多诺万却被防空炮火击落。这位来自亚拉巴马州的小伙子是从法学院退学而成为海军航空兵的，后来又报名参加了美籍志愿大队。几个月来，他一直在给家人写长信，告诉他们自己等不及想要战争赶快结束然后返回家乡。他在信件中还表达了对战斗的焦虑，承认自己在一次战斗中感觉"比婴儿还要无助"。[59] 在这次令他阵亡的行动前，多诺万把一张手写便条交给了保罗·福利尔曼，那是一封写给父母的信，以防他没能安全返回。

亲爱的爸妈

你们不要为我的死而伤心。我在这场战争中发挥了微小的作用，尽管这让我付出了生命，但我仍然非常高兴。这段生命曾对我意义重大，但我对于离开并不感到难过，你们也无需如此。我对于未来只有少数一些计划，其中最重要的是有一个美好的家。妈妈如果能住在一个更舒服的家里，环绕在鲜花与树木中，我会很高兴的。我很幸福，所以她也要幸福。[60]

199

克莱尔·陈纳德致信多诺万的母亲，称她的儿子"是为了一个我们至今仍然深信且为之奋斗的事业而牺牲"。[61]

在带队完成这次空袭后，汤姆·琼斯对一名记者说，他"十分享受这次经历"，但同时也承认，"天啊，我真有些后怕"。他想要回家与妻儿团聚，却没有完全准备好离开。"再参加一次空袭，然后我就回家。"[62]

5月16日，就在一些飞行员即将吃完午饭时，有消息传来，一架 P-40E 飞机在训练飞行中坠毁。比尔·里德开车前往现场，从中国围观人群中挤进去，发现有少部分飞机碎片散落在地上。他在日记里写道："那里甚至都没有一片足够大的碎片，让人能看出那曾经是一架飞机。现场太糟糕了，我再也不去坠机现场了。"[63] 这架坠毁飞机的飞行员正是汤姆·琼斯，他在带领队友对河内发动空袭时没有被密集的防空炮火击落，却在一次简单的训练任务中丧命。查理·邦德在日记里写道："在那次完美的行动后，发生这件事实在是太悲惨了。"[64] 再过不到两个月，琼斯就可以回家与家人团聚了。

次日，比尔·里德坐进驾驶舱前去参加又一轮空袭。他所在的小队沿着铁路线进入印度支那，寻找可以扫射的列车，并希望可以炸毁一个货场。里德与 R. T. 史密斯在途中离队前去扫射一列他们看到的火车，其他人则由刘易斯·毕肖普率领继续前行。在开始投掷炸弹时，他们遇到了防空炮火。不知是因为炮弹击中了机翼，还是机载炸弹提前爆炸，毕肖普的飞机开始起火，一份战斗报告称："4英尺长的火焰从他的飞机尾部冒出。"[65] 毕肖普成功跳伞，但消失在了丛林中。

对飞虎队来说，这是一个令人揪心的星期。他们在五天时间里失去了三名飞行员。随后在5月22日，罗伯特·利特尔（Robert Little）在针对萨尔温江峡谷的一次后续空袭中阵亡。许多人猜测他机翼上的一枚炸弹发生了爆炸。查理·邦德不敢相信利特尔的牺牲："就在前一天，我还在机场上看到过他，他一如既往地保持着乐观的态度，还在不断地开玩笑……多好的人啊，他的合同再过 40 天就到期了。"[66]

　　陈纳德想要继续战斗，但随着飞行员们的合同即将到期，他们很难接受在这支部队的存续末期出现如此多的伤亡。R. T. 史密斯在日记里谈到导致约翰·多诺万阵亡的那次印度支那行动时写道："这不值得。"[67]

*

　　在飞虎队离开中国前，东道主想要为他们举办一场盛大的嘉奖仪式。6 月 6 日，他们聚集在昆明的机库中。一支乐队在仪式现场演奏乐曲，每叫到一个人的名字，此人就走上前来，从一名中国上校手中接受奖章。查理·邦德在保山被击落后受到的烧伤已经复原得差不多了，于是也参加了这场仪式。当那名上校试图给他的连体飞行服别上奖章时，奖章似乎别不上去，"于是他拉开了一点我的连体飞行服，想要把奖章别在我的贴身内衣上。但我没穿内衣"。[68]上校笑了，然后把奖章递给了邦德，随后又给了他一枚。第一枚是五等云麾勋章，[69]第二枚是中国的十星飞翼奖章，奖励他击落 10 架日军飞机的战绩。邦德实际上并没有击落那么多敌机，不过他还是打算留着它。

　　那天晚上，一些飞行员在昆明的一家餐厅里举行了庆祝活动。此前，他们每周都要来这里光顾三到四个晚上。R. T. 史密斯回忆说，这个地方"提供的中餐是我吃过的最好吃的，无论是之前还是之后"。[70]他们点了从法属印度支那大量进口的香槟。酩悦牌（Moët & Chandon）或白雪牌（Piper-Heidsieck）只要 6 美元一瓶，于是他们喝了一杯又一杯。[71]虽然还要再过好几周才到入役日，但身穿制服的美国陆军航空兵已经出现在昆明了，美籍志愿大队的飞行员们感到自己已经一只脚踏出了门外。

飞虎队成员们 6 月的日记里充满了类似"又一个平静的日子"[72] 和"没做什么值得说的事"[73] 这样的语句，他们在那些日子里"四处闲逛、谈天说地，玩克里比奇牌戏或红狗扑克，读书或者在外面散步"。[74] 他们觉得战争对自己而言已经结束了，飞行员们也可以开始收拾行李、规划未来了。有些人将踏上漫漫归程回到美国，其他人则加入中国航空公司，这家民用航空公司承诺为愿意驾驶运输机飞越喜马拉雅山的飞行员提供丰厚的报酬——约翰·佩塔齐就是其中之一。埃玛此时已经怀孕，她很确定"合约到期时，我们不想加入陆军"。[75] 他们会留下来，然后前往印度，这个即将成为三口之家的家庭将开始一段新的冒险。

尽管回家的心情如此强烈，战争却仍在继续成为他们的阻碍。6 月 11 日，查理·邦德遵照陈纳德的命令，与一群美籍志愿大队的飞行员一起从重庆飞到了桂林——这是一座位于重庆东南方约 400 英里的城市。这座城市与他之前见过的任何地方都不一样——机场"被高山环绕，看起来就像是倒过来的冰淇淋筒"。[76] 基地位于一座深谷中，中国人当时正在建设一英里长的跑道，以便支持重型轰炸机起降。

第二天上午，邦德正在玩克里比奇牌戏，突然听到警报声响起。他和其他几名美国飞行员紧急驾机起飞。升空后，邦德在下方看到了一群日军轰炸机。他利用居高临下的优势，向敌机发动俯冲，对处在 V 形编队外围的一架轰炸机进行了一连串短射，日军轰炸机则用机上的机枪还击。在战斗过程中，邦德的机枪出现了故障，烟雾渗进了仪表盘，他的飞机被击中了。他退出了攻击行动，可随即就看到两架日军战机来到自己的身后。他向下俯冲，试图把敌人甩开。航速指针不断偏转，直到指向了时速 315 英里。他缩起身子，等待着敌方机枪的子弹击中驾驶舱。

那颗子弹始终没有到来。在感到如释重负前，邦德看到了一个注定会让他心跳停止的画面——螺旋桨的一根桨叶正指向上方。引擎停转了，P-40 飞机开始坠落。他艰难地保持着对飞机足够久的控制，以准备几个月以来的第二次紧急迫降。他在下方发现了一片田地，于是操纵失控的飞机飞向那里。但他的速度还是太快了。"我从一片泥泞的稻田上弹了起来，越过一小段堤坝，最后撞进了另一片水田里。"[77] 邦德再一次死里逃生，只在脑袋上留下了一个小小的伤口。一名中国农民带领他走了很长的一段路来到一个村子，村民们清理并包扎了他的伤口。他被介绍给了一个美国传教士，在村民们为他提供了一顿午餐后，传教士护送他来到一座火车站。途中，他的身边聚集了很多人，他写道："还有小孩子在拽我的手。"[78] 传教士向他解释说，飞虎队已经成了当地人心目中的英雄。邦德回忆说："我必须承认，尽管经历了这么多苦难，我还是感到非常骄傲和光荣。"

6 月 20 日，美籍志愿大队的飞行员见到了一名在战斗中击落后被俘的日军机枪手。[79] 他们与他一起拍了几张照片，然后通过一名翻译，得知他在战前是一名鸡农。他看起来并不像他们在这几个月的战斗中所想象的那种威风凛凛的敌人。

那天夜晚，美籍志愿大队再次受邀参加一场庆祝晚宴。邦德形容这场晚宴是"自我来中国后参加过的最盛大的活动"。[80] 雪茄与威士忌敞开供应，每个人都享受了一段"兴奋刺激的时光"。邦德被介绍为一个被击落了两次的飞行员，他总共鞠了两回躬。

*

随着 7 月 4 日不断临近，克莱尔·陈纳德与入役委员会的军官们四处奔走，试图说服这些飞行员和地勤人员加入美国陆军航空军。但无论他们去找谁，答案都是同样的：他们要回家了。

会议在桂林机场旁一个山洞里临时设立的办公室中举行。飞行员们依次排好队，每个人都能听到前面那个人与陈纳德和委员会谈话的内容。等到轮到查理·邦德时，他已经下定决心不接受任何提议。轮到他时，霍默·桑德斯上校（Colonel Homer Sanders）问道："你打算做什么，查理？我敢肯定你会留在我们这儿的，对吧？"[81] 邦德说，只有在得到一个备受他期待的美国陆军航空军"常规委任状"的情况下，他才愿意留下来，但桑德斯上校说，这不可能。不过，这位上校仍然鼓励邦德报名加入陆军。陆军拒绝为美籍志愿大队老兵通融的做法让后者的态度变得更加强硬。桑德斯告诉邦德，他很可能乘坐一艘会沉的船回到美国，即使成功回国，他也会立即被征召入伍。邦德回答说："上校，我向你保证，在经历了这么多之后，这种想法一点儿也不会让我困扰！"

只有 5 名飞行员决定接受入役安排。少数行政人员和 29 名地勤人员也同意留下。"特克斯"希尔是少数决定留下的飞行员之一。他是一个单身汉，家里没有人在等他，正如他后来所说："我们知道［陆军］必须得有人留下来照顾那些新来的家伙，他们没有任何作战经验。"[82]

尽管陈纳德对于失去手下的飞行员十分失望，但在看到一批来自第 11 轰炸机中队的 B-25 轰炸机开始陆续抵达中国后，他还是喜不自胜。他迫不及待地想要将这些飞机投入使用，以桂林和衡阳为基地。尽管美籍志愿大队的飞行员严格地说仍旧处于与中央飞机制造厂签订的合同期内，但他们非正式的入役程序似乎已经随着 7 月初开始护送 B-25 轰炸机发动空袭以及与新的陆军战斗机飞行员融合在一起而完成了。美联社 7 月 6

日报道称："自 7 月 1 日起，已经融为一体的美籍志愿大队和美国陆军的战斗机已经摧毁了 25 架日军飞机。"[83] 美籍志愿大队坚持战斗直到最后一天，身处衡阳的飞行员在那一天紧急驾机起飞以应对日军空袭。[84]

最后的那天，即 7 月 4 日，陈纳德是在重庆郊外的空军基地里度过的，他一整天都在从事文书工作。当天夜晚，部分留守人员开车来到了国民政府主席林森的豪华宅邸，参加了一场欢送晚宴。这场晚宴原本计划举办成一场美国式的烧烤，但大雨迫使他们转移到室内玩起了抢椅子游戏，并喝起了无醇潘趣酒。[85] 陈纳德收到了一幅他与蒋氏夫妇站在一起的画像。

对这些小伙子而言，行动比情感更容易获得他们的好感，但这一时刻显然触动到了他们。"特克斯"希尔说："人们似乎不太理解你也会有感情。当你们在一起工作和战斗这么久之后，你会讨厌分别。这就像是从你的生命里离开了一样。"[86] 夜里 11 点前后，他们走过一片泥地回到车里，冒着大雨开车回到兵营。陈纳德后来写道："午夜时分，美籍志愿大队正式成为历史。"[87]

*

美联社报道称，在整个服役期间，飞虎队"在空中击落或在地面击毁了总共 284 架飞机"，还有许多"或许也已经被摧毁"。[88] 部分飞行员获得了 10 个甚至是 16 个击杀数。中央飞机制造厂最终按照每架敌机 500 美元的价格支付奖金，总共统计了 294 架敌机被毁，包括所有在空中和地面被摧毁的日军飞机。[89] 可以想象，陈纳德感觉自己没有获得足够的嘉奖，认为他们造成的破坏比官方统计所体现的要大得多。"军事专家曾预测，这支部队在战斗中撑不过三个星期，他们却在缅甸、中国、泰国和法属印度支那坚持作战了七个月，摧毁了299架日军飞机，还有153架可能也被摧毁。"[90] 多年之后，有人认为这些数字被夸大了，但飞虎队始终坚持这一说法。[91] 这些战斗是在航空照相枪大规模使用前很久发生的，即使有精确的统计数据，也在战争的迷雾中丢失了。

无论真实数字是什么，这些数字都无法讲述他们所取得成就的全貌。正如陈纳德后来所述："我们P-40飞机上闪耀的鲨鱼牙齿以及我们飞虎队的标志已经成为举世闻名的符号。"[92] 在珍珠港事件后美国最黑暗的时刻，他们成了希望的灯塔，证明美国人可以战斗并赢下这场战争。

随着飞行员们先后道别，坐上飞机离开中国，陈纳德似乎还无法完全放弃他的飞虎队。他传出话来，需要有人自愿再留守两周。有报告称，日军打算在这次过渡之后立刻对基地发动袭击，他认为自己如果一下子失去这么多飞行员肯定会无法应对。他再一次将问题归咎于陆军，因为陆军本应派来更多新兵，但这些新兵还没有抵达。

他的请求让他这些老飞行员不太满意。查理·邦德说："'老家伙'在要把戏。"他指的是陈纳德所主张的新飞行员尚未到来的观点。他还说："有时我在想，他的情绪问题是不是比我们这些飞行员更严重。"[93] 尽管自己"愤怒至极"，但邦德无法拒绝他的指挥官。他同意一直待到7月18日。"特克斯"希尔打算一直待下去，他也请求约翰·佩塔齐再待两周。佩塔齐心中或许也有着与邦德一样的忠诚感，尽管他有怀孕的妻子需要考虑。在长达七个月的战斗之后，再待两个星期又有什么大碍呢？他同意了。

*

陈纳德现在已被任命指挥美国陆军驻华航空特遣队

（China Air Task Force），这支部队是美国陆军第十航空队的一部分，总部设在印度。美籍志愿大队的剩余成员被整合进了第 23 战斗机大队，而让这支部队的原有成员有些气愤的是，所有战斗机都被画上了鲨鱼鼻。几乎每一名曾在二战期间驻留中国的战斗机飞行员都说自己是飞虎队成员。不过，美籍志愿大队的飞行员会强调，他们才是真正的飞虎队。[94]

有 18 名经过战斗考验的美籍志愿大队飞行员同意再待两周时间，这让陈纳德发现了一段很短的机遇期。1942 年 7 月 7 日是这场战争爆发 5 周年的日子，陈纳德一直把它铭记于心。在历时五年被迫撤退并为生存而战后，他终于拥有足够的武器可以扭转战争局势了。

7 月 6 日，一支由五架 B-25 轰炸机和四架 P-40E 战斗机组成的编队从桂林起飞，飞向华南地区被日军占领的广州。被任命为第 75 战斗机中队队长的希尔以及佩塔齐和两名新来的陆军战斗机飞行员负责驾驶 P-40E 飞机。他们在 13000 英尺上空飞行，略微高于 B-25 轰炸机，并试图保持视野清晰，留意任何敌军活动。他们的任务是保护轰炸机，确保后者抵达目标上空，并协助抵御日军的攻击。在轰炸机投掷完炸弹后，编队开始返航桂林。仅仅 5~10 分钟后，B-25 轰炸机就通过无线电告知下方出现了日军战斗机。佩塔齐抛弃了 P-40E 飞机机腹下方的副油箱，以便获得更快的速度，然后开始俯冲。

当佩塔齐看到远方有三架敌机并排飞行时，他还是孤身一人。其中一架飞机发射了一连串子弹，紧接着三架飞机都向他飞来。佩塔齐知道自己接下来的行动必须经过深思熟虑。他将机头对准其中一架飞机的飞行路线，"一待它进入我的视野，我就向它进行了扫射"。[95] 他的子弹在那架日军战机的机翼上留下了一排巨大的弹孔。另外两架敌机开始追逐他，佩塔齐向上爬升，设法逃离。他扫视了一遍天空，发现三英里外又有两

206

架日军战斗机。他加速向它们飞去，将瞄准器对准了其中的一架，给了它"大约持续一秒的扫射，敌机瞬间起火燃烧"。希尔用无线电通知所有人重新集合。他们的任务是保护 B-25 轰炸机，而不是找麻烦。最终，他们成功返回基地，没有任何损失。

7 月 10 日，希尔针对临川（今江西省抚州市）周围的日本军事设施组织了一次突袭行动。从目标上来说，这不是一次十分重要的任务，但他们迫切地想要把手头的一切火力都丢在日本人头上。佩塔齐再次坐进了 P-40E 飞机的驾驶舱。这一次，距离他和埃玛终于可以开始生活的下一阶段只剩八天了。四架 P-40E 飞机于下午 12 点 3 分飞抵目标上空。他们保持在 6500 英尺高度，视野中没有任何日军飞机的痕迹。佩塔齐飞在第一位，注意到了某个像是日本军事设施的东西，于是开始向它俯冲。在 2300 英尺高度，他投掷了炸弹，但另一位飞行员埃贾克斯·鲍姆勒（Ajax Baumler）在战斗报告中写道，突然间"他的飞机就开始剧烈旋转，完全失去了控制"。[96] 佩塔齐的飞机很显然是被防空炮火击中，左侧机翼的一部分似乎也脱落了。这架 P-40 飞机随后坠毁在下方的一条河流旁，燃起大火。鲍姆勒在上方盘旋了一阵，但任何人都不太可能从这场坠毁中幸存下来。这次行动对美国人来说是一场灾难——另一名来自美籍志愿大队的两周志愿者阿诺德·香布林（Arnold Shamblin）也被击落。他有可能是被日军俘虏，但他再也没有出现过。

约翰·佩塔齐阵亡时距离他 24 岁的生日仅剩五天。当阵亡的消息传到"特克斯"希尔那里时，后者心中充满了愧疚。数十年后，他仍然记得，佩塔齐"已经把背包和行李收拾好，坐下来准备跟'老家伙'道别了"，这时希尔却要求他再待两周。"上帝啊，这件事让我想死。"[97]

死亡在美籍志愿大队并不罕见：包括 2 名在 7 月 10 日空袭中阵亡的飞行员，美籍志愿大队总共损失了 26 名成员。[98]但当它发生在一个你所爱的人身上时，对死亡是否熟悉便没有了任何意义。

埃玛·福斯特是在重庆听到这个消息的。她感到悲痛欲绝，尽管此前几个月，她其实一直在一定程度上等待着这个可怕的消息。她后来回忆说："我总有一种感觉，我们再也无法团聚了。如果真的要失去他的话，那么我想要留下他的一部分，这也是为什么我故意要怀孕的原因。"[99]

她原以为自己已经坚持到了最后，但她的预感错了。她以为约翰会在额外的两周待在基地里以防备日军袭击，而不是去参加危险的低空突袭任务。"我知道他在空中能照顾好自己，我一点也不担心这个。我没想到他们会派他去参加一个轰炸和扫射的任务。"[100]因此，这个消息显得更加残忍。

如果说她内心里责怪陈纳德或者希尔的话，那么她把这份责怪隐藏了起来。不过她对一件事表现得很明确：她再也不想在重庆多待一天了。她想要回家。埃玛回忆说："没有告别，没有派对，什么也没有。"[101]陈纳德让查理·邦德和鲍勃·尼尔与她一起走，确保她能安全回家。

这是一项艰巨的任务。他们来到印度后，行程遇到了阻碍。运输机很少，三人不得不考虑乘船回家，但埃玛不想带着自己沉重的负担在海上逗留几个星期。最后，他们给"哈普"阿诺德将军发了一封电报，这样才坐上了回国的飞机。阿诺德将这位战争遗孀及其护送人员认定为军事运输的"最高优先目标"。邦德匆匆回到宾馆，把消息告诉了埃玛·福斯特：他们的飞机将在第二天出发。他原以为她会"在听到这个消息时失声痛哭"，她却十分平静，即使在哀伤之中也带着一丝幽默。她说："希望我到时能准备好。"[102]

207

8月1日，他们坐上一架 DC-3 飞机开始了旅程，这架飞机带着他们花了近一周时间经停了大西洋上的许多岛屿，然后来到南美洲，最终于8月7日抵达迈阿密。即使是最终到家后，埃玛还要再忍受另一个伤痛。她回忆说："当我们抵达海关办公室时，他们把飞行员当作英雄一样对待，他们很快就通关了。"但海关官员却把她单独拎出来，"把我当作一个随军平民或妓女一样对待，这真的很伤人"。[103]

*

拒绝入役的要求并没有拉近离开的飞虎队成员与军队间的关系，而比斯尔也兑现了他的威胁——陆军提供的飞机最远只飞到加尔各答。不过他们并不担心。

R. T. 史密斯回忆说："我们都处在无忧无虑的状态，很高兴能够离开中国回家，尽管我们会如何完成最后那段相当于绕半个世界的旅程还有着不确定性。"[104] 由于无法使用陆军的飞机，因此他们在一艘前往纽约的运输船上勉强找到了铺位——史密斯说，这趟旅程"需要花几周时间穿越数千英里遍布潜艇的水域"，他感觉这就像是"面对行刑队或者玩俄罗斯轮盘赌一般"。[105] 但他们想要回家。

马里波萨号（Mariposa）客轮曾是一艘邮轮，此时正载着美国士兵前往印度。这艘客轮将空载返回美国，飞虎队成员们获悉，他们可以以200美元的价格购买从孟买到纽约的船票。不过，他们首先得从加尔各答前往孟买，这段路程长约1200英里。史密斯、比尔、里德以及他们的小队在一趟火车上预订了一个头等包厢，踏上了为期两天的旅程。天气异常炎热、令人窒息，他们在包厢正中的盥洗盆里装满了冰块，但这么做的唯一好处是保持他们的啤酒和苏格兰威士忌处在冷藏状态。沿途的每一站，他们都会冲出车厢在车站餐厅里购买更多冰块。终于抵达孟买时，他们迫切地想要品尝奢侈的滋味，于是入住了泰姬陵酒店（Taj Mahal Hotel）的套房。他们甚至雇了仆人来替他们洗衣服并整理房间。史密斯写道："我告诉你，朋友，我们过得奢侈无比，享受这里的每一分钟。"106

在他们等待登上马里波萨号的时候，更多的飞虎队成员漂泊到了这座城市。当三周后马里波萨号终于为返航作好准备时，约有 80 名飞虎队成员一同踏上了归程。奇怪的是，它让人想起了仅仅一年前那艘带着他们从旧金山出发的轮船。除了少数传教士和一小群被派往美国受训的中国飞行学员外，船上的客人就只有他们了。他们睡在货舱里临时搭建的三层铺位上。与此同时，船上的饮食沙龙也被改造成了食堂，由军队厨师负责管理，史密斯回忆道，他们提供"真正正宗的美国饮食，我们把能吃的都吃了。没过几天，我们瘦削的身体开始重新积攒在过去几个月里失去的体重"。

马里波萨号跨越印度洋，在开普敦（Cape Town）停泊数天加油，随后将跨越有纳粹 U 型潜艇巡逻的大西洋。自 1942年以来，U 型潜艇对货轮和邮轮发动了一场破坏战，甚至在纽约港外围展开袭击。运输船只会安全一些，因为它们一般是作为武装护卫船队的一部分来航行的，不过马里波萨号却形单影只。船员们将航速保持在 20 节①，好让跨越大西洋的时间越短越好。

9 月，一个阳光明媚的上午，这些前飞虎队成员站在轮船的栏杆旁，看着它驶入纽约港，从自由女神像旁经过。史密斯回忆说："有几个小伙子说起，他们的父母或者祖父母在作为移民经历刚刚那个时刻时曾感动得热泪盈眶。"这些小伙子中

209

---

① 1 节的速度是 1 海里每小时，此处即约 37 公里每小时。

没有人承认自己流下了眼泪，但终于回到家乡的事实还是让他们深有感触。

史密斯和里德此前从未造访过纽约，于是决定在这里待几天，以结束他们的环游世界之旅。他们在第七大道上的宾夕法尼亚酒店（Hotel Pennsylvania）订好了房间，就位于纽约宾州车站的对面，然后给父母打了电话，告诉他们自己已安全回国。

9月9日的《纽约先驱论坛报》宣布了他们的到来：《飞虎队员来到本市讲述史诗战役》（*Flying Tigers*, *In City*, *Tell of Epic Campaign*）。[107] 这些来自"最知名战斗部队"之一的飞行员正"准备在纽约观光结束后回到位于各地的家乡"。但当记者采访到史密斯时，这位飞行员"对自己的功绩似乎有些沉默寡言"。

在城中，史密斯与里德发现所有人都想给他们买一杯酒。他们来到城里最高档的夜总会斯托克俱乐部（Stork Club）和科帕卡巴纳（Copacabana），与衣着优雅的名流相谈甚欢。即使在这群穿着考究的人中，飞行员们也会发现自己被当作名人对待。他们所激发出的魅力显然延伸到了许多"年轻漂亮的女士"身上。[108] 其中一人名叫芭芭拉·布拉德福德（Barbara Bradford），是一位曾为可口可乐拍摄广告，并出现在《大都会》（*Cosmopolitan*）杂志封面上的金发模特。她已经嫁给了著名的歌舞杂耍演员乔治·曼（George Mann），但在仅仅一年后，她就成了 R. T. 史密斯夫人。

纽约仅仅是他们受到的英雄般欢迎的开始。美国各地的小城镇在了解到镇上出了一位著名的飞虎队成员后都骄傲无比，有什么比一场游行更能表达民众的骄傲情绪呢？或许没有任何城市比里德的家乡艾奥瓦州马里恩办得更夸张。《马里恩哨兵报》（*Marion Sentinel*）在9月10日星期四的头版上刊登了他的照片，并印制了大字标题《星期六是"比尔·里德"日》。一场"皇家欢迎仪式"计划于周末举行，将由群众游行和州长乔治·威尔逊（George Wilson）的讲话组成。《马里恩哨兵报》称："整个世界都为一小群勇敢飞行员的战绩而喝彩，他就是飞行员之一。"[109]整个社区都对他所取得的成就引以为豪。

9 月 12 日天气很好，来自全州各地的数千民众聚集在马里恩市公园的音乐台前，州长与市长出席活动，庆祝活动以高中乐队的表演开场。来自当地教堂的一名圣职主持了祈祷仪式，与此同时，一支飞行中队从场地上空飞过。这一景象是任何一位马里恩市民都没有体验过的，不过现场只有一个问题——比尔·里德不见了踪影。

他错过了火车，把迟到的原因归结于自己在中央车站迷了路，不过这有可能是他在城里狂欢一夜后找到的一个方便的借口。火车最终顺利抵达，他下车后立刻跳上了一辆汽车，车子载着他向着庆祝仪式疾驰而来。他抵达的时间刚刚好，让他完成了一次戏剧性登场。他只有几秒钟时间跟母亲匆匆打了个招呼，便被推上了舞台。

威尔逊州长对台下的人群说："有一天，将会有人详细讲述这些来自美国各州的飞行员如何在陈纳德将军的带领下向这片古老大陆的爱国者展示怎样为自由而战。他们勇敢地面对日本人的挑战，把日军飞机一架接一架地击落。里德中尉的战绩是其中最优秀的之一。"[110]

里德起身发表演讲，在掌声响起时，他粲然一笑。《马里恩哨兵报》报道称，他身穿制服，带着"一种参议员式的镇静，不过他否认有竞选参议员的志向"。就此刻而言，比尔·里德很高兴能够回到家乡，他告诉台下的人群："无论你往哪个方向走，美国都是这里与中国之间最了不起的国家。"[111]

211

*

保罗·福利尔曼避免了漫长的海上旅程，带领一小群飞虎队成员搭乘飞机穿越非洲，然后纵贯南美洲一路向北旅行。在巴西纳塔尔（Natal）停留期间，他在酒店里见到了演员兼导演奥逊·威尔斯（Orson Welles）。威尔斯此时正在巴西制作一部电影，对于能够见到真正的飞虎队成员似乎感到有些敬畏。他知道自己的美国同胞也会有同样的感受。这位导演对他们说："你们还是等等看会遇到什么事吧。"[112]

7月16日，福利尔曼和其他人在迈阿密机场走下飞机。男女童子军聚拢过来发出欢呼，乐队开始演奏，市民领袖将一束束鲜花塞在他们的手中。每个人都想与飞虎队合影留念，记者们则想听到第一手的故事。福利尔曼设法对紧紧跟随的记者们说出了一些天衣无缝的话。他对一名记者说："他们都是冒险家。大多数人之所以加入是为了寻求刺激。他们不顾个人安危，拥有的不仅仅是爱国主义精神——他们还有充足的勇气和对战斗的热爱。"[113]

可以预料的是，当被问及他们对回家最期待的是什么时，许多飞行员都说，他们想和美国姑娘约会。其他飞行员则迫不及待地想要品尝家乡的美食。其中一人说，没有什么比奶昔更让他想念的了，因为他必须把在中国失去的40磅体重给养回来。[114]在准备分别之前，他们聚集在一起喝了最后一次酒，占据了泛美航空公司航站楼的一整个办公室。报纸将它们描述为"放假的英雄"，刊登了他们举杯欢笑的照片。[115]

对圣诞日空袭的英雄乔治·麦克米兰来说，家乡就在从迈阿密到奥兰多的一段短短的航程之外。他走下飞机，看到母亲就站在飞机跑道旁。在给母亲写了无数家信后，他只能想起两

个适合这个场合的词语："嗨，妈妈。"[116] 他们相互拥抱，人群
一片寂静。

一名记者走上前来，询问麦克米兰他是否会重返战场。
如果是几周前，他的回答或许会有所不同，但如今他回答说：
"先让我休息一下，尝尝母亲的手艺，享受生活一段时间，然
后我就会准备好重新系上安全带。"[117]

在芝加哥，保罗·福利尔曼的老教堂举办了一场欢迎派
对。900 名民众挤进了梅尔罗斯公园（Melrose Park）中挂满
旗帜的圣保罗路德教堂（St. Paul's Lutheran Church），迎
接"战斗牧师"。[118] 福利尔曼很快就适应了自己作为地方名人
的角色，履行了一系列义务，例如作为贵宾出席芝加哥唐人街
的一次游行活动等。他还有一个更加严峻的任务：他已经答应
陈纳德会给阵亡飞行员的家属写信。于是他寄出了一封又一封
信，告诉他们，他们的挚爱亲人是如何英勇无畏，并向这些亲
属保证，他们并没有白白死去。有些阵亡飞行员的亲人还前来
芝加哥拜访他，但大部分人都只是回信表达了他们的感激之
情。不过，一名来自南方的女性回信说，他的儿子肯定还活着，
很快就能返回家乡，"像儿时那样跟我一起打猎松鼠"。[119]

鉴于围绕飞虎队回国所产生的名人效应，好莱坞不可避
免地将他们视为激励全国民众的榜样和促进电影票房的灵丹
妙药。

一部名为《飞虎队》的电影已经在制作中了。那年春天，
在真正的飞虎队结束亚洲服役期之际，共和影业雇用了两名美
籍志愿大队的前职员担任顾问。这家电影公司并不知道或者说
不在乎他们之所以能提前回国，是因为陈纳德将他们开除了，
理由是怀疑他们在谈恋爱。[120] 如今，他们笑到了最后，与那一
年最受期待的电影之一联系在了一起。正如一家报纸所说，这
部电影是"好莱坞所有电影公司嫉妒的对象"。[121]

212

但他们能找到谁来扮演这支部队充满活力的指挥官呢？似乎只有一个演员适合：约翰·韦恩。韦恩的一本传记这样写道："这部影片对韦恩而言是一个完美的传播媒介。这是一个可敬而沉默的领导者，所有的动作戏和其他内容的展开都发挥了他的优势。"[122] 历史准确性不是这部电影的首要目标——电影中的所有战斗都被描述为发生在珍珠港事件之前，但美籍志愿大队实际上直到珍珠港事件后近两周才第一次参与实战。军事评论家在电影中发现了许多别的问题，包括没有能够刻画中国角色，以及将中国人表现得太夸张。[123] 但票房结果确很明显：能看到韦恩率领飞虎队，美国人很兴奋。

与飞虎队有关的每个人和每件事似乎都在一夜间举世闻名，尤其是陈纳德本人。作家们蜂拥至路易斯安那州，希望能采访他的儿时伙伴，并且将内尔团团围住，试图从每一个角度来讲述这个伟人的故事。

1943 年，陈纳德以远东战场盟军救星的身份出现在《时代周刊》的封面上，脸上没有一丝微笑，身后还画了一只飞虎的图案。[124]

这个因在航空兵团混不下去而来到中国，希望有机会东山再起的男人成了一个传奇，实现了自己一直以来的梦想。

第 14 章 黑羊坠落

名气或许能让陈纳德感到高兴，却无法满足他的使命感，随着一次次在战斗中取胜，这种使命感与日俱增。他不想仅仅成为一小群勇敢英雄的领导者，他还想要在赢得战争的过程中发挥决定性的作用。这一雄心壮志如今因他在军中所处的从属地位而受到了威胁，而且，飞机还是不够多。

1942 年 10 月 2 日，曾在 1940 年总统选举中挑战罗斯福的共和党人温德尔·威尔基（Wendell Willkie）来到重庆。在选举落败后，威尔基同意担任罗斯福特使前往远东地区。[1]他还带来了战争情报局副局长小加德纳·考尔斯（Gardner Cowles, Jr.），考尔斯曾是传媒业大亨，是这次"同一个世界"巡访的公关负责人。此次巡访意在展示美国两党对战争的共同支持。

威尔基的座驾在城中行进时，有成千上万的中国儿童在街道旁列队，挥舞着中美两国国旗。他写道："任何曾经竞选过美国总统的人都对人群毫不陌生，但这样的人群却是例外。"[2]随后举行的欢迎仪式和宴会令人陶醉，同样令人陶醉的还有他的女主人：宋美龄。

考尔斯还记得那天晚上的一个疯狂故事。[3]

中途某一时刻，与蒋氏夫妇站在一起迎宾的黝黑英俊的威尔基转身对考尔斯说，要他吸引住委员长的注意力，好让自己和宋美龄一起溜出去。考尔斯尽职尽责地扮演了僚机的角色，用一个接一个的问题来缠住蒋介石。在宴会临近尾声时，考尔斯回到了他和威尔基共住的宾馆，但他的朋友却不在。没过多久，蒋介石本人就带着随从猛敲房门，要求知道威尔基的下落。这群人搜查了整栋房子，甚至寻找了衣橱和床下，却一无所获，最终离开。凌晨 4 点前后，威尔基悠闲地进了屋，炫耀自己刚刚与蒋夫人的约会。考尔斯愤怒不已，对他说："温德尔，你个傻瓜！"[4] 他担心威尔基有可能会被中国行刑队枪毙。

无论那天晚上发生了什么，都改变不了这是一次公差的事实，威尔基在此次访问期间与陈纳德举行了一次一对一会谈。陈纳德不出所料地提出史迪威一直在妨碍自己的任务，以及他需要更多飞机。威尔基要求陈纳德撰写一份详细记述，好直接呈交罗斯福，陈纳德照做了。他几乎整晚没睡，一直在写信。历史学家芭芭拉·塔奇曼后来将其称为"这场战争的杰出文献之一"。[5]

陈纳德在那份文件中列举了一系列令人震惊的断言：

①日本可以在中国被击败。

②击败它的可以是一支规模小得会在其他战场被认为荒唐可笑的航空部队。

③我有信心，只要能获得这样一支部队的真正指挥权，我就能带来日本的溃败。[6]

他的狂妄自大和不服从命令在华盛顿特区的官员中引起了轩然大波。不过，他保证能够击败日本的态度却在白宫引起了一些兴趣。陈纳德很快就获得了一个亲自陈情的机会。

1943年5月14日下午2点，他与罗斯福总统、温斯顿·丘吉尔首相以及联合参谋长委员会（Combined Chiefs of Staff）一同在白宫参加了一场会议，讨论中缅印战场的态势。会议纪要显示，陈纳德再次请求获得更多的飞机，[7]这一请求至少取得了部分成功，因为没过多久，就有新的飞机前来增援后来的第十四航空队（Fourteenth Air Force）（这相比于1943年3月成立的驻华航空特遣队而言是一次地位和头衔上的提升）。但是，要想执行陈纳德的大胆计划，不管多少飞机都是不够的。陈纳德不信任华盛顿的将军们，他相信自己的飞行员。他写信给美籍志愿大队的一些飞行员，请求他们返回中国。

*

中国的空战从未像陈纳德希望的那样成为罗斯福的优先关注对象，随着其他战线的战斗愈演愈烈，中国空战也从报纸的头版头条逐渐消失。不过对"老家伙"的使命感还是使得飞虎队的部分首创成员返回战场，继续为陈纳德作战，一直坚持到最苦涩的结尾。乔治·麦克米兰感觉自己必须离开佛罗里达重新投入战斗。他在抵达中国后对一名记者说："美籍志愿大队曾长期因物资短缺而受到掣肘，但如今的情况已大为改观。"[8]

陈纳德十分欢迎他的归来，任命他指挥一支战斗机中队。1944 年 6 月 24 日，麦克米兰率领一支由 11 架 P-38 飞机组成的编队发动空袭。他看到地面上有一大群军队，但看不出究竟是日军还是中国军队，于是他盘旋了一圈，然后向目标靠近——这一决定令他付出了惨重的代价。事实上，那些是日军士兵，他们用步枪开火，打中了他的飞机。他用无线电发出求救信号，并逃离了目标区域，或许寄希望于再来一次奇迹迫降，就像他在 1941 年圣诞节那天所做的。他朝着一条河飞去，并在无线电中说道："这家伙怎么在河上降落？"[9]另一名飞行员看到了麦克米兰的受损飞机，引擎似乎已经停转，飞机开始坠落，最终坠毁在地面上，燃起一团火焰。他的队友报告称："我在该区域没有看到降落伞。"

比尔·里德于 1943 年回到远东，首先去了印度，然后回到中国。他在 1944 年 6 月被击落，不过在荒野里待了几周后，他设法在中国战斗机的导航下回到美军的行列。他后来以中国的最优秀飞行员之一而闻名于世。

1944 年 12 月 19 日，里德在结束一次夜间行动返航时，发现自己的基地正在遭受攻击，开始实施灯火管制。他的燃油已经不足，在上空盘旋了许久等待降落许可，却一直没有等到。数名境遇相同的战斗机飞行员都放弃了，选择跳伞，其中一人毫发无伤，另一人摔断了一条腿，但活了下来。里德就没那么幸运了。第二天，他们发现了他的尸体。跳伞后，飞机的尾翼显然打到了他，"一片头发松垮垮地搭在他的后脑上，头皮已经被割了下来"。[10] 他的手还紧握着开伞索，却没有打开降落伞。

那段时期，蒙大拿州众议员迈克·曼斯菲尔德（Mike Mansfield）正待在中国，当他返回华盛顿后，他将里德的死讯直接告诉了罗斯福总统。[11]《得梅因纪事报》刊登了一封信，回忆了"两年前整个州的人都为他从中国战场归来而欢呼"的场面。[12] 但如今，"人们都在传颂，比尔·里德已经飞完了他的最后一次飞行"。

*

不是所有回到中国的美籍志愿大队飞行员都是为了陈纳德才回来的，而且还有一些人以自己的方式在其他的战场声名鹊起。在中国长大的波莫纳学院毕业生吉姆·霍华德于 1944 年 1 月 11 日驾驶一架 P-51 飞机，在德国上空与前来袭击美军 B-17 轰炸机的德国空军战斗机发生缠斗。他击落了 4 架德国空军战机，在弹药耗尽后，便一头俯冲进了一支由 30 架德军飞机组成的机群。他被赞颂协助拯救了那些飞行堡垒。那天亲自担任轰炸机领队的罗伯特·特拉维斯将军（General Robert Travis）说："这种决心和勇气是我所见的最伟大的。这是一个美国人单枪匹马挑战几乎整个德国空军的战例。他操作飞机的技巧无比娴熟，上下翻飞。他们甚至给不了那个小伙子一个足够大的奖励。"[13]

当霍华德得到荣誉勋章时，沃尔特·克朗凯特（Walter Cronkite）以及安迪·鲁尼（Andy Rooney）等撰写英雄飞行员事迹的记者均在媒体上将他颂赞为英雄。他却对自己的英勇行为轻描淡写："我只是看到了自己的职责所在，然后将它完成。"[14]

最让美籍志愿大队的前成员感到惊讶的是格雷格·博因顿的第二段职业生涯。离开中国后，博因顿回到西雅图郊区生活。他申请恢复在海军陆战队的委任状，但未获批准，因此他怀疑是来自陈纳德的负面评价对他构成了阻碍。他在西雅图的一间车库找到了替人泊车的工作，这也曾是他在华盛顿大学求学时所做的工作。[15] 他一直希望自己能重新被海军陆战队接纳，但始终杳无音信。最终，他在 1942 年 11 月 8 日给华盛顿发去了一封电报："**待命四个月，耐心耗尽，希望立刻得到指示，拜托。**"[16]

博因顿不仅拿回了委任状，而且在 1943 年 9 月受命指挥海军陆战队 VMF-214 战斗机中队。他的飞行员们后来渐渐称他为"爷爷"，因为 30 岁的博因顿已经被认为是一个远古人了。尽管陈纳德与博因顿一直对彼此没什么敬意，但如今博因顿有了一支属于自己的中队，他似乎开始模仿那个"老家伙"，因为他不喜欢把时间浪费在遵守条令上。飞行员们渐渐开始尊敬博因顿，后者的飞行技巧让他们印象深刻。在一天夜里，他们开始讨论应该给中队起个什么昵称。他们大部分是其他中队不要的"孤儿"，一个人开玩笑说，他们基本上都是些野种。随后有人提议"博因顿的野种"，于是他们把这个名字提交给了一名负责公共关系的军官，后者认为其十分不敬予以驳回。

他们最后一致同意了另一个以 B 开头的名字——黑羊（Black Sheep）。[17] 黑羊中队在格雷格·博因顿少校的指挥下将成为这场战争中最著名的战斗团体之一。他们驻扎在瓜达尔卡纳尔岛（Guadalcanal）附近的一座岛屿上，负责驾驶"海盗式（Corsair）"战斗机打击驻扎在邻近岛屿上的日军。

博因顿以一种典型的惊人风格参加战斗，最著名的莫过于在无线电中向日本人发出战斗挑战。到 1943 年 12 月，他已经累计了惊人的 25 架敌机击杀数（尽管许多人对这一说法的准确性提出过质疑），距离乔·福斯少校（Major Joe Foss）在二战中以及艾迪·里肯巴克（Eddie Rickenbacker）在一战中创下的纪录只差一架。在以零击杀的战绩结束一次战斗后，他发起了火，说道："该死，我今天就是拿一把中提琴都打不中马厩的墙。我猜还是太紧张了。"[18] 似乎绰号"老爹（Pappy）"——报纸上都这么叫他——的格雷格·博因顿已没办法刷新纪录了。他的旅程将在 1944 年 1 月来到终点，他与陈纳德一样，也有一种自己注定要不顾一切创造历史的感觉。他很确定自己能够活下来。据说，他曾告诉其他飞行员："如果你们看到我被击落的话……我保证，战争结束的半年后，我会在圣迭戈的酒吧里与你们相见。"[19]

在 1944 年 1 月 3 日的日程安排公布后，博因顿原本是可以休息一天，但他不想休息。他知道自己或许只有一两次打破纪录的机会了，他想抓住每一次参加战斗的机会。他自愿指挥一次"战斗扫荡"，目标是日军在太平洋上尚未被攻陷的战斗堡垒之一拉包尔（Rabaul），这一请求得到了批准。在空袭前的那天夜里，飞行员们转移到了一个前沿行动基地。

第二天上午 6 点半，博因顿回到了"海盗式"战斗机的驾驶舱中，驾机起飞前往拉包尔。几名飞行员因机械故障不得不返航，等到上午 8 点他们抵达目标时，博因顿率领的编队只剩下 4 架飞机。如果他有过任何担心的话，那也是担心自己遇不到日军飞机。不过在上午 8 点 15 分，他看到了一支由 6 架零式战机组成的编队在晨曦中闪闪发光。他从后方抵近，过于急切地想要取得击杀，却在目标后方四分之一英里处过早地开了火。这本应让零式战机注意并改变自己的飞行轨迹，但不知为何，它并未改变航道，博因顿因此得以继续靠近。博因顿的传记作家布鲁斯·甘布勒写道："重量很轻的零式战机在子弹的打击下不停抖动。"[20] 日军飞行员跳伞逃生，飞机燃起大火。这是博因顿的第 26 个击杀，其他美国飞行员可以为他作证。纪录已经追平，如今他着眼于打破它。他看到下方的一群零式战机，开始俯冲，但在匆忙之中，他没有看到自己上方的另一群零式战机，后者迅速开始追赶他。当时的形势是，只有 2 架的"海盗式"战斗机对阵一群约有 20 架的零式战机。另一架"海盗式"战机没过多久就被击中，坠毁在岛屿上，燃起一团火焰。博因顿只剩下孤身一人，随着机枪子弹命中目标，他的飞机也燃起了火焰。博因顿随着燃烧的飞机一起坠了下去。

博因顿没能返航的消息"像一阵冷风一样"传遍了盟军基地。[21] 目击者证明了他取得第 26 个击杀的事实，但自此之后，他就消失了踪影。不过，他的队友们信心满满地认为他一定活了下来。

军方派出了轰炸机和战斗机前去搜寻博因顿，但没有发现这名失踪飞行员的任何痕迹。1944 年 4 月，他在缺席的情况下获得了荣誉勋章。在官方记载中，博因顿此时仍然被认定为失踪，但很多人在私下里认为他已经死了。不过他的母亲拒绝放弃希望。她受邀在华盛顿州塔科马（Tacoma）一座造船厂举行的集会上发表讲话，并在一艘船的下水仪式上象征性地在船头砸破了瓶子。她说道："今晚，在祝福这艘船的同时，我要念一小段祈祷。在瓶碎之际，我要说：'船啊，去把我的孩

220

子带到我和他的孩子身边来吧。'"22

博因顿 3 岁的女儿格洛丽亚（Gloria）开始同姨妈一起居住。在上床睡觉前，她会祈祷："拜托，上帝，把爸爸带回来吧。"23

*

陈纳德感觉到自己在中国的日子已经不多了，于是将注意力放在同中央情报局（CIA）的前身战略情报局（OSS）的合作上，目的是找到并带回那些从 1942 年起在敌军控制区跳伞的飞行员——包括查理·莫特（在泰国被击落的宾夕法尼亚大学毕业生）、威廉·麦加里（在清迈空袭中失踪于泰国丛林中的"黑麦克"），以及刘易斯·毕肖普（在印度支那被击落的飞行员）。24

1945 年初，陈纳德与战略情报局军官尼科尔·史密斯（Nicol Smith）见面，后者正在泰国协调与"自由泰人（Free Thai）"抵抗运动的行动。他向史密斯展示了一幅标示麦加里最后出现地点的地图，仅仅几天后，史密斯就得知，他实际上还活着。麦加里在丛林里迷路了三个星期，后来被泰国警察发现并逮捕。他遭到了日本人的审讯，并被关在一个受日军控制、由泰国人管理的设施内。陈纳德让史密斯"从麦加里那里搞清楚，如果可能的话，他的身体条件是否允许他离开，以及他是否愿意尝试逃跑"。25 "自由泰人"的战士与这位飞行员取得了联系，后者证实自己愿意尝试，即使是冒死亡的风险也在所不惜。最初的计划是由他来装病，然后被偷运到一所医院，或者甚至被装在棺材里运出来，但这个计划最终被取消了。取而代之的是，一名与"自由泰人"合作的泰国警察起草了一份假冒的释放令。1945 年 4 月 14 日，麦加里被护送出了监狱，并被带到了战略情报局的一间安全屋中。紧接着，他被用一艘小船偷运出了泰国，他躺在下层甲板，手上拿着一把冲锋枪，以防日军巡逻艇决定检查船只。当麦加里抵达昆明时，陈纳德以及他在美籍志愿大队的一些旧友正在等待。其中一人正是埃德·雷克托，在近三年前麦加里被击落时，正是他向丛林里丢了一根糖棒。

查理·莫特是在 1942 年 1 月 8 日一次针对日军航空基地的空袭中被击落的，后来被关进了桂河沿岸那些臭名昭著的战俘营中。据他回忆："几乎每个人都得了疟疾和痢疾。小擦伤会因为缺少抗菌剂而感染，从而发展成巨大的溃疡。肉会慢慢腐烂，让骨头和肌腱暴露在外。我们能活着靠的是什么？是希望。"26

关住他们的不仅仅是日军看守，还有浓密的丛林。"想要穿越敌军控制区抵达最近的友方阵线，需要跨越 600 英里。丛林就是我们的看守。"1945 年，一名"自由泰人"的军官在一些战俘忙于劳动时与他们取得了联系，并指示莫特走出营地进入丛林，一名向导会带他前往一座战略情报局协助架设的秘密机场。他十分信任这个计划，并且发现一名泰国向导果然如同承诺的那样正在等待他。他骑着一匹矮马长途跋涉来到机场，见到了战略情报局的特工，并搭上了飞机。

刘易斯·毕肖普设法在 1945 年 5 月 10 日从日军的看守下逃脱。他与另外四名美国囚犯在夜间从一辆行驶中的列车上跳下，随后花了 47 天辗转于中国共产党和国民党的士兵之手，最后才抵达昆明。陈纳德亲自来迎接他，但据毕肖普说，"老家伙""看起来老多了，疲惫且倦怠"。27 为了欢迎他的归来，陈纳德举行了一场庆祝晚宴，这位前战俘自 1941 年 9 月离开美国以来第一次吃到了冰淇淋。陈纳德把自己的甜点给了毕肖普，好让后者可以吃两份。一有机会，毕肖普就给身在佛罗里达的妻子发了封电报，告知她自己还活着，即将回家。他后来在谈及自己的逃跑经历时写道："想要回到我的妻子和如今3 岁半的小女儿身边的强烈冲动驱使着我保持了前所未有的决心。"[28] 当他最终回到美国时，妻子却告诉他，在他长达三年的被囚禁期间，自己遇到了别人，想要离婚。

陈纳德愿意与几乎任何人合作来拯救他坠机的飞行员。"我和所有政治背景的中国人都打过交道，包括共产党、独立游击队和［反蒋］异见人士……［共产党］在日本人的眼皮底下救出了我们的许多飞行员，我们也投桃报李地向他们提供了药品、无线电设备、袖珍指南针以及手表等。"[29] 1945 年 3 月，他会见了一名游击队领袖，后者一直在印度支那与战略情报局合作救援坠机的美国飞行员。这个身材瘦削的男子穿着一件卡其色制服。他的名字叫胡志明。在会谈中，胡志明称赞了陈纳德对飞虎队的领导。[30] 胡志明向陈纳德提出想获得后者的一张照片以作收藏，陈纳德同意了，便让自己的秘书拿了一张来，然后用钢笔在上面签了名。众所周知，胡志明喜欢展示陈纳德的照片，对于自己与美国人民及其最优秀的战士之间的友谊十分自豪——陈纳德就像他一样是个游击战士。[31]

*

陈纳德对于自己的任期即将结束的怀疑最终被证明是正确的。在三年时间里，他的第十四航空队取得巨大进展，尽管其位于华南的基地在 1944 年的日军攻势中被攻陷。然而，他的成功对于平息越来越大的要求将他解职的呼声没什么帮助。他将这种局面归咎于个人恩怨，尤其是史迪威向华盛顿提交的报告，但现实是，陈纳德一直与陆军格格不入，而如今，战争已经超到了他前面。

1945 年 6 月，美国陆军航空军司令"哈普"阿诺德将军致信东方空军司令部的乔治·斯特拉特迈耶将军（General George Stratemeyer）："我坚信，改变空战最快、最有效的方式……是更换指挥官。如果你能同意将陈纳德将军从中国战场提前撤换，我将不胜感激。他将可以享受到退休特权，这种特权如今已经可以由身体不合格的军官享受。"[32]

这一消息以一种典型的官僚主义方式被送到了陈纳德手上：他没有被开除，但他的上方被添加了一层指挥层级，斯特拉特迈耶成为他的指挥官，陈纳德则获得了一个非正式的职务。1937年，陈纳德是从军队辞职后才来到中国，如今，他将再次辞职回国。他回复道："我之所以接受在中国加入现役，是因为渴望为这场战争贡献我的力量……如今有人表明我现在的工作可以由另一个人干得更好。因此，我提出，一旦向这个新组织架构的过渡完成，我就第二次退役。"[33]

这对陈纳德来说是一次巨大打击，他曾想要一直留到最后，驱使他的是"一种自然而然的渴望，想要一直指挥我的司令部直到胜利得到正式确认，以及在持续多年克服各种挑战坚持战斗后品尝一下胜利的喜悦"。[34]

他就要离开的消息迅速传开，《芝加哥论坛报》（*Chicago Tribune*）刊登了一篇头条：《陈纳德将军受长官排挤决定辞职》（*Gen. Chennault, Sidetracked by Chiefs, Resigns*）。[35] 参议院中有人呼吁调查他所受到的不公待遇，但什么也改变不了他即将离开军队的现实。[36]

重庆举行了一场欢送招待会。[37] 那天雾气蒙蒙，陈纳德一整天都坐在舞台上，熙熙攘攘的中国市民为他送来了无数礼物，包括古董、字画以及那些感恩于他的城镇送来的锦旗等。蒋介石主持了一场正式晚宴。宋美龄此时不在国内，于是陈纳德没有机会向他的"公主"道别。

1945年8月初，陈纳德巡游中国，向他的飞行员以及中国军人道别。美国的胜利即将到来，尤其是在 8 月 6 日，"艾诺拉盖号（Enola Gay）"轰炸机在广岛投下了一枚原子弹。陈纳德与日本人对抗了漫长的八年，却看不到敌人投降的场面。

一位名叫陈香梅的 20 岁中国记者参加了 8 月 7 日在昆明举行的陈纳德的最后离别仪式，陈纳德将在第二天离开。陈香梅曾在战争中见过他，当时她为了撰写一篇报道而采访了陈纳德。后来，陈纳德邀请她共进晚餐，他们的关系也变得融洽。最后那一晚，陈香梅感觉到了庆祝仪式上的"一股悲伤暗流"。"在那个夜晚，第十四航空队的'小伙子们'一个接一个地与将军短暂交流，亲自向他告别。"38 她也想向陈纳德道别，但宴会似乎要持续到深夜。

陈香梅对陈纳德说："我觉得我该回家了，将军。已经很晚了。"陈纳德告诉她，会让自己的车载她回去，并且陪她一起走到了停车场，他的别克轿车正在那里等候。陈香梅许诺："明天我会去机场与你道别，将军。"

224

他回答说："好的，但那里也许不是我们说再见的地方。"他伸出双手，好似要拥抱她，当她向前走入陈纳德的怀抱时，陈纳德俯身亲吻了她，"悠长又温柔"。39 她抬起头，睁开双眼，陈纳德对她说："我还会回来的。"

第二天上午，也就是 1945 年 8 月 8 日，陈纳德把收到的所有礼物装上了一架 C-47 运输机。这趟旅程计划在沿途经停几次，包括在罗马拜访教宗，以及在伦敦看望几位英国王家空军的朋友。在他的飞机从昆明机场起飞时，陈纳德相信，尽管他对那位年轻记者说了那番话，但他有可能真的永远离开了中国。

8 月 15 日，就在陈纳德还在地中海的某处小憩时，飞机上的无线电中传来了日本天皇宣布无条件投降的消息。在这个庆祝胜利的时刻，陈纳德没有与他的飞行员待在一起。

＊

日本正式投降后，美国陆军航空军面临着解放日本境内战俘营的问题。由于担心美国战俘有可能在得到救援前就饿死，因此美军轰炸机被派去投递食物包裹。

在东京郊外的大森战俘营，美国 B-29 轰炸机打开投弹舱门，将一个个 55 加仑大小的钢桶用降落伞投递下去。有时桶上的降落伞会断裂，导致钢桶会直接砸在兵营里。一个装有芒兹糖块（Mounds bars）的钢桶落在了茅房里，但战俘们还是把桶取了出来，然后把糖块吃了。⁴⁰ 战俘们用白色油漆，甚至是牙粉和爽足粉的混合物在屋顶上写下信息，好让飞行员们看到：**"500 人，大森战俘营，我们感谢你们。"** ⁴¹

一名摄影师在"海盗式"战斗机上用柯达相机拍了一张战俘营的照片，然后返回美国海军汉考克号（Hancock）航母冲洗，这时，他发现战俘营的屋顶上留下了一条令人震惊的信息。

"老爹"博因顿在这里！ ⁴²

在格雷格·博因顿被击落并被认定已经死亡后，时间已经过去了一年半。他似乎不可能还活着，但没有任何其他说法能够解释屋顶上的这条信息。

8 月 29 日黄昏，美国海军陆战队队员坐上了希金斯登陆艇（Higgins boat），那是一种平底小艇，用来执行类似诺曼底登陆那样的两栖登陆作战。他们乘坐几艘小艇穿越东京湾来到战俘营。战俘们已经聚集在岸边，为他们欢呼。他们穿着短裤，许多人都瘦骨嶙峋。他们挥舞着一面临时制作的美国国旗，这面国旗是他们花了几个月时间用床单碎块缝制出来的，并且用彩色铅笔画出了国旗上的红色、白色和蓝色。[43]

希金斯登陆艇靠岸后，海军陆战队队员竖起了他们带来的美国国旗。其中一名战俘立正敬礼，他就是格雷格·博因顿。[44]

指挥官对他说："上帝保佑，'老爹'，我们都不知道你还活着。"[45]正式的投降仪式尚未举行，战俘营的日军指挥官抗议说，他不能在没有得到东京直接命令的情况下释放这些俘虏，不过美国人没有理他。博因顿爬上了其中一艘小艇，并被带去了仁爱号（Benevolence）医疗舰，他在船上接受了消毒淋浴，换上了新衣服，还吃了一顿火腿鸡蛋大餐。尽管部分战俘经过长期饥饿已经很难进食，但博因顿却一口气吃了五人份。

他的获救在美国成为新闻头条，他也讲述了自己奇迹生还的故事，故事的开头是他如何从燃烧的飞机里逃出的。"我将飞机翻转过来，然后解开了安全带"，紧接着"跌落了100英尺掉在水中，被撞击震晕了过去"。[46]他潜在水中，任凭零式战机在空中向他扫射。在日军飞机离开后，他为橡皮艇充气，坐在橡皮艇中任凭海浪翻滚，直到看到一艘潜艇露出水面。他一度希望那艘潜艇是来解救他的，但潜艇上的"红日"表明那是一艘敌军舰艇。[47]他回忆说："我被蒙眼铐手，伤口发炎难闻，我都不知道日军审讯员是如何忍受那股恶臭的。"[48]

在大船战俘营，他被反绑双手，一名看守用一根棒球棍"狠砸我的双腿后侧和后背"。他后来被从那里转移到了大森战俘营，然后被迫向邪恶的看守鞠躬。[49]

226　　究竟是什么支撑着他们活下来的？不仅仅是希望，还有回忆。博因顿每天晚上睡觉时都会详细地回忆起母亲过去给他准备的大餐。著名长跑运动员路易斯·赞佩里尼（Louis Zamperini）会在废纸上写下菜谱，重现他在战前烹制过的意大利大餐。⁵⁰ 战俘们会把这些菜谱抄在废纸上，想象烹制完成后的菜品。博因顿看着菜谱，很确定赞佩里尼的长跑能力要胜过他的烹饪能力；他会在做菜时把土豆和番茄一起加进锅里，这是一个非常业余的错误。博因顿总是表现出一副玩世不恭的样子，即使在希望这件事上也是如此。

9 月 12 日凌晨 5 点 46 分，一架海军运输机载着博因顿降落在奥克兰。他穿着崭新的制服从飞机上下来，黑羊中队的几名老队友已经聚集在一起欢迎他了，他们把他扛在肩膀上，到处巡游。乐不可支的博因顿大喊道："这是我遇到的最美妙的事。"⁵¹ 他曾经向他们承诺，战争结束后会在圣迭戈的一家酒吧与他们相见，不过他们后来在旧金山找了一家酒吧凑合了一下，《生活》杂志报道了这个重要场面，还刊登了一张照片，即博因顿正在酒吧里抽雪茄，看起来极为自在。⁵²

*

陈纳德于 9 月 6 日抵达新奥尔良。内尔正在住院，但他的孩子们还是赶来见他。这是他两年来第一次见到他们，也是八年多来第一次有可能留在家中。⁵³ 陈纳德已经在考虑过一种"在滕萨斯河上打猎钓鱼"的退休生活，就像年轻时一样。⁵⁴ 他认为，军队高层没有邀请他参加在密苏里号（Missouri）战列舰上举行的日本投降仪式是对他的再次怠慢，在与日本人作战这么多年后，他想要亲眼见证这个仪式的心情是可以被理解的。不过，陈纳德在路易斯安那州已经成了某种意义上的平民英雄——那个在中国赢得战争胜利的家乡男孩。为了庆祝他的回归，新奥尔良竭尽全力：这座城市举行了一场盛大的游行。"特克斯"希尔回到了得克萨斯州，并且开了一架 P-51 飞机来和"老家伙"打招呼。对陈纳德而言，这次回家是一次"盛大的舞会"。[55]

9 月 7 日，运河街（Canal Street）上的人群挤了整整五排。[56] 小男孩们纷纷爬上灯柱，以获得更好的视野。五彩纸屑从屋顶飘落，美国国旗在夏末的微风中摇曳。他们曾在《生活》杂志和《时代周刊》的封面上看到过陈纳德，但这位将军却是活生生地出现在这里，身穿卡其色制服坐在一辆敞篷轿车上，对着喧闹的人群微笑、挥手。许多小孩子跑到街上，跟着缓缓行驶的轿车一同奔跑。围观人群时不时拥挤到街道上来，使得游行队伍不得不停下。这次活动下了血本：B-25 轰炸机和 P-51 战斗机在游行队伍上空低空飞过，还有一辆彩车专门向飞虎队致敬，彩车的前脸被做成了鲨鱼鼻飞机的造型，背部的平台上则有一只真的老虎被关在笼子里。当游行队伍抵达市政厅时，陈纳德从车上下来，人群很快就把他围了起来。有太多的人想要与他握手，摸一摸他的制服，以至于仅有 10 英尺长的台阶，他花了近半个小时方才走完。

一名国会议员送给陈纳德一面美国国旗，这面国旗曾在对日作战胜利日那天飘扬于国会山上。陈纳德走到话筒前，讲了几句："我要感谢上帝，飘扬在国会山上的是我们的旗帜，而不是旭日旗。我要感谢上帝，我们捍卫了我们的自由。我希望这能成为一个标志，象征着持久和平，以及一个不再有恐惧的世界。"[57] 尽管从表面上看，他的表情与言谈都符合一位归国战争英雄的形象，但内心里，他却在经历挣扎。在中国经历这么多年后，尽管他非常渴望回家，却无法确定平静的退休生活能否让自己感到满足。他的战争尚未结束。

后　记

在飞虎队解散的十年后，1952年6月26日，一架由三名前美籍志愿大队飞行员驾驶的C-54运输机从纽约出发前往洛杉矶。飞机上涂有一个巨大的"飞虎航空（Flying Tigers Line）"标志，但它并不是在执行一项军事任务。这架飞机所属的货运航空公司由前美籍志愿大队飞行员在战后成立，并以过去部队的名字命名。这架C-54飞机正在执行一项特殊的飞行任务。它在横穿美国的航线中停靠了不同的城市，搭载前飞虎队成员，其中就包括克莱尔·陈纳德和他年轻的第二任妻子陈香梅。陈香梅是一位漂亮的中国籍记者。在与内尔离婚后，陈纳德于1947年同陈香梅完婚。

飞机整夜飞行，但无人入睡，他们都在忙着和自己久未见面的朋友叙旧。6月27日上午，他们飞临洛杉矶，四架美国空军的喷气式飞机起飞，与C-54飞机伴飞，为它的最后一次降落执行荣誉护航。随后，第五架飞机，即一架鲨鱼鼻P-40飞机也在其机侧伴飞。

在飞机滑行停稳后，机舱门打开，陈纳德伴随着军乐队弹奏的《老虎拉格》（Tiger Rag）走下舷梯。飞虎队成员奔向正在停机坪上等候他们的中队战友。据数月后推出的一份战友通讯《老虎拉格》报道："再度看到美籍志愿大队时代的战友和朋友熟悉面庞的那一刻，给我们带来的情感震撼难以言表。其中的很多人已有十年没见过面了。"[1]

聚会接着在大使酒店（Ambassador Hotel）举行，酒店供应午间鸡尾酒，他们留下享用了午餐。一名《洛杉矶时报》（Los Angeles Times）的记者记录道："这些前战斗机飞行员立刻开始相互倾诉各自的经历，紧紧握着数年未见的伙伴的手并隔着桌子大声寒暄。"[2]陈纳德简单地讲了话，并开玩笑地表示，他觉得东吁的饭菜更香。翌日的野餐会上，他们见到了一个"吉祥物"，并一起度过了周末。"吉祥物"由西雅图动物园提供，是一头据说已被驯化的老虎，名叫"东吁"。

生活将他们带往不同的方向。有些人当起了律师，有些人尝试放牧或耕种，大多数人则成了军事或商业飞行员。然而，随着年龄的增长，飞虎队的经历似乎成为对他们而言意义与日俱增的荣誉。他们当中的许多人已经成家，还带来了自己的妻子和年幼子女，但这晚在好莱坞运动俱乐部（Hollywood Athletic Club）举办的聚会却是特别为男人们准备的。多亏了洛克希德和德士古（Texaco）等公司的赞助，这场聚会才得以举行。聚会提供了牛排晚餐，参加聚会的人充分利用了俱乐部的露天酒吧。他们喝酒、跳舞、欢聚，就像当年在"银光烧烤"时那样。

这场在周末举办的聚会由星期日晚上的盛宴画上句号。包括来宾在内，参加宴会的人数达到350人，挤满了罗斯福酒店（Roosevelt Hotel）的花厅。晚宴提供的是上等牛排，随后举行了一场简短的颁奖仪式。第一个奖项颁给了琼·克莱尔·佩塔齐（Joan Claire Petach），她是约翰·佩塔齐和埃玛·福斯特·佩塔齐的9岁女儿。陈纳德代表全体飞虎队，将一只金项坠颁发给她，并将项坠戴到了她的脖子上。项坠上刻着"她父亲的所有老伙计赠"。盛宴的最后，飞虎队成员借由一块纪念美籍志愿大队10周年的铭牌向陈纳德致敬，上面写着"致克莱尔·L.陈纳德，我们敬爱的领袖和挚友"。[3]

*

即便陈纳德在战后曾考虑定居路易斯安那，过清净的退休生活，这些计划也并未坚持多久。正如传记作家玛莎·伯德所述："他想成为当前历史的一部分……对理想主义的渴求仍是现在时；为崇高事业服务的战士本能仍在他体内翻涌，需要一个发泄的出口。"[4]

第二次世界大战结束后，国共内战再度爆发，陈纳德认为蒋氏夫妇需要他的协助来对抗敌人。他于 1946 年 1 月回到中国，并迅速草拟了采购二手美军运输机的计划——这项任务对他来说并不陌生。陈纳德依此计划组建了新的航空公司，即民航空运公司（Civil Air Transport），简称"CAT"。该航空公司虽然参与了中国内战，但并非一个作战单位。民航空运公司飞行员的任务是为偏远地区运送物资。该公司的一部分飞行员曾是飞虎队的成员，包括埃里克·希林。希林曾在珍珠港事件后执行侦察任务。毫不意外的是，当时有传言称陈纳德想将民航空运公司转变成第二支美籍志愿大队，但他从始至终坚决否认。陈纳德坚称，民航空运公司只是一个货运航空公司。

公司几乎没有规章制度。飞行员在飞行时想穿什么就穿什么，无论是热带衬衫还是旧军装。他们创立的这家公司是世界上最早投入运营的货运航空公司之一，承接了很多奇怪的飞行任务。他们曾为在战事中丢失家畜的地区送过羊；还曾经运送过大象，如果它跺一下脚，飞机就会失去平衡。无论要求他们飞往哪里或是运送什么，民航空运公司都会执行。

一个新的事业和一个新的妻子让陈纳德重振精神，陈香梅在民航空运公司负责公关工作。但公司的命运则与中国内战的形势紧密相连，而国民党的情形并不算好。截至 1949 年，随着解放军势如破竹，民航空运公司彻夜不停地协助国民党撤离至台湾岛。到了 1949 年 12 月，民航空运公司几乎破产，需要寻找新的收入来源。陈纳德在造访华盛顿期间会见了新成立的政府机构中央情报局的官员。接下来发生的事多年来一直是个秘密，直到中央情报局最后公开宣称："1950 年 8 月 23 日，我局通过一位'中间人'（华盛顿的一位银行家）收购了民航空运公司的资产，并重组成为民航空运股份有限公司（CAT Incorprated）。表面上，该公司是一家私人企业，但事实上却是中央情报局的新航空部门。"[5] 在朝鲜战争期间，民航空运公司为美军空投了数以吨计的物资。之后，该公司在1954年将几架 C-119 飞机重新涂装成法国空军的样式，开始执行秘密的美国飞行任务——为奠边府被越盟（Viet Minh）士兵包围的法军运送物资。艾森豪威尔政府拒绝向法国提供任何的军事援助，但他们可以否认与私人航空公司具有关联——这一策略与美籍志愿大队的成立初衷颇为相似。5月6日，民航空运股份有限公司的一架 C-119 运输机被击落，两名美国飞行员遇难。这两名飞行员的名字从未被刻在越战纪念碑上。[6] 据官方说法，美国在1954年时并未参与越南战争。就在这两名飞行员遇难的第二天，奠边府的法军投降了，从而震惊了美国及其他西方大国。陈纳德提出需要成立"国际志愿大队（International Volunteer Group）"，该大队将由世界各地的飞行员组成并迎战越盟。[7] 他的这个提议占据了新闻头条：《陈纳德想要复活飞虎队》（*Chennault Wants to Revive Flying Tigers*）。[8] 白宫对该提议进行了讨论。当国务卿约翰·福斯特·杜勒斯（John Foster Dulles）询问总统能否控制这一作战单位时，一位助手回答道，这支大队将由陈纳德指挥——就如同当年的飞虎队一样。虽然这个计划并未实现，但正如玛莎·伯德所写，"从广义上讲，陈纳德的提议在美国政府内获得了胜利"。[9] 若非碍于国会和公众审查，将会有更多的秘密任务被执行。其中有些任务就会利用到民航空运股份有限公司。威廉·波利与中央情报局局长艾伦·杜勒斯（Allen Dulles）是朋友，他暗示了其他一些秘密任务，包括推翻危地马拉政府以及入侵古巴等。[10] 而当英国政府对其认定是由中央情报局在远东地区执行的一些任务提出疑义时，中央情报局否认了这些说法，并暗示这有可能是陈纳德组建的团队所为。[11]

现实情况是，陈纳德的健康状况每况愈下，最终他不得不考虑真正的退休。他仍然是民航空运股份有限公司的董事长，但实际上这仅仅是一个挂名职位。他和陈香梅育有二女，分别生于 1949 和 1950 年。陈纳德希望能花更多时间陪伴家庭。1954 年，他们在路易斯安那州门罗市（Monroe）购置了房产，可以邀请旧友在门廊上喝杯波旁酒。他会花很多时间照看花园和女儿。他买下了滕萨斯河旁约 70 英亩的崎岖土地。伯德写道："当他待在那里时，似乎最是平和。他对户外生活的热爱自小就刻入了骨血，至今也没有放弃。"[12]陈纳德在断崖上建了座小屋，可以俯瞰滕萨斯河。他解释称，这座小屋是为美籍志愿大队牺牲的飞行员建立的纪念馆，也是为飞虎队成员建立的重聚之所。当年负责组织管理美籍志愿大队的律师托马斯·科科伦曾去那里拜访过陈纳德。他们会一起狩猎，按照科科伦的说法，陈纳德曾有一个很好的机会射中一头鹿，但他并没有扣动扳机。陈纳德解释说，他已经不喜欢猎杀了，他想放过鹿，让它们活下去。[13]

陈纳德受支气管炎困扰多年，呼吸变得愈发困难。医生为他治疗，但他知道自己已时日无多。长期的军旅生涯使陈纳德出名，却并未让他富有，他也为金钱而烦恼。他和内尔的几个孩子没有念完大学，这让他十分生气。陈纳德还想给自己两个年幼的女儿留下足够的遗产。飞虎队仍然享有盛名，陈纳德打算用它牟利。

他曾为许多不同的公司拍过广告。具有讽刺意味的是，其中还包括给骆驼牌香烟拍的广告。为拍摄广告照片，陈纳德有时会前往纽约。当其中一次他去到纽约时，他决定去拜访一位老友，美籍志愿大队的随军牧师保罗·福利尔曼。

232

从某种程度上来说，福利尔曼还活着可以算是个奇迹。1943 年，福利尔曼重返中国。这次他是以美军情报官的身份回到中国的。刚一上任，陈纳德就派他前去协助呼叫对敌方阵地的空中打击。然而，当时日军正在逼近福利尔曼的驻地，一个名叫常德的小城市。福利尔曼不得不徒步逃亡。他和另一名军官一起出发，避开开阔地，紧靠灌木丛移动，以防遭到袭击。到了下午，他们爬上了一座堤坝，接着"他们惊恐地发现，在正下方沙袋围成的圈中，有十几个日军士兵正躺着休息，篝火上还烧着饭"。福利尔曼的美国战友举起步枪想要射击。福利尔曼跟他说："别当个该死的傻瓜。"逃亡的路上，福利尔曼在泥泞的稻田里弄丢了鞋子，但并没有时间把它找回来。四五个日军士兵紧追不舍，他们没有停下逃亡的脚步，"直到夜色深到不见五指，无法再跑"。[14]

233　　福利尔曼最终加入了战略情报局，受派深入日军战线后方，住在野外并回报他的观察结果。在对日作战胜利日那天，福利尔曼晋升成战略情报局驻北平办事处的负责人。中国的未来面临着一个悬而未决的关键问题，是以蒋介石为首的国民党继续统治中国，还是中国共产党获得胜利。福利尔曼在乡下度过数月，得出结论认为，国民党"似乎仅仅将农民视作一个无穷无尽的可剥削资源，以获得金钱、食物和新兵"。[15] 在二战结束之际，福利尔曼给战略情报局高层写了一份秘密备忘录，指出"极为重要的是，必须为与共产党取得联系制定明确的方案"。[16]

战后，福利尔曼成了美国外交官，在亚洲各地任职。1953 年，他因被疑在中国任职期间与中国共产党交好而遭免职——当时参议员约瑟夫·麦卡锡（Joseph McCarthy）正在主持有关违反美国原则行为的听证会。福利尔曼搬到了纽约，不知道该干些什么，不过他最终成了一名公关人士。他的公寓很快就成了前中国通们的临时住所，"偶尔，前传教士、飞虎队飞行员、间谍等人士会打电话过来询问我们能否提供一张床或一块睡觉的地方"。[17]

陈纳德每次来纽约，福利尔曼都会去"老家伙"住的旅馆。他们在那里会化很多时间畅谈旧时光。其中一回，陈纳德邀请福利尔曼来他拍摄香烟广告照片的现场，福氏震惊地看到那些年轻的摄影师是如何对待陈纳德的。他们吆五喝六地指挥着陈纳德："看那里！看这里！手这样握！烟那样吐！"[18]福利尔曼能看出来陈纳德讨厌这场折磨的每一秒钟，于是后来向他询问了此事。福利尔曼回忆说，陈纳德说他需要钱，并表示"他并不像大众认为的那么有钱"。[19]这是他俩的最后一次见面。

1956年，陈纳德被诊断出患有肺癌。他在沃尔特里德医院（Walter Reed Hospital）接受了治疗，之后转院到了位于新奥尔良的奥克斯纳基金会医院（Ochsner Foundation Hospital）。他下决心要战胜病魔，他还需要为自己年轻的妻子和年幼的孩子活着。但是，放疗使他疲惫不堪，他也愈发感到孤独。有一天，他在日记中写道："没人给我多少关注。"[20]他很"不安，甚至有些神经过敏"。[21]

宋美龄当时正在美国，并于1958年7月前往新奥尔良看望了陈纳德。她一定是预见到了这将是他们最后一次相聚。当她抵达医院时，陈纳德步履蹒跚，筋疲力尽，低声说道："我不太方便讲话。""好吧。"宋美龄安慰他说，"总是你说的多。这一次让我多说点。你拥有卓越的战斗精神。你从未被打败过。至少从未被日本人打败过。"[22]

1958年7月27日，陈纳德逝世。当天，陈香梅写了这样一段话："我失去了挚爱，而世界失去了一位伟大的领袖。我真希望能随他而去。"[23]

陈纳德还有最后一趟飞旅。[24]他的遗体被放置在覆盖国旗

234

的灵柩中，由第十四航空队的运输机送至首都华盛顿。

六匹黑马将灵柩拉到了山上的阿灵顿公墓（Arlington Cemetery），陈纳德将被安放在另一位传奇将军故居斜坡下的草坪上。这里曾是陈纳德的一位先人罗伯特·E. 李（Robert E. Lee）的玫瑰园。克莱尔·李·陈纳德被埋葬于此，正可谓命运的奇特转折。宋美龄与宋子文作为代表出席了他的葬礼。"特克斯"希尔与其他飞虎队成员也参加了葬礼。空军小队鸣放了三响礼炮，一名喇叭手吹响了安息号。宋美龄在棺椁旁鞠躬致意。陈香梅哭着与丈夫告别。

牧师说道，"又一名飞行员的飞行旅程已结束"，随后陈纳德的灵柩下葬。[25] 在陈纳德的墓碑上，正面用英文刻着他的名字，而背面则用的是中文。

*

有关第二次世界大战以及参与其中的年轻人的记忆都随着时间逐渐消逝。新的战争开始招募新的战士，而那些来自"最伟大一代"的人们则头发花白、大腹便便，并且患有关节炎。如同他们的老领导一样，这些人也先后离世。他们的讣告刊登在《华盛顿邮报》和《洛杉矶时报》等媒体中，提醒着人们，美国的年轻人也曾敢于大胆行事。

但"飞虎队"还健在的成员渴求赢下最后一场胜利——即能被承认他们也是正式服役的军人，而不仅仅是许多人所认为的雇佣军。终于，五角大楼的特别情报委员会在1991年审查旧档案后得出结论，美籍志愿大队的成员为美国的战争努力作出了真实的贡献。他们找到了一份1942年的军方秘密报告，其中写道："为避免违反国际法，整个计划全部是以商业形式进行的。"[26] 美籍志愿大队士兵的代理律师用更浅显易懂的话语解释称："伊朗门事件 ① 与美籍志愿大队相比简直是小巫见大巫。"27

"特克斯"希尔为他们所取得的成就感到骄傲。"我们所取得的纪录是最顶尖的，"他说道，"再不会有人能取得类似的成就。"28

1996年，在达拉斯举行的美籍志愿大队聚会上，每一位飞行员都被授予了"杰出飞行十字勋章"，所有的地勤人员都获得了"铜星勋章"。还在世的飞虎队成员缓缓穿过舞台，领受他们早该获得的勋章，其中有些人还需要借助拐杖或是步行器来行走，不过，时年81岁的希尔却没有借助任何帮助。空军参谋长罗纳德·福格尔曼将军（General Ronald Fogleman）为每一个人的翻领别上了奖章。肯·耶恩斯泰特也参加了仪式，他在战后曾任俄勒冈州的州参议员。他已然失明，正如他对一位采访记者所言："我肯定是唯一在55年后才领到勋章而且还带着一只导盲犬的人。"29

他们渐渐变老，但他们没有遗忘。埃玛·福斯特嫁给了一位前中国航空公司的飞行员，他俩是在1960年代的一次重聚会上相遇的。对中国共同的记忆是他们婚姻的基石。到了2000年，正如福斯特所说，她已经"是个半截入土的人了"，但她还是希望能回到中国再看最后一眼。30埃玛回到了她在1937年来中国做交换生时去过的地方，但一切都已大变。这些城市"和纽约一样，交通拥挤，到处都是汽车、汽车、汽车以及更多的汽车"。她与飞虎队一起度过的时光充满了爱与失落，但仍然"拿任何东西，她都不愿交换那一年的光阴"。31她从未忘记约翰，"我所拥有的浪漫经历是女孩们都会憧憬的"。32埃玛·福斯特后于2009年逝世。

① 指1980年代中期美国里根政府向伊朗秘密出售武器一事被揭露后所造成的严重政治危机。

到了 2012 年，也就是飞虎队 70 周年团聚会之时，仅有六名前美籍志愿大队成员还在人世，其中只有四位参加了在佐治亚州哥伦布市（Columbus）举行的团聚会。对美籍志愿大队地勤组长弗兰克·罗森斯基而言，这趟旅程还算便利。在通用汽车艾利森发动机公司工作多年后，罗森斯基退休来到了哥伦布市。他与妻子南茜（Nancy）相伴到老，南茜是罗森斯基高中时的女友，罗森斯基离别南茜加入了美籍志愿大队，并在退役回乡后与其完婚。在他的鲐背之年，罗森斯基会在家花数小时翻看战时日记和中队战友的旧照，盯着他们的脸，努力回想起遥远的记忆。罗森斯基对一名记者说："我只记得，我们做了真正应该做的事"。[33]

2016 年 9 月，飞虎队协会（Flying Tigers Association）与纪念空军组织（Commemorative Air Force）在亚特兰大共同举办了 75 周年聚会。纪念空军组织是一个还保留有二战时代战斗机的机构。96 岁高龄的罗森斯基是还在世的三名前飞虎队成员之一，也是仅有的两位还能参与聚会的成员之一。战后，他曾担任数年的商业飞行员，但从未实现他最初成为军队飞行员的梦想——罗森斯基始终没有通过飞行学校的体能测试。他顺从地接受了自己商业飞行员的职业生涯。聚会前不久，罗森斯基接到了一个电话，请求他可否参加一项特殊的活动，虽然这个活动对于一个年近百岁的人来说有些冒险。但罗森斯基毫不犹豫地答应了。

那是一个秋高气爽的日子，罗森斯基被人开车载至迪卡尔布 - 桃树机场（DeKalb-Peachtree Airport）。一架 P-40 飞机停在一面巨大的美国国旗前，这架飞机绘有鲨鱼鼻图案并加装了一个后排乘客座位。在儿子的帮助下，弗兰克爬上了飞机并在后座坐下。引擎轰鸣启动，飞机急速驶入跑道，然后起飞升空。

　　弗兰克从座舱向外看去，看着地面渐行渐远，下方的跑道、人、车辆和建筑都逐渐消失。飞机爬升得更高，到达了云层。

　　他说道："这感觉，就好像是从头再来了一遍。"[34]

致　谢

写作这本书和讲述飞虎队的故事于我而言是一生的荣耀，我感谢所有促成此事的人。我很感谢祖父赫尔曼·克莱纳（Herman Kleiner）激发了我对第二次世界大战最初的兴趣，他向我讲述了在太平洋上担任 B-25 飞机领航员的经历。祖父和祖母芭芭拉·克莱纳（Barbara Kleiner）为我对历史的兴趣提供了宝贵的支持，曾无数次趁我到塔科马看望他们时带我参观尼斯阔利堡（Fort Nisqually）。我的外祖父奥蒂斯·米勒（Otis Miller）对集邮充满热情，并借此教授我历史。我对他们充满感激。

非常幸运，我出生在一个努力呵护我对历史之爱的家庭里。父亲里克（Rick）和母亲简（Jan）会将参观博物馆和战场的行程塞满我们的假期。而作为月度朝圣之旅，他们会带我去图森市坎贝尔大道（Campbell Avenue，Tucson）的二手书店"书人（Bookmans）"，并且鼓励我挑选一个又一个主题的绝版巨作。我很幸运拥有一个从小一起长大的姐姐，埃玛·克莱纳（Emma Kleiner）是我最好的朋友。同我一样，她也热爱阅读。同样要感谢的是我们家的宠物狗"苏打（Soda）"，多年来她一直给予我们爱与支持，我们深深地怀念她。

我在图森市一直就读于很不错的学校，尔后也非常幸运地先后在西北大学（Northwestern University）、牛津大学（University of Oxford）和耶鲁大学法学院（Yale Law School）念书，并师从多位杰出的教授。我永远不会忘记第一次去档案馆的经历，那是我大学"美国研究"课程的一部分——从此以后，我迷上了档案馆。

我很感谢盖尔·罗斯（Gail Ross），她是业内最好的经纪人。早在本书写就前很久，她就认可了我对于飞虎队的思考，进而与同事达拉·凯耶（Dara Kaye）和霍华德·尹（Howard Yoon）一起，帮我将这些想法整合成了一个真正的出版计划。我很幸运，里克·科特（Rick Kot）担任了本书的编辑。即使在我迷茫时，他仍坚信这本书能够成功。他对于这个故事有着清晰的思路和想法。维京出版社（Viking Press）是一个出色的团队，我很荣幸与他们共事。助理编辑迭戈·努涅斯（Diego Núñez）是我们项目征程中的宝贵向导，不仅确保了出版计划能稳步完成，而且在这一过程中解答了我无数的疑问。封面设计要归功于了不起的科林·韦伯（Colin Webber），而排版则要感谢南茜·雷斯尼克（Nancy Resnick）。高级制作编辑瑞恩·博伊尔（Ryan Boyle）出色地完成了将手稿转换为书页的工作。维京出版社市场宣传团队的托尼·福德（Tony Forde）完成了出色的工作，确保这个故事能够触及新的读者群体。简·卡沃利纳（Jane Cavolina）是这个项目中出色的校对和文稿编辑，她细致地核查了相关的历史事实。我也很感谢丹·杰克逊（Dan Jackson）审阅了手稿，他是中国空战史方面最优秀的历史学家之一。当然，付梓后的所有错误都由我来负责。独立编辑汤姆·施罗德（Tom Shroder）是一位重要的同事，他帮助我确定了本书的叙事方式，也是他确保了我能以巧妙的方式来讲述飞虎队的故事。感谢格兰特·贾尔斯（Grant Giles）与我的多年友谊，也感谢他为我设计了如此精美的网站。这些简短的致谢并不能充分表达我对这个团队的仰赖。

在写作本书的过程中，我有幸受邀参加了飞虎队协会的聚会，真的非常感谢这群不可思议的男男女女能够将飞虎队的记忆鲜活地保存下来。他们分享了许多档案和照片，让我们能够生动地讲述这个故事。而有幸在他们 2017 年的聚会上发表主题演讲，则是我在写作过程中的一个高光时刻。我可以连续写好几页来感谢在这些聚会上见到的每一个人，以及在写作过程中帮助过我的飞虎队成员的亲属，但我想特别提到其中的几位：比利·麦克唐纳三世（Billy McDonald III）、埃德·博伊德（Ed Boyd）以及哈灵顿一家（Harrington family），里根·绍普（Reagan Schaupp）、爱德华·里德（Edward Reed）、珍尼特·奥尔福德（Janet Alford）、小卢·霍夫曼（Lou Hoffman, Jr.）、布拉德·史密斯（Brad Smith）、埃德·斯泰尔斯（Ed Stiles）与南茜·斯泰尔斯（Nancy Stiles）、阿梅莉亚·史密斯·卢卡斯（Amelia Smith Lucas）、谢拉·欧文（Shiela Irwin）与乔治·欧文（George Irwin）、奥德丽·C. 史密斯（Audrey C. Smith）、特里普·阿兰（Tripp Alyn）、南茜·恩格尔（Nancy Engle）与迈克·恩格尔（Mike Engle）、莉迪娅·罗西（Lydia Rossi）、沃德·博伊斯（Ward Boyce）、李·克鲁蒂尔（Lee Clouthier）与米歇尔·克鲁蒂尔（Michelle Clouthier）、基思·李（Keith Lee）以及约瑟夫·W. H. 莫特（Joseph W. H. Mott）。我尤其要感谢最后一位还健在的飞虎队成员弗兰克·罗森斯基（Frank Losonsky）[①]和他的儿子特里·罗森斯基（Terry Losonsky）。我有幸在 2015 年的聚会上采访过弗兰克，当特里告诉我，我们所讨论的是"老爸"从未提到的有关飞虎队的侧面时，我就知道自己必须动笔写这本书了。陈纳德航空军事博物馆（Chennault Aviation and Military Museum）馆长内尔·卡洛韦（Nell Calloway）分享了许多有关她外祖父的故事，也是讲述这个故事的主要支持者。我很感谢陈美丽与陈香梅，以及罗杰·沃德尔（Roger Waddell），他们允许我查阅了陈纳德基金会（Chennault Foundation）的档案。他们以

---

① 弗兰克·罗森斯基已于 2019 年 2 月 6 日去世，享年 99 岁。自此，飞虎队的所有成员均已谢世。

及许多人对我构思这个包含真实人物的故事，从而讲述飞虎队的事迹给予了重要帮助。我还要感谢一些二战老兵慷慨地向我描述了他们的经历：查克·贝斯登（Chuck Baisden，他曾是美籍志愿大队的军械士）、阿贝·舒默（Abe Schumer，他曾驻扎在印度）、保罗·克劳福德（Paul Crawford，他曾在中国被击落）以及菲斯克·汉利（Fiske Hanley，他曾被关押在大森战俘营）。我想要感谢那些让研究这段历史的过程变得令人愉悦的档案学家，特别要感谢耶鲁大学神学院（Yale Divinity School）、温特加登遗产基金会（Winter Garden Heritage Foundation）、大峡谷州立大学（Grand Valley State University）以及圣迭戈航空航天博物馆（San Diego Air & Space Museum）等机构的工作人员。

我很幸运能够在博伊斯—席勒—弗莱克斯纳律师事务所（Boies Schiller Flexner LLP）拥有一批杰出的同事，非常感谢他们在我完成这本书的过程中所给予的支持。

最后，如果没有劳拉·泰梅尔（Laura Temel），我不可能完成这本书。即使在我们的餐桌铺满了笔记，我们公寓的每一个台面都摆满了二战相关著作的情况下，她也总是对我的出版计划热情不减，而这对我意义重大。劳拉，我很幸运有你作为伴侣——不仅是一同完成了这本书，还将一同走过人生。

注　释

序　章

1　Steve Twomey, *Countdown to Pearl Harbor: The Twelve Days to the Attack*（New York: Simon & Schuster, 2016）, 284.

2　Tommy Holmes, "Giants Champ in East But Not in Brooklyn！，" *Brooklyn Daily Eagle*, December 8, 1941, 15.

3　"Havoc in Honolulu，" *Time*, December 29, 1941, 15.

4　Ibid.

5　"Invasion of the U.S.？，" ibid., 18.

6　"Big Man, Big Job，" ibid., 48.

7　"The West at War，" Ibid., 9.

8　Ibid., 10.

9　"Blood for the Tigers，" ibid., 19.

10　Clare Boothe, "Life's Reports: The A.V.G. Ends Its Famous Career，" *Life*, July 20, 1942, 7.

11　"20 for 1，" *Time*, April 6, 1942, 20.

第1章　空中起舞

1　Martha Byrd, *Chennault: Giving Wings to the Tiger*（Tuscaloosa, AL: University of Alabama Press, 1987）, 9；Ernest M. Chennault, National Register of Historic Places Inventory — Nomination Form, Chennault House, May 23, 1983.

2　Claire Chennault, *Way of a Fighter: The Memoirs of Claire Lee Chennault*, ed. Robert Hotz（New York: G. P. Putnam's Sons, 1949）, 3.

3　William Smith, "Claire Lee Chennault: The Louisiana Years，" *Louisiana History: Journal of the Louisiana Historical Association* 29, no. 1（Winter 1998）: 51.

4　Chennault, *Way of a Fighter*, 4；Byrd, *Chennault*, 9-10.

5　Byrd, *Chennault*, 12.

6　Smith, "Claire Lee Chennault: The Louisiana Years，" 51.

7　Chennault, *Way of a Fighter*, 5.

8　Smith, "Claire Lee Chennault: The Louisiana Years，" 50.

9　Ibid., 51-52.

10　Chennault, *Way of a Fighter*, 6.

11　Byrd, *Chennault*, 13.

12　Chennault, *Way of a Fighter*, 7.

13 Ibid., 30.

14 Byrd, *Chennault*, 14.

15 Chennault, *Way of a Fighter*, 7.

16 "Fine Weather and Large Crowd Mark Second Day of State Fair, " *Shreveport Times*, November 4, 1910, 1.

17 Ibid.

18 路易斯安那州的首次航展举办于 1910 年。

19 "A Trial Flight by Airship Yesterday, " *Shreveport Times*, November 2, 1910, 7.

20 "Aeroplane Fell with a Smash, " *Shreveport Times*, November 4, 1910, 1.

21 Ibid.

22 "Aviator Comes Tumbling Down, " *Times-Democrat* (New Orleans) , November 4, 1910, 10.

23 "Big Day at Fair, " ibid., November 7, 1910, 13.

24 "State Fair Visitors Have a Perfect Day, " *Shreveport Times*, November 7, 1910, 1; Smith, "Claire Lee Chennault: The Louisiana Years, " 49.

25 Ibid.

26 Ibid.

27 Chennault, *Way of a Fighter*, 7.

28 Byrd, *Chennault*, 15.

29 Chennault, *Way of a Fighter*, 7.

30 Keith Ayling, *Old Leatherface of the Flying Tigers: The Story of General Chennault* (New York: Bobbs-Merrill, 1945) , 38.

31 Byrd, *Chennault*, 15.

32 对于克莱尔·陈纳德（Claire Chennault）的生日有不同的说法，但本书使用的是得到普遍认可的日子，即 1893 年 9 月 6 日。内尔·陈纳德（Nell Chennault）比克莱尔要大一些，出生于 1893 年 1 月 11 日。

33 Smith, "Claire Lee Chennault: The Louisiana Years, " 53.

34 Ibid.

35 "Chennault, Famed 'Tiger' Chief, Once Lived in Akron Attic Rooms, " *Akron Beacon Journal*, September 9, 1945, 4.

36 Anna Chennault, *Chennault and the Flying Tigers* (New York: Paul S. Eriksson, 1963) , 24-25; "Press Writer Flies in Uncle Sam's First 'Blimp, '" *Binghamton Press*, July 30, 1917, 2.

37 "Chennault, Famed 'Tiger' Chief, Once Lived in Akron Attic Rooms, " *Akron Beacon Journal.*

38 "Sky Pilots Are Needed by Sam, " *Daily Commonwealth* (Mississippi) , November 9, 1917, 1.

39 Hiram Bingham, *An Explorer in the Air Service* (New Haven, CT: Yale University Press, 1920) , 17.

40 Samuel Hynes, *The Unsubstantial Air: American Fliers in the First World War* (New York: Farrar, Straus & Giroux, 2014), 21.

41 Chennault, *Way of a Fighter*, 7.

42 Ibid., 8-9.

43 Ayling, *Old Leatherface*, 43.

44 Ibid.

45 Chennault, *Way of a Fighter*, 8.

46 Ibid., 10.

47 Ibid., 9.

48 Ibid.

49 Ibid., 10.

50 Ibid., 10-11.

51 Ibid., 10. 陈纳德提到，这段时期他曾有一段短暂的除役；他返回路易斯安那州等待永久委任状。

52 Ibid., 11.

53 Smith, "Claire Lee Chennault: The Louisiana Years, " 55-56.

54 Ibid., 56.

55 John W. Zischang, Letter to the Editor, " 'Grandma' Chennault, " *Life*, August 3, 1942, 4.

56 Chennault, *Way of a Fighter*, 13.

57 Ibid.

58 Ibid., 25.

59 "Miami Air Race Interest Rises, " *Miami News*, December 26, 1934, 17.

60 William C. McDonald III and Barbara L. Evenson, *The Shadow Tiger: Billy McDonald, Wingman to Chennault* (Birmingham, AL: Shadow Tiger Press, 2016), 41.

61 David. F. Kerby, "Jests for Fun, " *Popular Aviation*, March 1935, 186.

62 "Fastest Planes en Route Here for Air Races, "*Miami Daily News*, January 9, 1935, 1.

63 "Starting Tomorrow, Air Races, " *Miami Daily News*, January 9, 1935, 22.

64 Ibid.

65 Reginald M. Cleveland, "Army Air Armada Opens Miami Meet, " *New York Times*, January 11, 1935, 11.

66 Anthony R. Carrozza, *William D. Pawley: The Extraordinary Life of the Adventurer, Entrepreneur, and Diplomat Who Cofounded the Flying Tigers* (Washington, D.C.: Potomac Books, 2012), 39-40.

67 "Aviation Meet Closes Today with Big Show, " *Miami Daily News*, January 12, 1935, 1-2.

68 Reginald M. Cleveland, "Army Air Armada Opens Miami Meet, " *New York Times*.

69 Ibid.

70 McDonald and Evenson, *Shadow Tiger*, 38.

71 Carrozza, *William D. Pawley*, 6.

72 "Chinese Air Chief Finds Things 'Just Lovely' in Miami Area, " *Miami Daily News*, January 9, 1935, 11.

73 William M. Smith, "Mercenary Eagles: American Pilots Serving in Foreign Air Forces Prior to United States Entry into the Second World War 1936-1941" (PhD diss., University of Arkansas, May 1999) , 45.

74 Chennault, *Way of a Fighter*, 17; Smith, "Claire Lee Chennault: The Louisiana Years, " 58.

75 "Denied Commissions in Air Corps Williamson and McDonald, Flying Trapezers, Are on Way to China, " *Index-Journal* (South Carolina) , July 12, 1936, 12.

76 Carrozza, *William D. Pawley*, 39.

77 Stephen L. McFarland and Wesley Phillips Newton, *To Command the Sky: The Battle for Air Superiority Over Europe, 1942-1944* (Tuscaloosa, AL: University of Alabama Press, 1991) , 24-25.

78 Chennault, *Way of a Fighter*, 26.

79 Jack Samson, *The Flying Tiger: The True Story of Claire Lee Chennault and the U.S. 14th Air Force in China* (Guilford, CT: Lyons Press, 2012) , 11.

80 Smith, "Claire Lee Chennault: The Louisiana Years, " 60.

81 Ibid, 61.

82 Chennault, *Way of a Fighter*, 29.

83 Ibid., 30.

84 Smith, "Claire Lee Chennault: The Louisiana Years, " 62-63.

85 Chennault, *Way of a Fighter*, 30.

86 McDonald and Evenson, *Shadow Tiger*, 41.

87 "John 'Henry' Luke Williamson, " South Carolina Aviation Association, scaaonline. com/ ? halloffame=john-henry-luke-williamson.

88 Sebie Smith with Thayne Redfort Short, "My Quest to Fly: Memories and Photographs of My Experiences with the American and Chinese Air Force" [未出版手稿，感谢阿梅莉亚·史密斯·卢卡斯（Amelia Smith Lucas）] , 89。

89 Ibid., 108.

90 Ibid., 116.

91 Ibid., 117.

92 Ibid.

93 McDonald and Evenson, *Shadow Tiger*, 67.

94 Chennault, *Way of a Fighter*, 31.

95 Ibid.

96 Claire Chennault, letter to Bill Chennault, March 15, 1937, Chennault Aviation and Military Museum, Monroe, Louisiana (hereafter "Chennault Museum") .

97   Ibid.

98   McDonald and Evenson, *Shadow Tiger*, 27.

99   Ibid.

100 Chennault, *Way of a Fighter*, 30.

101 Byrd, *Chennault*, 63.

102 Ibid., 64.

103 即便是现在，我们也依然不清楚最初是否像陈纳德描述的那样仅是一份为期三个月的合同，还是原本就是一份持续时间更长的两年期合同。Byrd, *Chennault*, 63.

104 Smith, "Claire Lee Chennault: The Louisiana Years, " 62.

105 Byrd, *Chennault*, 61.

106 Chennault, *Way of a Fighter*, 31.

107 "Life Goes Calling on Mrs. Chennault, " *Life*, March 15, 1943, 98.

108 "Army Officer to Be Retired, " *Shreveport Times*, March 13, 1937, 2.

109 Chennault, *Way of a Fighter*, 31.

110 Byrd, *Chennault*, 63.

111 Diary of Claire Lee Chennault, May 8, 1937, Chennault Foundation, Washington, D.C. (hereafter "CLC Diary").

第2章　会见公主

1   CLC Diary, May 8, 1937; Jack Samson, *The Flying Tiger: The True Story of Claire Lee Chennault and the U.S. 14th Air Force in China* (Guilford, CT: Lyons Press, 2012), 3.

2   Samson, *Flying Tiger*, 5.

3   CLC Diary, May 10, 1937.

4   Ibid., May 9, 1937.

5   Ibid.

6   Ibid., May 13, 1937.

7   Ibid., May 15, 1937.

8   William C. McDonald III and Barbara L. Evenson, *The Shadow Tiger: Billy McDonald, Wingman to Chennault* (Birmingham, AL: Shadow Tiger Press, 2016), 73.

9   Claire Chennault, *Way of a Fighter: The Memoirs of Claire Lee Chennault*, ed. Robert Hotz (New York: G. P. Putnam's Sons, 1949), 32.

10 Ibid.

11 CLC Diary, May 28, 1937.

12 Ibid., May 29, 1937.

13 Samson, *Flying Tiger*, 15.

14 Sebie Smith with Thayne Redfort Short, "My Quest to Fly: Memories and Photographs of My Experiences with the American and Chinese Air Forces"

（unpublished manuscript），156-57.

15 CLC Diary, May 31, 1937.

16 Ibid., June 3, 1937; Anthony R. Carrozza, *William D. Pawley: The Extraordinary Life of the Adventurer, Entrepreneur, and Diplomat Who Cofounded the Flying Tigers* （Washington, D.C.: Potomac Books, 2012），37.

17 Chennault, *Way of a Fighter*, 34.

18 Barbara A. Brannon, "China's Soong Sisters at Wesleyan, " *Wesleyan Magazine*, Fall 1997, www.wesleyancollege.edu/about/soongsisters-home.cfm.

19 Laura Tyson Li, *Madame Chiang Kai-shek: China's Eternal First Lady* （New York: Atlantic Monthly Press, 2006），37.

20 Ibid., 41.

21 Ibid., 1.

22 Ibid., 77.

23 Chennault, *Way of a Fighter*, 35.

24 Li, *Madame Chiang Kai-Shek*, 133-34.

25 Hannah Pakula, *The Last Empress: Madame Chiang Kai-shek and the Birth of Modern China* （New York: Simon & Schuster, 2009），284.

26 CLC Diary, June 3, 1937.

27 Chennault, *Way of a Fighter*, 35.

28 Rana Mitter, *Forgotten Ally: China's World War II, 1937-1945* （New York: Houghton Mifflin Harcourt, 2013），178.

29 "Italians Man China Bombers, " *Daily Boston Globe*, May 30, 1937, B5.

30 McDonald and Evenson, *Shadow Tiger*, 77.

31 Chennault, *Way of a Fighter*, 35.

32 Ibid.

33 Ibid., 37.

34 Ibid.

35 McDonald and Evenson, *Shadow Tiger*, 77.

36 CLC Diary, June 25, 1937.

37 McDonald and Evenson, *Shadow Tiger*, 79.

38 当时并不清楚这将演变成一场全面战争。McDonald and Evenson, *Shadow Tiger*, 86.

39 Chennault, *Way of a Fighter*, 39

40 Ibid.

41 Ibid.

42 Ibid.

43 CLC Diary, July 19, 1937.

44 Chennault, *Way of a Fighter*, 39.

45 Ibid., 40.

46 Ibid., 41.

47　Alden Whitman, "The Life of Chiang Kai-shek: A Leader Who Was Thrust Aside by Revolution, " *New York Times*, April 6, 1975, 6.

48　Pakula, *The Last Empress*, 384.

49　Chennault, *Way of a Fighter*, 41.

50　Ibid.

51　除了这些会晤外，陈纳德还描述了他在战争初期需要担负的种种职责以及出差任务。Chennault, *Way of a Fighter*, 42-44.

52　Ibid., 44.

53　Peter Harmsen, *Shanghai 1937: Stalingrad on the Yangtze* (Havertown, PA: Casemate Publishers, 2013) , 45.

54　Chennault, *Way of a Fighter*, 45.

55　Ibid.

56　Diary of William McDonald, July 30, 1937. 抄本来自威廉·C.麦克唐纳三世 (William McDonald III) 的个人收藏，亚拉巴马州伯明翰。(hereafter "McDonald Diary")

57　"Chinese Bomb Japanese Flagship in Air Raids in Heart of Shanghai; Chapei Set Afire by Artillery Duel, " *New York Herald Tribune*, August 14, 1937, 1a.

58　John R. Morris, "Dead Litter Streets in Shanghai Building, " *Los Angeles Times*, April 15, 1937, 2.

59　Harmsen, *Shanghai 1937*, 62.

第3章　南京城殇

1　Carl Randau and Leane Zugsmith, *The Setting Sun of Japan* (New York: Random House, 1942) , 144.

2　Sebie Smith with Thayne Redfort Short, "My Quest to Fly: Memories and Photographs of My Experiences with the American and Chinese Air Forces" (unpublished manuscript) , 213.

3　Ibid., 214.

4　Jack Samson, *The Flying Tiger: The True Story of Claire Lee Chennault and the U.S. 14th Air Force in China* (Guilford, CT: Lyons Press, 2012) , 31.

5　Iris Chang, *The Rape of Nanking: The Forgotten Holocaust of World War II* (New York: Basic Books, 2011) , 65.

6　Ibid., 62.

7　"Nanking Defense, " *South China Morning Post*, August 14, 1937, 14.

8　"Nanking's Air Defense Steps Are Inspected, " *China Press*, August 12, 1937, 2.

9　Smith, *Quest to Fly*, 220.

10　Ibid., 221.

11　"Reminiscences of Sebie Biggs Smith: Oral History, 1981, " Columbia University

Oral History Research Office Collection, Columbia University, New York, 79.

12 William Wade Watson, ed., *High Water, High Cotton and High Times* (Pittsburgh, PA: Dorrance Publishing, 2007) , 133.

13 Ray Wagner, *Prelude to Pearl Harbor: The Air War in China, 1937-1941* (San Diego, CA: San Diego Aerospace Museum, 1991) , 9; Claire Chennault, *Way of a Fighter: The Memoirs of Claire Lee Chennault*, ed. Robert Hotz (New York: G. P. Putnam's Sons, 1949) , 39.

14 Peter C. Smith, *Dive Bomber□: Aircraft, Technology and Tactics in World War II* (Mechanicsburg, PA: Stackpole Books, 1982) , 132.

15 Mark Peattie, *Sunburst: The Rise of Japanese Naval Air Power, 1909-1941* (Annapolis, MD: Naval Institute Press, 2001) , 109-10.

16 Martha Byrd, *Chennault: Giving Wings to the Tiger* (Tuscaloosa, AL: University of Alabama Press, 1987) , 77.

17 Watson, *High Water*, 133.

18 Smith, *Quest to Fly*, 236.

19 William C. McDonald III and Barbara L. Evenson, *The Shadow Tiger: Billy McDonald, Wingman to Chennault* (Birmingham, AL: Shadow Tiger Press, 2016) , 117.

20 Royal Leonard, *I Flew for China* (Garden City, NY: Doubleday, Doran, 1942) , 178.

21 Chris Dickon, *Americans at War in Foreign Forces: A History, 1915-1945* (Jefferson, NC: McFarland & Company, 2014) , 133.

22 Chennault, *Way of a Fighter*, 68.

23 Ibid., 55.

24 "China Will Not Be Cowed, " *China Press*, September 25, 1937, 4.

25 McDonald Diary, September 24, 1937.

26 "Air-Raid Plans, " *The Age* (Melbourne, Australia) , September 22, 1937, 13.

27 Minnie Vaughn, *Terror in Minnie Vautrin's Nanjing: Diaries and Correspondence, 1937-1938*, ed. Suping Lu (Urbana, IL: University of Illinois Press, 2008) , 21.

28 Peter Harmsen, *Nanjing 1937: Battle for a Doomed City* (Havertown, PA: Casemate Publishers, 2015) , 61.

29 McDonald Diary, September 25, 1937.

30 McDonald and Evenson, *Shadow Tiger*, 116.

31 Smith, *Quest to Fly*, 231.

32 McDonald Diary, September 28, 1937.

33 Smith, *Quest to Fly*, 239.

34 McDonald Diary, September 23, 1937.

35 Ibid., September 29, 1937.

36 Chennault, *Way of a Fighter*, 59.

37 Harold J. Timperly, "Mme. Chiang Making Air Defense Plan, " *Hartford Courant*,

September 3, 1937, 8.

38　Chennault, *Way of a Fighter*, 55.

39　Ibid.

40　无法确定陈纳德是否在这段时间参与了冲突。陈纳德始终否认。更多讨论见：
　　McDonald and Evenson, *Shadow Tiger*, 96-105。

41　Chennault, *Way of a Fighter*, 57.

42　Ibid., 59.

43　陈纳德声称自己在针对出云号巡洋舰的空袭后进行了一次侦察飞行。Chennault, *Way of a Fighter*, 46.

44　"Mystery Surrounding Louisiana's Activities, " *Weekly Town Talk*（Alexandria, Louisiana）, July 31, 1937, 1.

45　U.S. Department of State, *Foreign Relations of the United States, Diplomatic Papers 1937, Vol. III: The Far East*（Washington, D.C.: Government Printing Office, 1954）, 406.

46　John Paton Davies, Jr., *China Hand: An Autobiography*（Philadelphia: University of Pennsylvania Press, 2012）, 22.

47　"Jap Official Cites Reports, " *Des Moines Tribune*, August 6, 1937, 5.

48　Guangqiu Xu, "The Eagle and the Dragon's War Wings: The United States and Chinese military Aviation, 1929-1940"（PhD diss., University of Maryland College Park, 1993）, 263.

49　Ibid.

50　Chennault, *Way of a Fighter*, 51.

51　Ibid., 52; Crouch, "Fleeing Shanghai, August 1937, " author's website, August 20, 2013. http://gregcrouch.com/2013/aug-1937-bixbys-last-ditch-effort.

52　Chennault, *Way of a Fighter*, 52.

53　Watson, *High Water*, 133.

54　Smith, *Quest to Fly*, 287.

55　CLC Diary, September 21, 1937.

56　Chennault, *Way of a Fighter*, 53.

57　Ibid., 52.

58　F. Tillman Durdin, "Japanese Atrocities Marked Fall of Nanking After Chinese Commander Fled, " *New York Times*, January 9, 1938, 38; Harmsen, *Nanjing 1937*, 51.

59　Harmsen, *Nanjing 1937*, 155.

60　Ibid., 109.

61　Ibid.

62　Smith, *Quest to Fly*, 258.

63　"Embassy of the United States of America, " December 2, 1937, "Circular to All Americans in Nanking, " The Nanking Massacre Archival Project, Yale University

Library, divinity-adhoc.library.yale.edu/Nanking/Images/NMP0130.pdf.

64　Norman Alley, *I Witness* (New York: W. Funk, 1941) , 245.

65　Ibid., 230.

66　这个日期是史密斯的说法；陈纳德没有记录他们离开的日期。Smith, *Quest to Fly*, 262.

67　Ibid., 263.

68　Chennault, *Way of a Fighter*, 60.

69　Durdin, "Japanese Atrocities Marked Fall of Nanking After Chinese Commander Fled."

70　Vautrin, *Terror in Minnie Vautrin's Nanjing*, xxiv.

71　Ibid., xxv.

72　Ibid., 137.

73　Ibid., 87. 她描述了在这种情况下自己是如何劝说士兵们离开的。

74　Chang, *The Rape of Nanking*, 95.

75　Ibid.

76　Ibid., 88.

77　Ibid., 114.

78　Ibid., 120.

79　Ibid., 119.

80　F. Tillman Durdin, "All Captives Slain," *New York Times*, December 18, 1937, 1.

81　"Guardian Correspondent Finds China's Leaders Unshaken in Confidence," *China Press*, January, 16, 1938, 1.

82　Claire Chennault letter to John Chennault, March 30, 1938, Chennault Museum.

83　"China's German Military Advisers Go Home," *Life*, August 1, 1938, 18.

84　"German General Still Aiding China," *New York Times*, May 20, 1938, 12.

85　Edward L. Leiser, "Memoirs of Pilot Elwyn H. Gibbon: The Mad Irishman," *Journal of the American Aviation Historical Society* 23, no. 1 (Spring 1978) : 6.

86　Chennault, *Way of a Fighter*, 62.

87　Smith, *Quest to Fly*, 270；Leiser, "Memoirs of Pilot Elwyn H. Gibbon," 4.

88　Smith, *Quest to Fly*, 270.

89　Chennault, *Way of a Fighter*, 70.

90　Ibid., 71.

91　Mark J. Ginsbourg, "China's New Wings," *Washington Post*, May 11, 1938, x9.

92　Leiser, "Memoirs of Pilot Elwyn H. Gibbon," 4.

93　Ibid.

94　Elwyn Gibbon, "Commuting to War," *Collier's*, November 12, 1938, 72-73.

95　"Raid on Formosa: Attack Directed by American Aviator Vincent Schmidt," *South China Morning Post*, February 26, 1938, 15.

96　"Raider？," *Daily Review* (California) , March 3, 1938, 7.

第4章 国际中队

1 "First Air Raid Since Removal of Seat of Government, " *China Press*, January 5, 1938, 1.

2 Elwyn Gibbon, "Combat"（unpublished essay）, Elwyn H. Gibbon Collection, San Diego Air and Space Museum（hereafter SD Gibbon Collection）, 2. 埃尔文·吉本（Elwyn Gibbon）没有提供这件事发生的具体日期，但很明显它发生在 1 月 4 日，因为吉本提到了"德国人"的死以及弗里德里克·克罗伊茨贝格（Frederick Kreuzberg, 他是美国人，却被人称作"德国人"）在那次空袭中阵亡。

3 Ibid., 4.

4 Ibid., 7.

5 Ibid., 8.

6 Ibid., 9.

7 Ibid., 11.

8 Ibid.

9 "American Flier Killed, " *New York Times*, January 7, 1938, 11.

10 "Foreign Pilots Aid Chinese in Defense Against Japanese Air Raids, " *China Weekly Review*, February 5, 1938, 274.

11 Elwyn Gibbon, "Commuting to War, " *Collier's*, November 12, 1938, 71.

12 Ibid., 72.

13 Ibid.

14 Toni Gibbon letter to "Bobby, " August 30, 1938, SD Gibbon Collection. 这封信是在吉本回到西雅图后寄出的。

15 Gibbon, "Commuting to War, " *Collier's*, November 12, 1938, 44.

16 Ibid., 71.

17 Ibid.

18 "Parting Shot: American Flier Unburdens Himself, " *South China Morning Post*, April 20, 1938, 15.

19 Claire Chennault, *Way of a Fighter: The Memoirs of Claire Lee Chennault*, ed. Robert Hotz（New York: G. P. Putnam's Sons, 1949）, 71.

20 Claire Chennault letter to John Chennault, March 30, 1938, Chennault Museum.

21 Edward L. Leiser, "Memoirs of Pilot Elwyn H. Gibbon: The Mad Irishman, " *Journal of the American Aviation Historical Society* 23, no. 1（Spring 1978）: 12. 有些记述将这艘船的名字写成"印度女皇号（Empress of India）"，还有人写成"亚洲女皇号（Empress of Asia）"。

22 "Foreign Legion of Air Disbanded by China, " *New York Times*, March 24, 1938, 14.

23 "New Yorker Questioned by Japanese for 3 Hours, " *New York Herald Tribune*, April 23, 1938, 5.

24　"American Is Held in Japanese Jail, " *New York Times*, April 24, 1938, 33.

25　"Elwyn Gibbon Finds That Japanese Jails Are Not So Bad, at Least at Yokohama, " unidentified newspaper article, SD Gibbon Collection.

26　"Japan Holds American, " *New York Times*, April 23, 1938, 7.

27　"Gibbon Tells of Torture, " *Alton Evening Telegraph* (Illinois) , May 19, 1938, 1-2.

28　Leiser, "Memoirs of Pilot Elwyn H. Gibbon, " 12.

29　"Japan May Free Flyer, " *Des Moines Tribune*, April 26, 1938, 11.

30　"Japanese Continue to Question Gibbon, " *New York Times*, April 25, 1938, 5.

31　据爱德华·莱泽尔（Edward Leiser）所言，东京上诉法院撤销了这个案子。

32　"U.S. Flier Jailed by Japan Arrives on President Taft, " *Honolulu Advertiser*, May 12, 1938, 7.

33　"Gibbon Tells of Torture, " *Alton Evening Telegraph*.

34　"U.S. Flier Jailed by Japan Arrives on President Taft, " *Honolulu Advertiser*.

35　Leiser, "Memoirs of Pilot Elwyn H. Gibbon, " 14.

36　"Falkenhausen Says China Will Gain Final Victory, " *New York Herald Tribune*, July 6, 1938, 2.

37　"China' s German Military Advisers Go Home, " *Life*, August 1, 1938, 18.

38　Paul Frillmann and Graham Peck, *China: The Remembered Life* (Boston: Houghton Mifflin Company, 1968) , 19.

39　Chennault, *Way of a Fighter*, 73.

40　Ibid.

41　Rana Mitter, *Forgotten Ally: China' s World War II, 1937-1945* (New York: Houghton Mifflin Harcourt, 2013) , 163.

42　"Chiang Escapes Hankow as Foe Enters Suburbs, " *New York Herald Tribune*, October 25, 1938, 1. 对这次撤离的更多描述，参见：Mitter, *Forgotten Ally*, 163。

43　"Hankow Outrages, " *South China Morning Post*, November 8, 1938, 12.

44　Frillmann, *China*, 28.

45　Walter Lippmann, "The Foundation of Another Empire, " *Washington Post*, October 27, 1938, x11.

46　"Tokyo Celebrates, " *South China Morning Post*, October 31, 1938, 16.

47　"Chiang Confident, " *South China Morning Post*, December 15, 1938.

第5章　流亡内陆

1　Claire Chennault, *Way of a Fighter: The Memoirs of Claire Lee Chennault*, ed. Robert Hotz (New York: G. P. Putnam' s Sons, 1949) , 73.

2　Anthony R. Carrozza, *William D. Pawley: The Extraordinary Life of the Adventurer, Entrepreneur, and Diplomat Who Cofounded the Flying Tigers* (Washington, D.C.: Potomac Books, 2012) , 53-54.

3   "Chinese Aviators Train at Kunming," *New York Times*, March 29, 1938, 14.

4   CLC Diary, January 30, 1939.

5   William C. McDonald III and Barbara L. Evenson, *The Shadow Tiger: Billy McDonald, Wingman to Chennault* (Birmingham, AL: Shadow Tiger Press, 2016) , 156.

6   Chennault, *Way of a Fighter*, 85.

7   CLC Diary, April 8, 1939.

8   Chennault, *Way of a Fighter*, 88.

9   Ibid.

10 Ibid., 89.

11 CLC Diary, May 4, 1939.

12 Rana Mitter, *Forgotten Ally: China's World War II, 1937-1945* (New York: Houghton Mifflin Harcourt, 2013) , 4.

13 Ibid.

14 Hannah Pakula, *The Last Empress: Madame Chiang Kai-shek and the Birth of Modern China* (New York: Simon & Schuster, 2009) , 354.

15 Chennault, *Way of a Fighter*, 80.

16 McDonald and Evenson, *Shadow Tiger*, 149.

17 CLC Diary, October 27, 1939.

18 Ibid., October 31, 1939.

19 Ibid., April 22, April 25, and May 1, 1939. 陈纳德讨论了签署合同购买更多飞机一事，这明确显露他身为战略顾问的角色。而围绕究竟该买哪种飞机的决定则备受争议。Carrozza, *Pawley*, 55.

20 Wayne Thomas, "Curtiss Plants Speed Building of War Planes," *Chicago Daily Tribune*, December 3, 1939, 10.

21 Chennault, *Way of a Fighter*, 94.

22 Jack Samson, *The Flying Tiger: The True Story of Claire Lee Chennault and the U.S. 14th Air Force in China* (Guilford, CT: Lyons Press, 2012) , 62.

23 Martha Byrd, *Chennault: Giving Wings to the Tiger* (Tuscaloosa, AL: University of Alabama Press, 1987) , 107.

24 Ibid., 63.

25 Samson, *Flying Tiger*, 346.

26 "China Carries On: Madame Chiang's Speech," *China Critic*, August 8, 1940, 89.

27 Thomas A. Delong, *Madame Chiang Kai-shek and Miss Emma Mills: China's First Lady and Her American Friend* (Jefferson, NC: McFarland Company, 2007) , 134.

28 William Wade Watson, ed., *High Water, High Cotton and High Times* (Pittsburgh, PA: Dorrance Publishing, 2007) , 137.

29 McDonald and Evenson, *Shadow Tiger*, 173.

30 有关这次战斗数据的说法并不相同，不过它还是被认作中国空军遭受的巨大打击。Craig Nelson, *Pearl Harbor: From Infamy to Greatness* (New York: Simon &

Schuster, 2016）, 57；Roy M. Stanley, *Prelude to Pearl Harbor: War in China, 1937-41: Japan's Rehearsal for World War II*（New York: Scribner, 1982）, 148.

31　关于零式战斗机在 1940 年进入中国战场的更多信息，参见：Daniel Ford, *Flying Tigers: Claire Chennault and His American Volunteers, 1941-1942*（Washington, D.C.: Smithsonian Institution Press, 1991）, 39-41。

32　U.S. Department of State, *Foreign Relations of the United States, Diplomatic Papers, 1940, Vol. IV, The Far East*（Washington D.C.: Government Printing Office, 1955）, 673.

33　Ibid., 674.

34　CLC Diary, October 20-21, 1940.

35　Chennault, *Way of a Fighter*, 90.

36　CLC Diary, October 21, 1940.

37　Chennault, *Way of a Fighter*, 90.

第6章　中国空旅

1　Claire Chennault, *Way of a Fighter: The Memoirs of Claire Lee Chennault*, ed. Robert Hotz（New York: G. P. Putnam's Sons, 1949）, 91.

2　Hannah Pakula, *The Last Empress: Madame Chiang Kai-shek and the Birth of Modern China*（New York: Simon & Schuster, 2009）, 362；James Bradley, *The China Mirage*（New York: Little, Brown, 2015）, 148.

3　Ernest O. Hauser, "China's Soong," *Life*, March 24, 1941, 93.

4　Martha Byrd, *Chennault: Giving Wings to the Tiger*（Tuscaloosa, AL: University of Alabama Press, 1987）, 106.

5　Joseph W. Alsop with Adam Platt, *I've Seen the Best of It*（New York: W. W. Norton, 1992）, 147.

6　Chennault, *Way of a Fighter*, 93.

7　Alsop, *I've Seen the Best of It*, 147.

8　Joseph Alsop and Robert Kintner, "Powerful Move Afoot to Give China Something More than Goodwill and Occasional Loan," *Daily Boston Globe*, November 19, 1940, 15.

9　Chennault, *Way of a Fighter*, 98.

10　Byrd states that "Chennault was without doubt the author of the proposals." Byrd, *Chennault*, 110.

11　Secretary Henry Morgenthau, "Diary: Book 342A, China: Bombers, December 3-22, 1940," Franklin D. Roosevelt Library, 5, www.fdrlibrary.marist.edu/_resources/images/morg/md0452.pdf（hereafter "Morgenthau Diary 342A"）. 这是一份宋子文在 1940 年 11 月 30 日提交给小亨利·摩根索（Henry Morgenthau, Jr.）的未经签署的备忘录。陈纳德在回忆录中提到了照此方法起草"战略计划"。Chennault, *Way of a Fighter*, 97.

12   Morgenthau Diary 342A, 7.

13   Chennault, *Way of a Fighter*, 98.

14   Bradley, *China Mirage*, 193.

15   Morgenthau Diary 342A, 2.

16   Ibid.

17   Ibid., 2-3.

18   Ibid., 12.

19   Henry Stimson with McGeorge Bundy, *On Active Service in War and Peace*（New York: Harper, 1948）, 367.

20   Morgenthau Diary 342A, 18. 这次对话有一些传闻的成分，因为摩根索就是这样向宋子文转述这个故事的。

21   Ibid.

22   Ibid., 24.

23   Joseph E. Persico, *Roosevelt's Centurions: FDR and the Commanders He Led to Victory in World War II*（New York: Random House, 2013）, 146.

24   Morgenthau Diary 342A, 27.

25   Chennault, *Way of a Fighter*, 100. 在法国沦陷后，英国人接手了法国人的订单。陈纳德在回忆录或日记中都没有记载有关这次旅行的具体日期。

26   Ibid.

27   John Alison, untitled essay in Oliver L. North with Joe Musser, *War Stories II: Heroism in the Pacific*（Washington, D.C.: Regnery Publishing, 2004）, 139. See also: "Oral History of John Alison," National Museum of the Pacific War, 2004.

28   Chennault, *Way of a Fighter*, 101-2.

29   Secretary Henry Morgenthau, "Diary: Book 344, January 1-3, 1941," Franklin D. Roosevelt Library, 12, www.fdrlibrary.marist.edu/_resources/images/morg/md0454. pdf（hereafter "Morgenthau Diary 344"）.

30   "环球贸易公司（Universal Trading Corporation）"是一个"中国政府的空壳公司"，旨在从进出口银行接收经由摩根索部长谈判确定的贷款数额。Michael Schaller, *The U.S. Crusade in China, 1938-1945*（New York: Columbia University Press, 1979）, 25. 究竟是谁在为这些飞机"付款"的问题也因此有些难以回答：其基础基金是美国对华援助的一部分，但它们如今被从经济援助转变成了军事援助。更多有关宋子文、环球贸易公司以及这些外交谈判的信息，参见：Tai-chun Kuo and Hsiao-ting Lin, "T. V. Soong in Modern Chinese History: A Look at His Role in Sino-American Relations in World War II"（Stanford, CA: Hoover Institution Press, 2006）, 4-17。

31   Joseph E. Persico, *Roosevelt's Secret War: FDR and World War II Espionage*（New York: Random House, 2001）, 60.

32   Persico, *Roosevelt's Centurions*, 42.

33   这是沃尔特·比德尔·史密斯将军（General Walter Bedell Smith）就向英国提供 75

毫米火炮一事提出的警告。Doris Kearns Goodwin, *No Ordinary Time: Franklin &
Eleanor Roosevelt: The Home Front in World War II*（New York: Simon & Schuster,
1994），65.

34　Franklin Roosevelt, "Address at Chicago, " October 5, 1937. 这次讲话被称作"隔
离演说（Quarantine Speech）"。公众对这次讲话的反应是负面的，罗斯福感觉自己
或许做得有些过火了。Robert Dallek, *Franklin D. Roosevelt: A Political Life*（New
York: Viking, 2017），291.

35　Ibid.

36　Goodwin, *No Ordinary Time*, 191.

37　这一计划的战略理由是可以"合理否认"美国实施了战争行为。我在下面这篇文章
中更为详细地解释了这一点：Sam Kleiner, "Erik Prince's 'New Band of Flying
Tigers' Is a Sequel We Don't Need, " *Just Security*, September 11, 2017, www.
justsecurity.org/44864/erik-princes-new-band-flying-tiger-sequel。

38　Morgenthau Diary 344, 35.

39　Ansel. E. Talbert, "China May Get 400 of Newest U.S. Warplanes, " *New York
Herald Tribune*, December 30, 1940, 1.

40　Joseph Newman, "Tokio Says Aid to China Puts U.S. Near War, " *New York Herald
Tribune*, December 5, 1940, 10.

41　Morgenthau Diary 344, 36.

42　Franklin D. Roosevelt, Fireside Chat, December 29, 1940, the American Presidency
Project, www.presidency.ucsb.edu/ws/index.php？pid= 15917.

43　Anthony R. Carrozza, *William D. Pawley: The Extraordinary Life of the Adventurer,
Entrepreneur, and Diplomat Who Cofounded the Flying Tigers*（Washington, D.C.:
Potomac Books, 2012），76；Daniel Ford, *Flying Tigers: Claire Chennault and
the American Volunteer Group*（Washington, D.C.: Smithsonian Institution Press,
1991），52-53.

44　Chennault, *Way of a Fighter*, 101.

45　Ibid.

46　威廉·波利（William Pawley）"早在 1940 年 12 月"就参与了对这一想法的讨论，
"但美籍志愿大队的招募活动一直到 3 月底才真正展开"。Byrd, *Chennault*, 117. 将
介石与中央飞机制造厂在 1940 年底似乎都在推动类似的想法，当波利披上这支部队
的平民伪装后，他们的战略和商业利益将最终融入美籍志愿大队之中。Ibid., 116.

47　Justin Pritchard, "The Power Broker, " *Brown Alumni Magazine*, September/October
1998, www.brownalumnimagazine.com/content/view/1773/40.

48　A. E. Housman, "Epitaph on an Army of Mercenaries, " in Michael Harrison and
Christopher Stuart-Clark, eds, *Peace and War: A Collection of Poems*（Oxford, UK:
Oxford University Press, 1989），88.

49　Ford, *Flying Tigers*, 54. See: Thomas Corcoran, "Rendezvous with Democracy, "
Thomas Corcoran Papers, Box 586, Library of Congress, Washington, D.C.

50 Robert Jackson, *That Man: An Insider's Portrait of Franklin D. Roosevelt*, ed. John Q. Barrett（New York: Oxford University Press, 2003）, 74.

51 陈纳德描述了一份"未经公开的行政命令，该命令得到了［罗斯福的］签名"，颁布于 1941 年 4 月 15 日。Chennault, *Way of a Fighter*, 102.

52 Byrd, *Chennault*, 107.

53 This memo is reproduced in full in Lewis Sherman Bishop and Shiela Bishop Irwin, *Escape from Hell: An AVG Flying Tiger's Journey*（self-published, 2004）, 107-8.

54 Chennault, *Way of a Fighter*, 102.

55 Byrd, *Chennault*, 116.

56 Pakula, *The Last Empress*, 362-63.

57 Frank Beatty, "Memorandum for Commanding Officer, Naval Air Station, Jacksonville, " April 14, 1941, National Museum of Naval Aviation, collections.naval.aviation. museum/emuwebdoncoms/objects/common/webmedia.php？irn=16015371.

58 Chennault, *Way of a Tiger*, 103.

59 "Convoys to China, " *Time*, June 23, 1941, 34.

60 R. T. Smith, *Tale of a Tiger*（Van Nuys, CA: Tiger Originals, 1986）, 15.

61 Smith, *Tale of a Tiger*, 16. 这段描述源自保罗·格林（Paul Greene）。

62 Claire Chennault Passport, June, 23, 1941, Chennault Family Papers, Louisiana State University（Baton Rouge）Special Collections.

63 Jennifer Holik with Robert Brouk, *To Soar with the Tigers: The Life and Diary of Flying Tiger, Robert Brouk*（Woodbridge, IL: Generations, 2013）, 19.

64 "When a Hawk Smiles, " *Time*, December 6, 1943, 26. 这篇文章没有署名，但很可能是由西奥多·怀特（Theodore White）所写。

65 Chennault, *Way of a Fighter*, 104.

66 "Scarsdale Jack Knew He Would Never Return, " *News-Messenger*（Ohio）, March 24, 1942, 14.

67 John J. Newkirk, *The Old Man and the Harley*（Nashville, TN: Thomas Nelson, 2008）, 16.

68 Ibid., 184.

69 *Fei Hu: The Story of the Flying Tigers*, directed by Frank Christopher（1999; Fei Hu Films）, www.flyingtigersvideo.com/about.

70 Larry M. Pistole, *The Pictorial History of the Flying Tigers*（Orange, VA: Publishers'Press, 1995）, 49.

71 James H. Howard, *Roar of the Tiger: From Flying Tigers to Mustangs, A Fighter Ace's Memoir*（New York: Pocket Books, 1991）, 66.

72 Frank S. Losonsky and Terry M. Losonsky, *Flying Tiger: A Crew Chief's Story*（Atglen, PA: Schiffer Publishing, 1996）, 44.

73 Ibid., 9.

74 Ibid.

75　Ibid., 44.

76　Ibid.

77　Ibid., 11.

78　Ibid., 12.

79　Ibid., 15.

80　Holik, *To Soar with the Tigers*, 19.

81　Ibid., 20.

82　Losonsky, *Flying Tiger: A Crew Chief's Story*, 13.

83　Robert M. Smith, *With Chennault in China: A Flying Tiger's Diary* (Blue Ridge, PA: Tab Books, 1984) , 18.

84　Ibid.

85　Holik, *To Soar with the Tigers*, 20.

86　Losonsky, *Flying Tiger: A Crew Chief's Story*, 15.

87　Nancy Allison Wright, *Yankee on the Yangtze: Romance and Adventure Follow the Birth of Aviation* (self-published, 2011) , 203.

88　Howard, *Roar of the Tiger*, 70.

89　Ibid., 68.

90　Ibid., 70.

91　有关埃玛·福斯特（Emma Foster）早期人生的大部分信息来自于她的口述史，现保存于国会图书馆（Library of Congress）。See: Emma Jane Foster Hanks Collection（AFC/2001/001/10697）, Veterans History Project, American Folklife Center, Library of Congress（hereafter "Foster Oral History, Library of Congress"）.

92　"Oral History of Emma Jane 'Red' Petach," Fei Hu Films research and production files（RHC88）, Special Collections & University Archives, Grand Valley State University Libraries（后文称作"GVSU Collection"，为保持一致，将继续使用埃玛的婚前姓：后文称作"Foster Oral History"）, digitalcollections.library.gvsu.edu/files/original/460b2917fdbfebdc40c28497f39835e1.pdf.（"GVSU Collection"中只有一部得到了数字化处理。）

93　Ibid.

94　Ibid.

95　Ibid.

96　Ibid.

97　Losonsky, *Flying Tiger: A Crew Chief's Story*, 18.

98　Ibid.

99　Howard, *Roar of the Tiger*, 76.

100　Smith, *Tale of a Tiger*, 35.

101　Oral History of David Hill, conducted by Reagan Schaupp, San Antonio, February 2000. 里根·绍普少校（Major Reagan Schaupp）在撰写他的书时记录了希尔（他的外祖父）的口述史，他慷慨地分享了自己准备好的实录。希尔的直接引语均出

自这部口述史。See also: David Lee "Tex" Hill with Reagan Schaupp, *"Tex" Hill: Flying Tiger* (Spartanburg, SC: The Honoribus Press, 2003).

102　Ed Rector Oral History, GVSU Collection, 1.

103　"Edward Rector: Fighter Ace with 'Flying Tigers, ' " *Los Angeles Times*, May 3, 2001.

104　*Scorchy Smith* was created by Noel Sickles, who left in 1936: Christman succeeded him.

105　更多有关伯特·克里斯特曼（Bert Christman）背景的信息，参见：Andrew Glaess, "Remembering Bert Christman, " Warbird Forum, 2014, www.warbirdforum.com/scorchy.htm。

106　Glaess, "Remembering Bert Christman."

107　Smith, *Tale of a Tiger*, 46.

108　Ibid., 48.

109　George McMillan letter to family, September 6, 1941, Winter Garden Heritage Foundation, Winter Garden, Florida.

110　Smith, *Tale of a Tiger*, 53.

111　Oral History of David Hill, National Museum of the Pacific War, 2001.

112　Chennault, *Way of a Fighter*, 104.

113　Ibid., 107.

114　第一艘出发的船上还有一群由随军牧师保罗·福利尔曼（Paul Frillmann）率领的机械师。See: Paul Frillmann and Graham Peck, *China: The Remembered Life* (Boston: Houghton Mifflin Company, 1968), 49-65.

115　"U.S. Mechanics Reach Singapore, " *New York Times*, July 10, 1941, 3.

116　Chennault, *Way of a Fighter*, 107.

117　Alsop, *I' ve Seen the Best of It*, 167.

118　Ibid.

119　Ibid., 150.

120　Bruce Gamble, *Black Sheep One: The Life of Gregory "Pappy"Boyington* (New York: Ballantine Books, 2000), 132.

121　Ibid., 126.

122　Ibid., 126-27.

123　Ibid.

124　Gregory Boyington, *Baa Baa Black Sheep* (New York: Bantam Books, 1977), 5.

125　Gamble, *Black Sheep One*, 133.

126　Boyington, *Baa Baa Black Sheep*, 4.

127　Ibid.

128　Ibid., 7.

129　Ibid., 8.

130　Gamble, *Black Sheep One*, 139.

131 Susan Clotfelter Jimison, *Through the Eyes of a Tiger: The John Donovan Story* (Athens, GA: Deeks Publishing, 2015), 18.

132 Ibid., 23.

133 C. Joseph Rosbert, *Flying Tiger Joe's Adventure Story Cookbook* (Franklin, NC: Giant Poplar Press, 1985), 59.

134 Ibid.

135 Boyington, *Baa Baa Black Sheep*, 7.

136 Ibid.

137 Chennault, *Way of a Fighter*, 109.

138 Ibid., 110-11.

139 Smith, *Tale of a Tiger*, 71.

140 Rosbert, *Flying Tiger Joe's*, 64-65.

141 Howard, *Roar of the Tiger*, 83.

142 Ibid.

第7章　东吁集训

1 Susan Clotfelter Jimison, *Through the Eyes of a Tiger: The John Donovan Story* (Athens, GA: Deeks Publishing, 2015), 84.

2 R. T. Smith, *Tale of a Tiger* (Van Nuys, CA: Tiger Originals, 1986), 83.

3 Ibid., 85.

4 Claire Chennault, *Way of a Fighter: The Memoirs of Claire Lee Chennault*, ed. Robert Hotz (New York: G. P. Putnam's Sons, 1949), 113.

5 Charles R. Bond, Jr., and Terry H. Anderson, *A Flying Tiger's Diary* (College Station: Texas A & M University Press, 1984), 46. 这本日记被称作"经编辑的档案"，因此出版时很可能作了修改, xiii。

6 Chennault, *Way of a Fighter*, 113.

7 Ibid.

8 Ibid., 112.

9 还有一个问题，即30口径的机枪因适应英国订单的要求而改成了303口径，但购买合适的弹药却很困难。Ibid., 100.

10 Charles Baisden, *Flying Tiger to Air Commando* (Atglen, PA: Schiffer Military History, 1999), 30.

11 Ibid. 这是查克·贝斯登（Chuck Baisden）的估计，不过他也承认，关于距离仍存在一些不一致之处。此外，由于这些P-40飞机最初是为英国王家空军制造的，因此不得不进行了一些调整，以便它们能够正常工作。See: Daniel Ford, *Flying Tigers: Claire Chennault and the American Volunteer Group* (Washington, D.C.: Smithsonian Institution Press, 1991), 74-75.

12 Bruce Gamble, *Black Sheep One: The Life of Gregory "Pappy" Boyington* (New

York: Ballantine Books, 2000) , 155.

13 C. Joseph Rosbert, *Flying Tiger Joe's Adventure Story Cookbook* (Franklin, NC: Giant Poplar Press, 1985) , 66-67.

14 Erik Shilling, *Destiny: A Flying Tiger's Rendezvous with Fate* (self-published, 1993) , 93.

15 Smith, *Tale of a Tiger*, 68.

16 Shilling, *Destiny*, 93.

17 See: Paul Frillmann and Graham Peck, *China: The Remembered Life* (Boston: Houghton Mifflin Company, 1968) , 71-72.

18 Smith, *Tale of a Tiger*, 71.

19 Claire Chennault to Nell Chennault, October 25, 1941, Chennault Family Papers, Louisiana State University (Baton Rouge) Special Collections.

20 Olga Greenlaw, *The Lady and the Tigers* (Durham, NH: Warbird Books, 2012) , 24.

21 Ibid., 27.

22 Jennifer Holik with Robert Brouk, *To Soar with the Tigers: The Life and Diary of Flying Tiger, Robert Brouk* (Woodbridge, IL: Generations, 2013) , 42.

23 Frillmann, *China*, 86.

24 John J. Newkirk, *The Old Man and the Harley* (Nashville, TN: Thomas Nelson, 2008) , 199.

25 Ibid.

26 George McMillan letter to family, November 27, 1941, Winter Garden Heritage Museum, Winter Garden, Florida.

27 Bond, *A Flying Tiger's Diary*, 45.

28 Frank S. Losonsky and Terry M. Losonsky, *Flying Tiger: A Crew Chief's Story* (Atglen, PA: Schiffer Publishing, 1996) , 55.

29 Chennault, *Way of a Fighter*, 116.

30 Foster Oral History, GVSU Collection.

31 Ibid.

32 Ibid.

33 Ibid.

34 Foster Oral History, Library of Congress.

35 Ibid.

36 Losonsky, *Flying Tiger: A Crew Chief's Story*, 42.

37 Bond, *A Flying Tiger's Diary*, 49.

38 Gregory Boyington, *Baa Baa Black Sheep* (New York: Bantam Books, 1977) , 32.

39 Gamble, *Black Sheep One*, 151.

40 Ibid., 158.

41 Ibid., 162.

42 Ibid.

43 Ibid.

44 这是埃里克·希林（Eric Shilling）讲述的原始版本的故事。Shilling, Destiny, 107.
    不过，关于这件事存有很多辩论。参见：Terrill Clements, American Volunteer Group
    "Flying Tigers" Aces（Seattle: Osprey Publishing, 2001），30。关于这种设计最早
    来自于王家空军的 P-40 飞机还是德国 "梅塞施米特式（Messerschmitt）" Bf 110 战
    斗机，也有过辩论。Shilling, Destiny, 113.

45 Ibid., 108.

46 Ibid.；Bond, *A Flying Tiger's Diary*, 49. 最初，它似乎只是被提议当作一支中队的
    标志。

47 "American Pilots and Mechanics for China," *China Weekly Review*, June 7, 1941,
    22.

48 Chennault, *Way of a Fighter*, 122；Ford, *Flying Tigers*, 83.

49 Chennault, *Way of a Fighter*, 122.

50 Clements, *American Volunteer Group*, 38.

51 Losonsky, *Flying Tiger: A Crew Chief's Story*, 44.

52 Clements, *American Volunteer Group*, 94.

53 Oral History of Lt. Colonel Jasper J. Harrington, 1981, United States Air Force Oral
    History Program, Air Force Historical Research Agency, Maxwell Air Force Base,
    Alabama.

54 Ibid.

55 Chennault, *Way of a Fighter*, 117.

56 President Franklin D. Roosevelt, "Memorandum for the Secretary of the Navy,"
    September 30, 1941, National Museum of Naval Aviation, NNAM. 1997.269.014,
    collections.naval.aviation.museum/emuweb doncoms/pages/common/imagedisplay.
    php？irn= 16015381& reftable= ecatalogue& refirn= 16037479.

57 Ford, *Flying Tigers*, 93-94.

58 Joseph W. Alsop with Adam Platt, *I've Seen the Best of It*（New York: W. W. Norton,
    1992），181.

59 William H. Stoneman, "Jap Thrust at Burma Lifeline Looms," *Star Tribune*
    （Minnesota），November 5, 1941, 2.

60 George McMillan letter to family, December 7, 1941, Winter Garden Heritage
    Foundation, Winter Garden, Florida.

61 Jimison, *Through the Eyes of a Tiger, 70.* This letter was dated November 16, 1941.

第8章 战争时分

1 Thurston Clarke, *Pearl Harbor Ghosts: The Legacy of December 7, 1941*（New York,
   Ballantine, 2001），89.

2 Craig Nelson, *Pearl Harbor: From Infamy to Greatness*（New York: Scribner, 2016），

181.

3　Donald Stratton with Ken Gire, *All the Gallant Men: The First Memoir by a USS Arizona Survivor*（New York: HarperCollins, 2016）, 74-75.

4　Ibid., 80.

5　Clarke, *Pearl Harbor Ghosts*, 104.

6　Stratton, *All the Gallant Men*, 85.

7　Shaun McKinnon, "USS Arizona: The Attack That Changed the World, " *Arizona Republic*, December 4, 2014.

8　Stratton, *All the Gallant Men*, 89.

9　Ibid., 93.

10　幸存者数量存在一些不一致之处，很可能是因为部分水手那天早上没有在船上。这一数字出自国家公园管理局（National Park Service）。

11　Doris Kearns Goodwin, *No Ordinary Time: Franklin & Eleanor Roosevelt: The Home Front in World War II*（New York: Simon & Schuster, 1994）, 288.

12　Ibid., 290.

13　Ibid.

14　Claire Chennault, *Way of a Fighter: The Memoirs of Claire Lee Chennault*, ed. Robert Hotz（New York: G. P. Putnam's Sons, 1949）, 124.

15　R. T. Smith, *Tale of a Tiger□Van Nuys, CA: Tiger Originals, 1986□, 144.*

16　George McMillan letter to family, December 7, 1941, Winter Garden Heritage Museum, Winter Garden, Florida.

17　Diary of George McMillan, December 7, 1941, Winter Garden Heritage Foundation, Winter Garden, Florida. This should have been dated December 8, when they received the news of the attack.

18　Smith, *Tale of a Tiger*, 144.

19　Ed Rector Oral History, GVSU Collection, 29.

20　First American Volunteer Group Diary, December 8 and December 12, 1941, Microfilm Reel 863.305, Air Force Historical Research Agency, Maxwell Air Force Base, Alabama（hereafter "AVG Diary"）. 这是奥尔加·格林洛（Olga Greenlaw）一度为美籍志愿大队保管的集体日记。

21　James H. Howard, *Roar of the Tiger: From Flying Tigers to Mustangs, A Fighter Ace's Memoir*（New York: Pocket Books, 1991）, 98.

22　Frank S. Losonsky and Terry M. Losonsky, *Flying Tiger: A Crew Chief's Story*（Atglen, PA: Schiffer Publishing, 1996）, 68.

23　Ibid.

24　AVG Diary, December 8, 1941.

25　Daniel Ford, *Flying Tigers: Claire Chennault and the American Volunteer Group*（Washington, D.C.: Smithsonian Institution Press, 1991）, 103.

26　Oral History of David Hill, conducted by Reagan Schaupp, San Antonio, February 2000.

27　Olga Greenlaw, *The Lady and the Tigers*（Durham, NH: Warbird Books, 2012）, 40.

28　Franklin Roosevelt, "Pearl Harbor Address to the Nation, " December 8, 1941, www. americanrhetoric.com/speeches/fdrpearlharbor.htm.

29　Ford, *Flying Tigers*, 102-3.

30　Ibid., 103.

31　Robert Gandt, "Pan Am at War, " Pan Am Historical Foundation, 2015, www.panam. org/images/Stories/PanAmatWar.pdf.

32　Ford, *Flying Tigers*, 103.

33　Hannah Pakula, *The Last Empress: Madame Chiang Kai-shek and the Birth of Modern China*（New York: Simon & Schuster, 2009）, 369.

34　Joseph W. Alsop with Adam Platt, *I've Seen the Best of It*（New York: W. W. Norton, 1992）, 185.

35　Ibid., 188-89.

36　"Alsop, Long Jap Captive, Comes Home, " *Hartford Courant*, August 27, 1942, 1.

37　Howard, *Roar of the Tiger*, 96.

38　Erik Shilling, *Destiny: A Flying Tiger's Rendezvous with Fate*（self-published, 1993）, 116.

39　Ibid., 117. 有关这张照片的更完整介绍，详见第 102 页。

40　Ibid., 118.

41　Chennault, *Way of a Fighter*, 126.

42　Charles R. Bond, Jr., and Terry H. Anderson, *A Flying Tiger's Diary*（College Station: Texas A & M University Press, 1984）, 52.

43　Ibid.

44　Rector Oral History, GVSU Collection, 29-30.

45　John J. Newkirk, *The Old Man and the Harley*（Nashville, TN: Thomas Nelson, 2008）, 204.

46　Ibid., 204-5.

47　Chennault, *Way of a Fighter*, 120.

48　Ibid., 127.

49　尽管美籍志愿大队是一支属于中国的部队，但它的大部分战斗都发生于英国殖民地缅甸，并遵照中英联合防御计划。参见：Ford, *Flying Tigers*, 54。陈纳德没有把注意力放在防御缅甸上，而是推动将美籍志愿大队派往中国。参见：Chennault, *Way of a Fighter*, 125-26。

50　Smith, *Tale of a Tiger*, 148.

51　Greenlaw, *Lady and the Tigers*, 46.

52　Bond, *A Flying Tiger's Diary*, 58.

53　Ford, *Flying Tigers*, 109.

54　Bond, *A Flying Tiger's Diary*, 58.

55　Ibid.

56　Ibid., 59.

57　Di Freeze and Deb Smith, "Tex Hill: The Richest Kind of Life, " *Airport Journals*, December 1, 2007, airportjournals.com/tex-hill-the-richest-kindoflife2.

58　Bond, *A Flying Tiger's Diary*, 59.

第9章　时代传奇

1　Charles R. Bond, Jr., and Terry H. Anderson, *A Flying Tiger's Diary* (College Station: Texas A & M University Press, 1984) , 68.

2　Paul Frillmann and Graham Peck, *China: The Remembered Life* (Boston: Houghton Mifflin Company, 1968) , 91.

3　Ibid.

4　Bond, *A Flying Tiger's Diary*, 60.

5　Claire Chennault, *Way of a Fighter: The Memoirs of Claire Lee Chennault*, ed. Robert Hotz (New York: G. P. Putnam's Sons, 1949) , 128；Jack Samson, *The Flying Tiger: The True Story of Claire Lee Chennault and the U.S. 14th Air Force in China* (Guilford, CT: Lyons Press, 2012) , 117.

6　Chennault, *Way of a Fighter*, 127-28.

7　Daniel Ford, *Flying Tigers: Claire Chennault and the American Volunteer Group* (Washington, D.C.: Smithsonian Institution Press, 1991) , 111.

8　Chennault, *Way of a Fighter*, 128-29.

9　Ibid., 129.

10　Ford, *Flying Tigers*, 112.

11　Ibid., 111.

12　Bond, *A Flying Tiger's Diary*, 60.

13　"KI48 'Lily' Japanese Light Bomber, " *Pacific War Online Encyclopedia*, http: // pwencycl.kgbudge.com/K/i/KI48_Lily.htm.

14　Bond, *A Flying Tiger's Diary*, 61.

15　AVG Diary, December 20, 1941.

16　James H. Howard, *Roar of the Tiger: From Flying Tigers to Mustangs, A Fighter Ace's Memoir* (New York: Pocket Books, 1991) , 101.

17　Chennault, *Way of a Fighter*, 129.

18　Bond, *A Flying Tiger's Diary*, 62.

19　Ibid.

20　Chennault, *Way of a Fighter*, 130.

21　Ibid.

22　Ibid., 137.

23　Ibid., 129.

24　Ed Rector Oral History, GVSU Collection, 36.

25　Ibid.

26　Ibid., 37.

27　"Flying Tiger: Catawba Star Went on to Become WWII Hero, "*Salisbury Post*（North Carolina）, July 17, 2014.

28　Rector Oral History, GVSU Collection, 41.

29　Ibid.

30　Howard, *Roar of the Tiger*, 102.

31　Gregory Boyington, *Baa Baa Black Sheep*（New York: Bantam Books, 1977）, 38.

32　Peter Mertz, "Last Flying Tiger Recalls WWII Experiences, "*Xinhua Net*, September 24, 2015. 易岳汉担任翻译的确切时间不甚明朗，但他的话表明，至少到12月20日，他已经在为美籍志愿大队工作了。

33　Ibid.

34　Sara Burnett, "WWII Chinese Translator Denied U.S. Veterans Status but Says Record Speaks for Itself, "*Denver Post*, May 28, 2011.

35　Ford, *Flying Tigers*, 118.

36　"U.S. Air Volunteers Praised by Chinese, "*Pittsburgh Press*, December 23, 1941, 2.

37　Bond, *A Flying Tiger's Diary*, 63.

38　Ibid., 65.

39　Ibid., 68.

40　Ibid., 67.

41　"Yanks Smash Enemy Over China, "*San Bernardino County Sun*, December 21, 1941, 2.

42　"Blood for the Tigers, "*Time*, December 29, 1941, 19.

43　Chennault, *Way of a Fighter*, 135.

44　"Labels Americans 'Flying Tigers, '"*New York Times*, January 26, 1942, 10.

45　Anthony R. Carrozza, *William D. Pawley: The Extraordinary Life of the Adventurer, Entrepreneur, and Diplomat Who Cofounded the Flying Tigers*（Washington, D.C.: Potomac Books, 2012）, 96; Ford, *Flying Tigers*, 120.

46　"Blood for the Tigers, "*Time*.

第10章　仰光圣诞

1　更多有关这座基地以及在缅英国王家空军的信息，参见：Neil Frances, *Ketchil: A New Zealand Pilot's War in Asia and the Pacific*（Masterton, New Zealand: Wairarapa Archive, 2005）, 38-42。

2　R. T. Smith, *Tale of a Tiger*（Van Nuys, CA: Tiger Orginals, 1986）, 157.

3　Ibid., 158.

4　Cary J. Hahn, "Reed Remembered as Distinguished Pilot, Commander, "*Marion Times*（Iowa）, May 20, 2009.

5　Diary of Bill Reed, December 4, 1941（hereafter "Reed Diary"）. 比尔·里德（Bill Reed）日记的文本是在一家纪念里德的网站上查阅到的。我十分感谢他的亲人爱德华·里德（Edward Reed）提供了更多有关里德的背景资料。更多有关里德的信息，参见：E. Bradley Simmons, "William Reed, Fighter Ace and Hero," *Marion Times*, November 10, 1994, 1, 10。

6　Reed Diary, December 23, 1941. 后述所有对这场战斗的描写均出自这一天里德的日记。这篇日记与里德的战斗报告很相似，内容保持一致，参见：W. N. Reed, "Substitute Combat Report Form," December 23, 1941。

7　Ibid.

8　Kate Burke, "York Native Was a Flying Tiger," *York News-Times*（Nebraska）, March 17, 2009.

9　Smith, *Tale of a Tiger*, 31.

10　Ibid.

11　Ibid., 160.

12　Reed Diary, December 23, 1941.

13　Daniel Ford, *Flying Tigers: Claire Chennault and the American Volunteer Group*（Washington, D.C.: Smithsonian Institution Press, 1991）, 131-32.

14　亨利·吉尔伯特（Henry Gilbert）有时被认为来自怀俄明州，有时被认为来自华盛顿州。

15　Reed Diary, December 23, 1941.

16　Smith, *Tale of a Tiger*, 162.

17　Reed Diary, December 24, 1941.

18　Ibid., December 25, 1941. 这篇日记与里德的战斗报告很相似，内容保持一致，参见：W. N. Reed, "Substitute Combat Report Form," December 25, 1941。

19　Smith, *Tale of a Tiger*, 163.

20　Ford, *Flying Tigers*, 150.

21　Oral History of Chuck Baisden, GVSU Collection, 41. 有人曾指出，波利那天晚上为他们带来了一顿大餐。尽管这是可能的，但没有出现在当时的记载中。

22　George McMillan letter to family, April 15, 1942, George McMillan Collection, Winter Garden Heritage Foundation, Winter Garden, Florida.

23　Leland Stowe, "American Flyers Describe Death of 92 Japanese in Air," *Los Angeles Times*, January 4, 1942, 1.

24　McMillan letter, April 15, 1942.

25　Stowe, "American Flyers Describe Death of 92 Japanese in Air," *Los Angeles Times*.

26　"3 U.S. Fliers Attacked 108 of Foe at Start of Air Battle at Rangoon," *New York Times*, January 8, 1942, 4.

27　Leland Stowe, "American, British Flyers Give Japs First Trouncing in 4½ Years of Warfare," *Boston Globe*, January 3, 1942.

28　AVG Diary, December 25, 1941. 估计是 15 架战斗机和 9 架轰炸机，但"奥尔森

（Olson）在无线电中只确认了 13 架战斗机和 4 架轰炸机"。

29 Diary of George McMillan, December 25, 1941, George McMillan Collection, Winter Garden Heritage Foundation, Winter Garden, Florida.

30 Reed Diary, December 27, 1941.

31 Claire Chennault letter to Nell Chennault, January 12, 1942, Chennault Museum. 这封信提到了"巴克（Buck）"，但不清楚该昵称指的是他第几个儿子。

32 Reed Diary, January 3, 1942.

33 Ibid., January 9, 1942.

34 Karl Eskelund, "Chinese Idolize U.S. Defenders of Burma Road," *New York Herald Tribune*, February 13, 1942, 3.

35 Reed Diary, January 3, 1942.

第11章　缅甸时光

1 "U.S. Ace, Killed in Thai Raid Proved He Was No 'Sissy,'" *St. Louis Star and Times* （Missouri）, March 25, 1942, 1.

2 John Petach letter to Emma Foster, January 1, 1942, Emma Jane Foster Petach Hanks Papers, Yale Divinity School, China Record Project Miscellaneous Personal Papers Collection, Record Group 8, Box 353（hereafter "Foster Papers, Yale Divinity School"）.

3 Ibid.

4 James H. Howard, *Roar of the Tiger: From Flying Tigers to Mustangs, A Fighter Ace's Memoir*（New York: Pocket Books, 1991）, 109.

5 拉亨（Raheng）是日军使用的一个前沿机场。Daniel Ford, *Flying Tigers: Claire Chennault and the American Volunteer Group*（Washington, D.C.: Smithsonian Institution Press, 1991）, 124.

6 Jack Newkirk, "Report on Activities of This Squadron," January 13, 1942, Chennault Foundation, Washington, D.C.（hereafter "Second Squadron Report, January 13, 1942"）. 所有战斗报告都来自陈纳德基金会（Chennault Foundation）的档案收藏。第二中队 1942 年 1 月初的完整战斗报告在收藏中没有找到，但"斯卡斯代尔·杰克"纽柯克（"Scarsdale Jack" Newkirk）在 1942 年 1 月 13 日的确准备了一份第二中队的作战任务清单，其中包括部分完整的战斗报告，以及部分其他战斗报告的节选。

7 Howard, *Roar of the Tiger*, 4.

8 Oral History of David Hill, conducted by Reagan Schaupp, San Antonio, February 2000.

9 Second Squadron Report, January 13, 1942.

10 Howard, *Roar of the Tiger*, 4.

11 Ibid. 吉姆·霍华德（Jim Howard）在自己的回忆录中暗示，"闷响"来自于防空炮火，但在 1942 年 2 月的一封信中，他说这很可能源自飞机电气系统的故障。

12 "St. Louis 'Flying Tiger' Writes of Battles Over Burma Road, Death of Clayton Flyer, " *St. Louis Post-Dispatch*, May 10, 1942, 13. 这篇文章包含了霍华德在1942年2月17日写的一封信，他在信中描述了1月的那场战斗。

13 Howard, *Roar of the Tiger*, 4.

14 Wanda Cornelius and Thayne Short, *Ding Hao: America's Air War in China, 1937-1945* (Gretna, LA: Pelican Publishing Co., 1980), 122-23.

15 Howard, *Roar of the Tiger*, 5.

16 Untitled AVG Battle Record, Chennault Foundation. "第一美籍志愿大队"准备了一份文件，列举了每一名飞行员摧毁的日军飞机数量（无论是地面还是空中的敌机）。这份文件没有抬头也没有日期，不过它似乎是在美籍志愿大队被纳入美国陆军编制后不久制作的，因为它包含了最晚至1942年7月6日的战斗。(hereafter "AVG Battle Record")

17 Ibid. 不过，日本的记录显示，只有一架日军战斗机在空中被击落，另有两架在地面被摧毁。See: Ford, *Flying Tigers*, 163.

18 Howard, *Roar of the Tiger*, 5.

19 Second Squadron Report, January 13, 1942.

20 Ibid.；Bert Christman, "Combat Report, " January 4, 1942. 这份战斗报告的日期是"4/1/42"，不过指的是1月4日，因为到1942年4月1日时，克里斯特曼已经阵亡了。

21 "A Last Letter from Ragoon [sic] — How Bert Christman Died, " *Casper-Tribune Herald* (Wyoming), February 18, 1942, 3. 克里斯特曼的信是寄给前同事 M. J. 温（M. J. Wing）的，后者似乎对此提出过请求。

22 Ibid.

23 Jack Newkirk, "Report of Activities of 2nd Pursuit Squadron on Detached Duty, " January 13, 1942. 这是另一份报告，详细记录了美籍志愿大队从事的除空中活动以外的其他事务。需要提到的是，部分第一中队的飞行员是在这一时期加入了位于仰光的美籍志愿大队的行列，他们在这份报告的花名册中有被提及。

24 Second Squadron Report, January 13, 1942.

25 John Petach letter to Emma Foster, January 7, 1942, Foster Papers, Yale Divinity School.

26 Oral History of David Hill, conducted by Reagan Schaupp.

27 Newkirk, "Report of Activities of 2nd Pursuit Squadron on Detached Duty, " January 13, 1942.

28 Ibid.

29 C. D. Mott, "Report of Night Flight, " January 5, 1942.

30 湄索（Mesoht）是美籍志愿大队的战斗报告中使用的名字，也可以写作"Mae Sot"，一个被日军用作前沿机场的地方。Ford, *Flying Tigers*, 169. 本书使用美籍志愿大队的战斗报告来确定目标地点；对于美籍志愿大队在这些空袭中究竟袭击了哪一座机场，目前仍无法确定。

31 Second Squadron Report, January 13, 1942.

32 Charlie Mott Oral History, GVSU Collection, 29.

33 Ibid., 30.

34 Bob Bergin, "Charlie Mott: Flying Tiger Caged," Warfare History Network, October 10, 2016, www.warfarehistorynetwork.com/daily/wwii/charlie-mott-flying-tiger-caged.

35 Robert Moss Oral History, GVSU Collection, 23.

36 John Petach letter to Emma Foster, January 13, 1942, Foster Papers, Yale Divinity School.

37 Bergin, "Charlie Mott: Flying Tiger Caged."

38 Ford, *Flying Tigers*, 170. 正如前已述及，本书使用美籍志愿大队的战斗报告来确定目标地点；对于美籍志愿大队在这些空袭中究竟袭击了哪一座机场，目前仍无法确定。

39 Second Squadron Report, January 13, 1942.

40 John Petach to Emma Foster, January 13, 1942, Foster Papers, Yale Divinity School.

41 Second Squadron Report, January 13, 1942.

42 Leland Stowe, "Allied Teamwork on Burma Front," *St. Louis Post-Dispatch*, January 12, 1942, 4.

43 Ibid.

44 "Tigers over Burma," *Time*, February 9, 1942, 26.

45 John Petach to Emma Foster, January 13, 1942, Foster Papers, Yale Divinity School.

46 Petach to Foster, January 17, 1942, ibid.

47 Petach to Foster, January 18, 1942, ibid. 约翰·佩塔齐（John Petach）会一封接一封地写信，然后攒在一起，等飞机把它们带走。

48 Leland Stowe, "Jap Air Losses as Told by AVG Flyer's Own Reports," *Daily Boston Globe*, February 1, 1942, b38.

49 "Churchill Acclaims Exploits of Flyers Defending Rangoon," *Los Angeles Times*, February 3, 1942, 2.

50 Carole Naggar, *George Rodger: An Adventure in Photography, 1908-1995* (Syracuse, NY: Syracuse University Press, 2003), 89.

51 乔治·罗杰（George Rodger）拍摄照片的确切日期不甚明朗，但肯定是在1月底。See: Terrill Clements, *American Volunteer Group "Flying Tigers" Aces* (Seattle: Osprey Publishing, 2001), 67.

52 "Flying Tigers in Burma," *Life*, March 30, 1942, 28.

53 Naggar, *George Rodger*, 91.

54 "Life's Pictures," *Life*, March 30, 1942, 25.

55 "Flying Tigers in Burma," *Life*.

56 AVG Diary, January 23, 1942.

57 Clements, *American Volunteer Group*, 39. 纽柯克的人事报告就是在这里重新写成的。

58 Daniel De Luce, "Adventure Strip Artist Is Killed While Fighting Japs," *Sheboygan Press* (Wisconsin), February 17, 1942, 13.

59 我十分感激克里斯特曼的亲人阿梅莉亚·史密斯分享这些素描。

60　AVG Diary, January 25, 1942. 格雷格·博因顿（Greg Boyington）在回忆录中记载这件事发生于 2 月 2 日，但实际上时间应该更早，因为霍夫曼是在 1 月 26 日阵亡的。博因顿在 1 月早些时候去过一次仰光，但很快就被派回了昆明。

61　Gregory Boyington, *Baa Baa Black Sheep*（New York: Bantam Books, 1977）, 45.

62　Ibid., 46.

63　Ibid., 47.

64　Ford, *Flying Tigers*, 205.

65　Charles R. Bond, Jr., and Terry H. Anderson, *A Flying Tiger's Diary*（College Station: Texas A & M University Press, 1984）, 83.

66　Claire Chennault, "Citation for Bravery," February 19, 1942, Collection of Louis Hoffman, Jr., Placerville, California.

67　Bond, *A Flying Tiger's Diary*, 85.

68　Boyington, *Baa Baa Black Sheep*, 48.

69　Ibid., 51.

70　Bond, *A Flying Tiger's Diary*, 85.

71　Paul Frillmann letter to Alys Hoffman, January 27, 1942, Collection of Louis Hoffman, Jr., Placerville, California.

72　AVG Battle Record.

73　John Petach letter to family, February 19, 1942, "The Flying Tigers, Johnnie Petach," johnniepetachavg.com/2012/01/20/uncensored-lettertofamily.

74　Petach "Postal Telegraph" to family, undated, "The Flying Tigers, Johnnie Petach," johnniepetachavg. files. wordpress. com/2014/01/johnnie-petach_avg_161. jpg.

75　Petach letter to family, February 19, 1942.

76　Bond, *A Flying Tiger's Diary*, 93.

77　Ibid., 95.

78　Frank L. Lawlor, "Combat Report," January 23, 1942. 这幅素描画在这份战斗报告的背面，没有日期也没有签名。

79　Bond, *A Flying Tiger's Diary*, 96.

80　Ibid., 100.

81　Paul Frillmann and Graham Peck, *China: The Remembered Life*（Boston: Houghton Mifflin Company, 1968）, 114.

82　Ibid.

83　Ibid., 109.

84　Ibid., 115.

85　Ibid.

86　Felicity Goodall, *Exodus Burma: The British Escape Through the Jungles of Death 1942*（Stroud, UK: History Press, 2011）, 61.

87　Ibid., 65.

88　Frillmann, *China*, 116.

89 Bond, *A Flying Tiger's Diary*, 95. 第一中队原来的队长桑迪·桑德尔（Sandy Sandell）2月7日在仰光因事故丧生。

90 Ibid., 115.

91 Frillmann, *China*, 117.

92 Ibid.

93 Ibid., 118.

94 Ibid., 120.

95 Ibid., 130.

96 Ibid., 134. 福利尔曼承认，部分物品在"黑市上引起了很大兴趣"；这些传言会破坏美籍志愿大队的声誉。

97 Claire Chennault, *Way of a Fighter: The Memoirs of Claire Lee Chennault*, ed. Robert Hotz (New York: G. P. Putnam's Sons, 1949) , 139.

98 William Wade Watson, ed., *High Water, High Cotton and High Times* (Pittsburgh, PA: Dorrance Publishing, 2007) , 137-38.

99 Ford, *Flying Tigers*, 195.

100 Chennault, *Way of a Fighter*, 185. 陈纳德讨论的是美国南北战争中南方发动的骑兵进攻。

101 Ibid.

102 Martha Byrd, *Chennault: Giving Wings to the Tiger* (Tuscaloosa, AL: University of Alabama Press, 1987) , 114.

103 Ève Curie, "Eve Curie Finds AVG Flyers Eager to Smash Japanese Lines, " *New York Herald Tribune*, March 23, 1942, 13.

104 Ibid.

105 Olga Greenlaw, *The Lady and the Tigers* (Durham, NH: Warbird Books, 2012) , 86.

106 London Office Chinese Ministry of Information, *The Voice of China: Speeches of Generalissimo and Madame Chiang Kai-shek Between December 7, 1941, and October 10, 1943* (London, UK: Hutchinson, 1944) , 14-19. 这本书由中华民国新闻局出版，包含蒋氏夫妇和陈纳德在1942年2月28日晚宴上的讲话。

107 Ford, *Flying Tigers*, 249.

108 博因顿的失态究竟发生在2月28日的晚会，还是3月4日的晚会，目前还无法确定，但似乎很可能是发生在2月28日的那次主晚会上。Greenlaw, *Lady and The Tigers*, 85-86. 格林洛提到了宋美龄2月28日讲话的内容。

109 Bruce Gamble, *Black Sheep One: The Life of Gregory "Pappy" Boyington* (New York: Ballantine Books, 2000) , 204.

110 Ibid., 205.

111 Boyington, *Baa Baa Black Sheep*, 69.

112 Ibid., 70.

113 Gamble, *Black Sheep One*, 206.

114 Ibid., 206-7.

115　Frank S. Losonsky and Terry M. Losonsky, *Flying Tiger: A Crew Chief's Story* (Atglen, PA: Schiffer Publishing, 1996), 86.

116　Clements, *American Volunteer* Group, 68.

117　Maj. George Fielding Eliot, "Japan's Dispersal of Its Fighting Forces Improves Prospects for Allied Offensive, Maj. Eliot Says," *St. Louis Post-Dispatch*, March 8, 1942, 22.

118　Losonsky, *Flying Tiger: A Crew Chief's Story*, 86.

119　Boyington, *Baa Baa Black Sheep*, 73; Losonsky, *Flying Tiger: Crew Chief's Story*, 86.

120　Losonsky, *Flying Tiger: Crew Chief's Story*, 87.

第12章　空中游击

1　Daniel Ford, *Flying Tigers: Claire Chennault and the American Volunteer Group* (Washington, D. C.: Smithsonian Institution Press, 1991), 254. By that point, the three squadrons were increasingly blending together.

2　Reed Diary, March 14, 1942.

3　Reed Diary, March 15, 1942.

4　Reed Diary, March 4, 1942.

5　Reed Diary, March 17, 1942.

6　Bob Bergin, "Tiger Attack at Moulmein," *Air Classics* 45, no. 3 (March 2009): 15.

7　Bill Reed, "Combat Report," March 18, 1942.

8　Reed Diary, March 18, 1942.

9　Kenneth Jernstedt, "Combat Report," March 18, 1942.

10　Reed Diary, March 18, 1942.

11　Bill Reed, "Combat Report," March 18, 1942.

12　Reed Diary, March 18, 1942.

13　Kenneth Jernstedt, "Combat Report," March 18, 1942.

14　"Iowan Bags Jap Planes," *Des Moines Register*, March 27, 1942, 1.

15　"AVG Hero Is Iowa Native," *Mason City Globe-Gazette*, March 27, 1942, 2.

16　"20 for 1," *Time*, April 6, 1942, 20.

17　Reed Diary, March 19, 1942.

18　Ron Blankenbaker, "This Walter Mitty Tale Is True," *Statesman Journal* (Oregon), April 24, 1977, 1-2.

19　Reed Diary, March 21, 1942.

20　"20 for 1," *Time*, April 6, 1942, 20.

21　Ron Blankenbaker, "This Walter Mitty Tale Is True."

22　其他说法与《时代周刊》(*Time*) 报道的三人被击中的过程有所出入。其中一名目击者称，这三人是跑出去帮助一名英国王家空军飞行员的。See: Ford, *Flying Tigers*,

264.

23　Ibid., 269.

24　Charles R. Bond, Jr., and Terry H. Anderson, *A Flying Tiger's Diary* (College Station: Texas A & M University Press, 1984) , 130.

25　Claire Chennault, *Way of a Fighter: The Memoirs of Claire Lee Chennault*, ed. Robert Hotz (New York: G. P. Putnam's Sons, 1949) , 147.

26　Oral History of David Hill, conducted by Reagan Schaupp, San Antonio, February 2000.

27　"And Women Must Wait！, " *Albuquerque Journal*, March 22, 1942, 17.

28　Bond, *A Flying Tiger's Diary*, 131.

29　Ford, *Flying Tigers*, 271.

30　Gregory Boyington, *Baa Baa Black Sheep* (New York: Bantam Books, 1977) , 83.

31　Bond, *A Flying Tiger's Diary*, 132-33.

32　Boyington, *Baa Baa Black Sheep*, 83.

33　Bond, *A Flying Tiger's Diary*, 133.

34　C. R. Bond, Jr., "Low Flying Attack Form, " March 24, 1942.

35　Bond, *A Flying Tiger's Diary*, 134-35.

36　W. E. Bartling, "Low Flying Attack Form, " March 24, 1942.

37　E. Rector, "Combat Report, " March 24, 1942; Bond, *A Flying Tiger's Diary*, 135. 关于对威廉·麦加里（William McGarry）的帮助，有一些小小的出入：威廉·巴特林（William Bartling）在他的战斗报告中说，是自己投掷的地图。

38　Myrna Oliver, "William McGarry, 74, of World War II Flying Tigers Fame, " *Los Angeles Times*, April 13, 1990.

39　Bond, *A Flying Tiger's Diary*, 136.

40　R. B. Keeton, "Low Flying Attack Form, " March 24, 1942.

41　Ibid.

42　Frank L. Lawlor, "Low Flying Attack Form, " March 24, 1942.

43　鲍勃·伯金（Bob Bergin）就此话题著述很多。"Scarsdale Jack Newkirk's Crash at Lamphun, " Warbird Forum, www.warbirdforum.com/jackcra3.htm. 他总结说，纽柯克被地面炮火击中，并且曾试图找到地方降落。

44　H. M. Geselbracht, Jr., "Low Flying Attack Form, " March 24, 1942.

45　Bond, *A Flying Tiger's Diary*, 137.

46　Ibid.

47　Bond, *Flying Tiger's Diary*, 137.

48　Chennault, *Way of a Fighter*, 148.

49　"He Gave More than 10% — What About You？, " *Honolulu Advertiser*, December 5, 1942, 7.

50　"Newkirk Memorial Rites Are Held at St. Thomas, " *New York Herald Tribune*, March 28, 1942, 8.

51　"On Verge of Hysteria, Mrs. Newkirk L.A. Bound, "*Oakland Tribune*, March 26, 1942, 4.

52　"Death Premonition Told by Widow of AVG Ace, " *Los Angeles Times*, March 26, 1942, 1.

53　Bond, *A Flying Tiger's Diary*, 146.

54　Barbara W. Tuchman, *Stilwell and the American Experience in China, 1911-1945* (New York: Macmillan, 1971), 260.

55　Ibid., 275.

56　"Flying Tigers in Burma, " *Life*, March 30, 1942, 27.

57　"Mayor: William Pawley, " *Honolulu Advertiser*, March 21, 1940, 8.

58　"Pawleyville, Burma！ China's Plane Mart, " *Honolulu Advertiser*, November 29, 1939, 1.

59　"China. New Route, New Factory, " *Time*, November 13, 1939.

60　"U.S. Plane Plant in China Defies Japan's Bombs, " *New York Herald Tribune*, November 22, 1940, 6.

61　Reed Diary, April 2, 1942.

62　"Flying Tigers Are Mild Youths, Cared for at Night by Widow, " *News Journal* (Delaware), April 24, 1942, 6.

63　R. T. Smith, *Tale of a Tiger* (Van Nuys, CA: Tiger Originals, 1986), 265.

64　Bruce Gamble, *Black Sheep One: The Life of Gregory "Pappy"Boyington* (New York: Ballantine Books, 2000), 219.

65　Reed Diary, April 2, 1942.

66　Smith, *Tale of a Tiger*, 268.

67　Reed Diary, April 5, 1942.

68　Smith, *Tale of a Tiger*, 268.

69　Reed Diary, April 8, 1942.

70　Smith, *Tale of a Tiger*, 272.

71　Ibid.

72　F. E. Wolf, "Combat Report, " April 8, 1942.

73　Smith, *Tale of a Tiger*, 272.

74　Ibid., 271.

75　F. E. Wolf, "Combat Report, " April 8, 1942. 有些说法提到有 10 架日军飞机被击落，不过美籍志愿大队的战斗记录只记载了 9 架。英国王家空军或许也参加了这次战斗，但美籍志愿大队的记载没有对他们的角色作出评价。

76　Smith, *Tale of a Tiger*, 271.

77　Susan Clotfelter Jimison, *Through the Eyes of a Tiger: The John Donovan Story* (Athens, GA: Deeks Publishing, 2015), 159.

78　对于这些早期的 P-40 飞机是应归类为 P-40B 飞机，还是鉴于它们身上的一些改动被归类为 P-40C 飞机，目前仍存有一些争议。飞行员们似乎会把 P-40 飞机统称为 "B 型"。See: C. H. Laughlin, "Ferry Flight, " *Journal of American Aviation Historical*

Society（Spring 1979）: 52.

79　J. J. 哈灵顿（J. J. Harrington）拍摄了很多这种炸弹的照片。这些炸弹通常由苏联制　造。Terrill Clements, *American Volunteer Group "Flying Tigers"Aces*（Seattle: Osprey Publishing, 2001）, 81.

80　Ford, *Flying Tigers*, 154.

81　Smith, *Tale of a Tiger*, 219.

82　Laughlin, "Ferry Flight, " 52.

83　Smith, *Tale of a Tiger*, 233.

84　George McMillan Diary, March 8, 1942, Winter Garden Heritage Foundation. Winter Garden, Florida.

85　Smith, *Tale of a Tiger*, 245.

86　Ibid., 250.

87　Ibid., 255.

88　Chennault, *Way of a Fighter*, 164. P-40E 飞机最早是在保卫雷允的战斗中参与实战的。

89　Ford, *Flying Tigers*, 285.

90　Mike Barber, "Before the U.S. Entered WWII, The Flying Tigers Were Already in the Fight, " *Seattle Post-Intelligencer*, May 25, 2001.

91　John Paton Davies, Jr., *China Hand: An Autobiography*（Philadelphia: University of Pennsylvania Press, 2012）, 46-47.

92　Diary of Joseph Stilwell, April 1, 1942, Joseph Warren Stilwell Papers, Hoover Institution Archives, Stanford University（hereafter "Stilwell Diary"）, digitalcollections.hoover.org/images/Collections/51001/1942_stilwell_diary_rev.pdf.

93　William Smith, "Claire Lee Chennault: The Louisiana Years, " *Louisiana History: Journal of the Louisiana Historical Association* 29, no. 1（Winter 1998）: 61.

94　Martha Byrd, *Chennault: Giving Wings to the Tiger*（Tuscaloosa, AL: University of Alabama Press, 1987）, 146. The precise date was the subject of some negotiation.

95　Diary of John Petach, April 10, 1942, Foster Papers, Yale Divinity School（hereafter Petach Diary）.

96　Jimison, *Through the Eyes of a Tiger*, 144.

97　Smith, *Tale of a Tiger*, 284.

98　Byrd, *Chennault*, 147.

99　Tuchman, *Stilwell*, 282.

100　Smith, *Tale of a Tiger*, 261.

101　F. Schiel, "Reconnaissance Report, " April 14-15, 1942.

102　Chennault, *Way of a Fighter*, 154.

103　John Petach letter to Emma Foster, "Monday, " Foster Papers, Yale Divinity School. 这封信上没有日期，但应该是写于 1942 年 4 月 13 日，内容是关于他在前一天的任务。

104 Oral History of David Hill, conducted by Reagan Schaupp, San Antonio, February 2000.

105 Smith, *Tale of a Tiger*, 281-84.

106 Reed Diary, April 18, 1942.

107 Oral History of David Hill, conducted by Reagan Schaupp, February 2000.

108 Untitled document, Headquarters First American Volunteer Group, April 19, 1942（Collection of Brad Smith, Berkeley, California）.

109 这份文件经过了很多次编辑，因此很难证实最初的签名名单。史密斯称有 26 个签名。See: *Tale of a Tiger*, 284.

110 Reed Diary, April 19, 1942.

111 Chennault, *Way of a Fighter*, 156.

112 Smith, *Tale of a Tiger*, 289.

113 Oral History of Charles Older, GVSU Collection, 39.

114 Smith, *Tale of a Tiger*, 285.

115 Chennault, *Way of a Fighter*, 156；Smith, *Tale of a Tiger*, 285.

116 Smith, *Tale of a Tiger*, 285.

117 Chennault, *Way of a Fighter*, 156.

118 Jennifer Holik with Robert Brouk, *To Soar with the Tigers: The Life and Diary of Flying Tiger, Robert Brouk*（Woodbridge, IL: Generations, 2013）, 79.

119 Ibid., 80.

120 Ibid., 81.

121 Daniel De Luce, "Missionary Surgeon Races in Truck to Beat Japs to Burma Base, Save Nurses, "*St. Louis Post-Dispatch*, April 29, 1942, 21. 尽管戈登·西格雷夫（Gordon Seagrave）没有明确提到罗伯特·布劳克（Robert Brouk）的名字，但他对伤势和时间的描述与布劳克的说法相吻合。

122 John Pomfret, *The Beautiful Country and the Middle Kingdom: America and China, 1776 to the Present*（New York: Picador, 2016）, 258.

123 Chennault, *Way of a Fighter*, 149.

124 A. E. Olson, Jr., "Combat Report, " April 28, 1942.

125 D. L. Hill, "Reconnaissance Escort and Combat Report, " April 28, 1942.

126 Ibid.

127 L. S. Bishop, "Reconnaissance Escort and Combat Report, " April 28, 1942.

128 D. L. Hill, "Reconnaissance Escort and Combat Report, " April 28, 1942.

129 Smith, *Tale of a Tiger*, 294-96.

130 Oral History of David Hill, conducted by Reagan Schaupp, February 2000.

131 Ford, *Flying Tigers*, 323.

第13章　背水一战

1 Clare Boothe, "Life's Reports: The A.V.G. Ends Its Famous Career, "*Life*, July 20,

1942, 7.

2 Charles R. Bond, Jr., and Terry H. Anderson, *A Flying Tiger's Diary*（College Station: Texas A & M University Press, 1984）, 130.

3 Ibid., 155.

4 Bond, *A Flying Tiger's Diary*, 161.

5 Reed Diary, May 1, 1942.

6 John Petach to Emma Foster, April 25, 1942, Foster Papers, Yale Divinity School.

7 Barbara Tuchman, "The Retreat from Burma," *American Heritage*, February 1971, www.americanheritage.com/content/retreat-burma.

8 Stilwell Diary, May 8, 1942.

9 Charles Bond Oral History, GVSU Collection, 63.

10 Bond, *A Flying Tiger's Diary*, 162.

11 Charles Bond Oral History, GVSU Collection, 63.

12 Bond, *A Flying Tiger's Diary*, 163. 战斗场面的其他内容来自 Bond's May 4, 1942, diary entry, 163-69. 查理·邦德（Charlie Bond）在战斗报告中明确写道，他的伤势为"脸上、脖子和肩膀，以及双手有烧伤"。C. R. Bond, Jr., "Reconnaissance Escort and Combat Report," May 4, 1942.

13 Jeffrey A. Lockwood, *Six-Legged Soldiers: Using Insects as Weapons of War*（New York: Oxford University Press, 2009）, 115.

14 D. L. Hill, "Reconnaissance Escort and Combat Report," May 5, 1942.

15 Frank Lawlor, "Reconnaissance Escort and Combat Report," May 5, 1942.

16 F. I. Ricketts, "Reconnaissance Escort and Combat Report," May 5, 1942.

17 Claire Chennault, *Way of a Fighter: The Memoirs of Claire Lee Chennault*, ed. Robert Hotz（New York: G. P. Putnam's Sons, 1949）, 161.

18 W. S. Mundy, "Chinese Smash Japs as A.V.G. Shows Way," *Daily Boston Globe*, May 18, 1942, 1.

19 Chennault, *Way of a Fighter*, 163-64.

20 遗憾的是，唯一有记载的战斗报告是汤姆·琼斯（Tom Jones）的，只有寥寥几句。Thomas A. Jones, "Reconnaissance Escort and Combat Report," May 7, 1942. 报告指出他们扫射了日军阵地，并投掷了一枚 560 磅重的炸弹。

21 Oral History of David Hill, conducted by Reagan Schaupp, San Antonio, February 2000.

22 Ibid.

23 J. H. Howard, "Reconnaissance Escort and Combat Report," May 8, 1942.

24 Thomas A. Jones, "Reconnaissance Escort and Combat Report," May 8, 1942.

25 C. H. Laughlin, "Reconnaissance Escort and Combat Report," May 8, 1942.

26 Chennault, *Way of a Fighter*, 166.

27 R. T. Smith, *Tale of a Tiger*（Van Nuys, CA: Tiger Originals, 1986）, 307.

28 "Japs Driven from Bank of Salween," *Washington Post*, May 19, 1942, 1.

29 尽管陈纳德与许多美籍志愿大队的飞行员都会将它描述成一次单凭空中力量取得的胜利，但这种说法夸大了他们在战斗中的作用。中国军队的反击在扭转侵略局势方面起到了决定性的作用，这两次袭击应当被理解为协同作战。See: Daniel Jackson, *Famine, Sword and Fire: The Liberation of Southwest China in World War II* (Atglen, PA: Schiffer Publishing, 2015) , 25-26.

30 "Notice, " May 6, 1942, Chennault Foundation, Washington, D.C.

31 James H. Howard, *Roar of the Tiger: From Flying Tigers to Mustangs, A Fighter Ace's Memoir* (New York: Pocket Books, 1991) , 148.

32 Oral History of David Hill, National Museum of the Pacific War, 2001.

33 Duane Schultz, *The Maverick War: Chennault and the Flying Tigers* (New York: St. Martin's Press, 1987) , 255.

34 William Wade Watson, ed., *High Water, High Cotton and High Times* (Pittsburgh, PA: Dorrance Publishing, 2007) , 138-39.

35 Chennault, *Way of a Fighter*, 174

36 Watson, *High Water*, 138.

37 "Bomber-for-Chennault Drive Gets Under Way, " *Shreveport Times*, February 16, 1942, 2.

38 Chennault, *Way of a Fighter*, 165.

39 Ibid.

40 Craig Nelson, *The First Heroes: The Extraordinary Story of the Doolittle Raiders — America's First World War II Victory* (New York: Penguin, 2002, 165) .

41 Clare Boothe, "General Brereton, " *Life*, June 1, 1942, 66.

42 Ibid., 67.

43 Preston Glover, "8 Raids by U.S. Pilots in India Bag 75 Planes, " *Chicago Daily Tribune*, May 13, 1942, 6.

44 "'Dunkirk of the East': How Thousands of Brits Travelled the 'Road of Death' in Burma, " *Independent*, March 17, 2012.

45 Geoffrey Tyson, *Forgotten Frontier* (Calcutta: W. H. Targett & Co., 1945) , 23.

46 Paul Frillmann and Graham Peck, *China: The Remembered Life* (Boston: Houghton Mifflin Company, 1968) , 146-47.

47 Reed Diary, May 15, 1942.

48 查理·邦德在前往印度的运输任务中见到了其中许多人。

49 Bruce Gamble, *Black Sheep One: The Life of Gregory "Pappy"Boyington* (New York: Ballantine Books, 2000) , 221.

50 Gregory Boyington, *Baa Baa Black Sheep* (New York: Bantam Books, 1977) , 98.

51 Ibid., 99.

52 George McMillan letter to parents, March 13, 1942, McMillan Papers, Winter Garden Heritage Foundation, Winter Garden, Florida. 他是在运输任务途中于开罗写了这封信。

53 Smith, *Tale of a Tiger*, 321.

54 Bond, *A Flying Tiger's Diary*, 182.

55 R. T. Smith, "After the Tigers, " 2 (unpublished undated essay, courtesy of Brad Smith, Berkeley, California).

56 Chennault, *Way of a Fighter*, 172.

57 "Aviator Never Quite Reached His Goal of Downing 12 Japanese, but 'Crazy' Feat Won Promotion from Chiang Kai-shek, " *New York Times*, May 19, 1942, 8.

58 Lewis S. Bishop, "Reconnaissance Escort and Combat Report, " May 12, 1942.

59 Susan Clotfelter Jimison, *Through the Eyes of a Tiger: The John Donovan Story* (Athens, GA: Deeks Publishing, 2015), 157.

60 Ibid., 183-85.

61 Ibid., 192.

62 "Aviator Never Quite Reached His Goal of Downing 12 Japanese, but 'Crazy' Feat Won Promotion from Chiang Kai-shek, " *New York Times*.

63 Reed Diary, May 16, 1942.

64 Bond, *A Flying Tiger's Diary*, 177.

65 Peter Wright, "Reconnaissance and Combat Report, " May 17, 1942. 火灾原因无法确定。See: Lewis Sherman Bishop and Shiela Bishop Irwin, *Escape from Hell: An AVG Flying Tiger's Journey* (self-published, 2004), 5-6.

66 Bond, *A Flying Tiger's Diary*, 179.

67 Smith, *Tale of a Tiger*, 309. 此处有一个小小的出入：史密斯表示，这次任务只有五名飞行员参加，但刘易斯·毕肖普（Lewis Bishop）的战斗报告称有六名。

68 Bond, *A Flying Tiger's Diary*, 184.

69 Ibid., 184-85. 更多有关美籍志愿大队获得的具体嘉奖的信息，参见：Terrill Clements, *American Volunteer Group "Flying Tigers" Aces* (Seattle: Osprey Publishing, 2001), 84。

70 Smith, *Tale of a Tiger*, 329.

71 Ibid., 329, 334. 史密斯在日记中说是 6 美元，但在额外添加的评论中又说是 12 美元——无论如何，很划算。

72 Smith, *Tale of a Tiger*, 339.

73 Ibid., 331.

74 Bond, *A Flying Tiger's Diary*, 185.

75 Emma Foster (Hanks) letter, August 30, 2000, Foster Papers, Yale Divinity School.

76 Bond, *A Flying Tiger's Diary*, 185.

77 Ibid., 188.

78 Ibid., 190.

79 Ibid., 196.

80 Ibid.

81 Ibid., 197.

82 Oral History of David Hill, GVSU Collection, 32.

83 Robert Martin, "U.S. Pilots Blast Japs in China," *Arizona Republic*, July 6, 1942, 1.

84 Ford, *Flying Tigers*, 265-66.

85 Chennault, *Way of a Fighter*, 173.

86 "End of the A.V.G.," *Time*, July 13, 1942, 25.

87 Chennault, *Way of a Fighter*, 174.

88 "Epic Story of America's Flying Tigers Finished," *Herald and News*（Oregon），July 4, 1942, 3.

89 Ford, *Flying Tigers*, 388.

90 Chennault, *Way of a Fighter*, 174.

91 部分前飞虎队成员对于丹尼尔·福特（Daniel Ford）在他的著作《飞虎队：陈纳德和他的美国志愿者，1941~1942》（*Flying Tigers: Claire Chennault and the American Volunteer Group*）一书中的说法感到不满。福特认为这些数字被夸大了。参见：Flying Tigers Collection, Box 8, Folder 7, San Diego Air and Space Museum. San Diego, California. 尽管福特对最初的数字提出质疑，但他承认，没有人能提出一个"同等精确的数字"。Ford, *Flying Tigers*, 369.

92 Chennault, *Way of a Fighter*, 174.

93 Bond, *A Flying Tiger's Diary*, 200.

94 "特克斯"希尔（"Tex" Hill）在1976年的一次采访中表达了这种情感。See: Dan M. Huff, "Every Man a Flying Tiger? Depends on When He Flew," *Tucson Daily Citizen*, July 30, 1976, 12.

95 J. E. Petach, "Reconnaissance Escort and Combat Report," July 6, 1942.

96 Ford, *Flying Tigers*, 371.

97 Oral History of David Hill, GVSU Collection, 29.

98 Ford, *Flying Tigers*, xiii. 这26人不包括约瑟夫·艾尔索普（Joseph Alsop），他是在香港被捕的。最终，三名被捕飞行员获救，使他们的损失变成23人在行动中阵亡或失踪。

99 Foster Oral History, Library of Congress.

100 Foster Oral History, GVSU Collection.

101 Ibid.

102 Bond, *A Flying Tiger's Diary*, 210.

103 Foster Oral History, GVSU Collection.

104 Smith, "After the Tigers," 4.

105 Ibid.

106 Smith, *Tale of a Tiger*, 356.

107 "'Flying Tigers' in City, Tell of Epic Campaign," *New York Herald Tribune*, September 9, 1942, 3.

108 Ibid., 357.

109 "Saturday Is 'Bill Reed' Day," *Marion Sentinel*, September 10, 1942, 1.

110 "A Flying Tiger Comes Home, " *Marion Sentinel*, September 17, 1942, 1, 4. 报纸记载显示，州长一直在等待比尔·里德抵达，不过日程存在一些不明确之处。

111 "Thousands Cheer Bill Reed Home, " The Cedar Rapids Gazette, September 13, 1942, 1. 关于这场活动的更多信息，参见：Cary J. Hahn, "Reed Remembered as Distinguished Pilot, Commander, " Marion Today, May 20, 2009。

112 Frillmann, *China*, 168.

113 "Flying Tigers in City Itch for More Adventure, "*The Miami News*, July 16, 1942, 7.

114 Ibid.

115 "Vacationing Heroes, " ibid.

116 "Flying Tiger McMillan Home Safe from Air Battles Against Japanese, " *Orlando Reporter-Star*, July 16, 1942, 1.

117 John Forney Rudy, "George McMillan, AVG Ace, Home from Burma to Rest Up After Thrilling Experiences, " *Orlando Morning Sentinel*, July 17, 1942, 1.

118 "Friends Hold Reception for Fighting Parson, " *Chicago Daily Tribune*, July 25, 1942, 7.

119 Frillmann, *China*, 170.

120 关于拉里·摩尔（Larry Moore）和肯·桑格（Ken Sanger）的信息很少。据说，当陈纳德听说他们参与了电影制作后共和影业（Republic Pictures）写了一封信，他们后来遭到解雇。Ford, *Flying Tigers*, 361.

121 "Anna Lee Girl Star for 'Flying Tigers, '" *The Philadelphia Inquirer*, April 22, 1942, 19.

122 Randy Roberts and James S. Olson, *John Wayne, American*（New York: Simon & Schuster, 1995）, 218.

123 Ibid., 219.

124 *Time*, December 6, 1943.

第14章 黑羊坠落

1 Hannah Pakula, *The Last Empress: Madame Chiang Kai-shek and the Birth of Modern China*（New York: Simon & Schuster, 2009）, 405.

2 Ibid., 406.

3 小加德纳·考尔斯（Gardner Cowles, Jr.）讲述了这个故事，但准确性仍有待商榷。这件事被记录进了宋美龄的当代传记中。更多信息参见：Herbert Strentz, "Compatriots: Wendell Willkie, the Press, and the Cowles Brothers, an Introductory Survey, including Willkie's 'One World' Trip with publisher Gardner（Mike）Cowles, " paper presented at the Association for Mass Education in Journalism Conference, July 1988, 34-41。

4 Pakula, *The Last Empress*, 410.

5 Barbara W. Tuchman, *Stilwell and the American Experience in China, 1911-1945*（New

York: Macmillan, 1971）, 337.

6　Claire Chennault, *Way of a Fighter: The Memoirs of Claire Lee Chennault*, ed. Robert Hotz（New York: G. P. Putnam's Sons, 1949）, 212-13.

7　U.S. Department of State, *Foreign Relations of the United States, Conferences at Quebec and Washington*（Washington: Government Printing Office, 1970）, 66-77（"Combined Chiefs of Staff Minutes" from May 14, 1943）.

8　"George McMillan Returns to China to Complete Jap MoppingUp Job," *Orlando Reporter·Star*, November 3, 1943, 1.

9　Daniel Jackson, *The Forgotten Squadron*（Atglen, PA: Schiffer Publishing）, 66.

10　Carl Molesworth and Steve Moseley, *Wing to Wing: Air Combat in China, 1943-45*（New York: Orion Books, 1990）, 115.

11　Drew Pearson, "More Favorable Report on China, Chiang Is Cleaning Up Bad Spots," *News·Journal*（Ohio）, January 17, 1945, 4.

12　Walter Abel, "Tribute for Iowan from Hollywood," *Des Moines Register*, January 16, 1945, 6. 沃尔特·阿贝尔（Walter Abel）是少数在战争债券推销之旅中见过里德的好莱坞明星之一。

13　Stephen Frater, *Hell Above Earth: The Incredible True Story of an American WWII Bomber Commander and the Copilot Ordered to Kill Him*（New York: St. Martin's Press, 2012）, 120.

14　Wolfgang Saxon, "Gen. James Howard, 81, Dies; Medal Winner in Aerial Combat," *New York Times*, March 22, 1995.

15　Gregory Boyington, *Baa Baa Black Sheep*（New York: Bantam Books, 1977）, 103.

16　Bruce Gamble, *Black Sheep One: The Life of Gregory "Pappy"Boyington*（New York: Ballantine Books, 2000）, 233.

17　Ibid., 261.

18　James Lowery, "American Flier Out After 26th Victory," *Tampa Bay Times*, December 29, 1943, 1. 这篇文章将博因顿称作"老爹（Pappy）"。

19　"'Pappy' Boyington Comes Home," *Life*, October 1, 1945, 29-31.

20　Gamble, *Black Sheep One*, 325.

21　Ibid., 339.

22　"Grapevine Reports Boyington Is Alive, Hidden by Native," *Brooklyn Daily Eagle*, June 11, 1944, 1.

23　"Marine Ace Missing in Raid," *St. Louis Star and Times*, January 7, 1944, 2.

24　另一名坠机飞行员阿诺德·香布林（Arnold Shamblin）始终未被找到。他被认为死在了日军战俘营中。

25　Bob Bergin, "OSS and Free Thai Operations in World War II," *Studies in Intelligence*, Vol. 55, no. 4（Extracts, December 2011）, 17.

26　Bob Bergin, "Charlie Mott: Flying Tiger Caged," *Warfare History Network*, October 10, 2016, warfarehistorynetwork.com/daily/wwii/charlie-mott-flying-tiger-caged.

27 Lewis Sherman Bishop and Shiela Bishop Irwin, *Escape from Hell: An AVG Flying Tiger's Journey* (self-published, 2004) , 68.

28 Ibid., 51.

29 Chennault, *Way of a Fighter*, 241.

30 William J. Duiker, *Ho Chi Minh: A Life* (New York: Hyperion, 2000) , 291.

31 Ibid., 292.

32 Martha Byrd, *Chennault: Giving Wings to the Tiger* (Tuscaloosa, AL: University of Alabama Press, 1987) , 279.

33 Ibid., 280.

34 Chennault, *Way of a Fighter*, 351.

35 "Gen. Chennault, Sidetracked by Chiefs, Resigns, " *Chicago Tribune*, July 15, 1945, 1: 7.

36 "Senator Desires Account of Chennault Removal, " *Salisbury Times* (Maryland) , August 4, 1945, 5.

37 Chennault, *Way of a Fighter*, 352.

38 Anna Chennault, *A Thousand Springs* (New York: Paul S. Erikksson, 1962) , 109.

39 Ibid., 110.

40 Gamble, *Black Sheep One*, 372.

41 Ibid., 371.

42 Ibid.

43 "Symbol of Patriotism Made by Richmond Native in POW Camp, " WTVR, Richmond, Virginia, April 9, 2014.

44 Boyington, *Baa Baa Black Sheep*, 312.

45 Ibid.

46 Frank H. Bartholomew, "Boyington Tells of Jap Torture, " *The Philadelphia Inquirer*, August 31, 1945, 2.

47 Boyington, *Baa Baa Black Sheep*, 221.

48 "Bartholomew, "Boyington Tells of Jap Torture."

49 Ibid.

50 Boyington, *Baa Baa Black Sheep*, 221.

51 Jean Kapel, "Colonel Boyington, Yank Air Ace in Pacific, Reaches California, Gets Welcome of Hero, " *Bend Bulletin* (Oregon) , September 12, 1945, 1.

52 "'Pappy' Boyington Comes Home, " *Life*, October 1, 1945, 29-31.

53 "Gen. Chennault Joins Family in New Orleans, " *Weekly Town Talk* (Alexandria, Louisiana) , September 15, 1945, 5.

54 Chennault, *Way of a Fighter*, 355.

55 Oral History of David Hill, conducted by Reagan Schaupp, San Antonio, February 2000.

56 "New Orleans Hails Return of Chennault, " *Salt Lake Tribune*, September 8, 1945,

10.

57　"Capitol VJ Flag Given Chennault at Home-coming, " *Los Angeles Times*, September 8, 1945, 5.

后　记

1　"The Flying Tigers Reunion, " *The Tiger Rag*, Vol. 1, no. 1, (October 1952) : 2.

2　"Chennault Blasts State Department, " *Los Angeles Times*, June 28, 1952, 2: 1.

3　"The Flying Tigers Reunion, " *The Tiger Rag*, Vol. 1, no. 1, (October 1952) : 7.

4　Martha Byrd, *Chennault: Giving Wings to the Tiger* (Tuscaloosa, AL: University of Alabama Press, 1987), 284.

5　"CIA Acquires CAT, " CIA News & Information, August 24, 2005. For more on CAT and the CIA, see William M. Leary, *Perilous Missions: Civil Air Transport and CIA Covert Operations in Asia* (Birmingham, AL: University of Alabama Press, 1984).

6　Richard Sisk, "Honors for War Pilot Lost in Bureaucracy, " *New York Daily News*, May 29, 2007, www.nydailynews.com/news/world/honors-war-pilot-lost-bureaucracy-article1.249071.

7　Byrd, *Chennault*, 356.

8　Douglas Larsen, "Chennault Wants to Revive Flying Tigers, " *Port Huron Times Herald*, 6.

9　Byrd, *Chennault*, 356.

10　Anthony R. Carrozza, *William D. Pawley: The Extraordinary Life of the Adventurer, Entrepreneur, and Diplomat Who Cofounded the Flying Tigers* (Washington, D.C.: Potomac Books, 2012), 198-200, 238.

11　Byrd, *Chennault*, 356.

12　Ibid., 362-63.

13　Ibid., 363.

14　Paul Frillmann and Graham Peck, *China: The Remembered Life* (Boston: Houghton Mifflin Company, 1968), 184.

15　Ibid., 261.

16　Paul Frillmann, "Report on Third War Area Activities, " Office of Strategic Services China Theater, May 12, 1945, Hoover Institution Archives, Stanford University, https: //digitalcollections.hoover.org/images/Collections/75056/HIA-FRILLMAN3B114.pdf.

17　Frillmann, *China*, 288.

18　Ibid., 289.

19　Ibid.

20　Chennault diary, May 6, 1958, Chennault Foundation, Washington, D.C. 这是另一本日记，与陈纳德在 1937~1941 年保存的日记不同。

21 Ibid., April 15, 1958.

22 "Madame Chiang Sees Chennault, " *Monroe Morning World* (Louisiana) , July 12, 1958, 1.

23 Chennault diary, July 27, 1958. (陈香梅在克莱尔·陈纳德的日记中留下的注释。)

24 "Gen. Chennault Burial Set for Arlington, " *Tampa Times*, July 29, 1958, 7.

25 "Flying Tigers Chief Is Buried in Arlington, " *Arizona Daily Star*, July 31, 1958, 3.

26 Ralph Vartabedian, "One Last Combat Victory, " *Los Angeles Times*, July 6, 1991, 1, 22. 文章中引用了陆军的报告。

27 Ibid.

28 Ibid.

29 "Ken Jernstedt Interview, " January 16, 1999, www.usshawkbill.com/tigers/ken.htm.

30 Emma Foster (Hanks) letter, August 30, 2000, Foster Papers, Yale Divinity School.

31 Foster Oral History, GVSU Collection, 32.

32 Keith W. Kohn, "'Tigers' Recall Glory, " *Orlando Sentinel*, April 17, 2004.

33 Ben Wright, "Area Man Among Flying Tigers Honored at National Infantry Museum and Soldier Center, " *Ledger-Enquirer* (Georgia) , October 9, 2012.

34 "96Year-Old Flying Tiger Crew Chief Returns to the Sky, " CNN, September 23, 2016.

索 引

（索引中页码为英文版页码，即本书页边码。）

图书在版编目（CIP）数据

飞虎队：美国飞行员对日作战的隐秘历史 / (美)
塞缪尔·克莱纳 (Samuel Kleiner) 著；陈鑫译. -- 北
京：社会科学文献出版社，2022.5
书名原文：The Flying Tigers: The Untold Story
of the American Pilots Who Waged a Secret War
Against Japan
ISBN 978-7-5201-7106-9

Ⅰ.①飞…　Ⅱ.①塞…②陈…　Ⅲ.①中美关系-抗
日战争-史料　Ⅳ.①K265.06②D829.712

中国版本图书馆CIP数据核字（2022）第045410号

飞虎队：美国飞行员对日作战的隐秘历史

著　　　者 / 〔美〕塞缪尔·克莱纳（Samuel Kleiner）
译　　　者 / 陈　鑫

出 版 人 / 王利民
组稿编辑 / 段其刚
责任编辑 / 陈旭泽　周方茹
责任印制 / 王京美

出　　　版 / 社会科学文献出版社·联合出版中心（010）59367151
　　　　　　地址：北京市北三环中路甲29号院华龙大厦　邮编：100029
　　　　　　网址：www.ssap.com.cn
发　　　行 / 社会科学文献出版社（010）59367028
印　　　装 / 北京盛通印刷股份有限公司

规　　　格 / 开　本：889mm×1194mm　1/32
　　　　　　印　张：11.25　插　页：0.5　字　数：274千字
版　　　次 / 2022年5月第1版　2022年5月第1次印刷
书　　　号 / ISBN 978-7-5201-7106-9
著作权合同
登 记 号 / 图字01-2019-1383号
定　　　价 / 72.00元

读者服务电话：4008918866